manual de ACTUACIONES en SALA

Técnicas prácticas de los procesos de familia

Purificación Pujol Capilla
Marta Sánchez Alonso

Prólogo de Xavier O'Callaghan

LA LEY
grupo Wolters Kluwer

MANUAL DE ACTUACIONES EN SALA

Técnicas prácticas de los procesos de familia

Purificación Pujol Capilla

Marta Sánchez Alonso

Diseño de fotografía de la portada: Miguel Ángel García Manzano (Bardají & Asociados)

Edita: LA LEY
Edificio La Ley
C/ Collado Mediano, 9
28230 - Las Rozas (Madrid)
Tel.: 902 42 00 10 - Fax: 902 42 00 12
http://www.laley.es

1.ª edición: septiembre 2013

ISBN: 978-84-9020-193-0
Depósito Legal: M-25313-2013

Diseño, Preimpresión e Impresión Wolters Kluwer España, S.A.
Printed in Spain

ÍNDICE SISTEMÁTICO

GLOSARIO DE ABREVIATURAS USADAS

APM:	Audiencia Provincial de Madrid
Art.:	Artículo
Arts.:	Artículos
ATC:	Auto del Tribunal Constitucional
CE:	Constitución Española
DA:	Disposición Adicional
FJ:	Fundamento Jurídico
IVA:	Impuesto sobre el Valor Añadido
LEC:	Ley de Enjuiciamiento Civil
LECr.:	Ley de Enjuiciamiento Criminal
LCS:	Ley de Contrato de Seguro
LO:	Ley Orgánica
LOPJ:	Ley Orgánica del Poder Judicial
RC:	Recurso de Casación
RCEIP:	Recurso de Casación y extraordinario por Infracción Procesal
REIP:	Recurso extraordinario por Infracción Procesal (Sala Primera, si no se indica otra cosa)
RR:	Recurso de revisión
SAP:	Sentencia de la Audiencia Provincial
STC:	Sentencia del Tribunal Constitucional
STS:	Sentencia del Tribunal Supremo (Sala Primera, si no se indica otra cosa)
TEDH:	Tribunal Europeo de Derechos Humanos

PRÓLOGO

Cuentan de un sabio que un día y otro y otro dictaba sermones (el sabio era el párroco del pueblo) que eran una maravilla. Tanto que el ordinario del lugar (que es el obispo) le felicitó por la profundidad del contenido, por sus muchas citas y que «también me han dicho que los feligreses duermen profundamente mientras los soportan». Lo cual es bueno y muy poco provechoso.

¿A qué viene esta historia, un tanto mordaz? A que este libro que tengo el honor de prologar es profundo en su contenido, con la profundidad que explica su utilidad y no adormece al lector, sino que le despierta en la medida en que la actuación en Sala complementa la argumentación y tanto la puede hacer llegar bien al Tribunal, como de lo contrario enturbiar lo que dice. No sea que ocurra lo de aquel profesor que daba sus clases y conferencias y, con los aplausos, el público comentaba: «¡qué magnífica charla, lo malo es que no se le entiende!». O aquel otro profesor que dictaba la conferencia a su secretaria y le preguntaba si la había entendido y si le contestaba afirmativamente, le replicaba: «pues habrá que oscurecerla».

Este es el libro que presento. No es aburrido, ni tampoco fatigoso, tampoco es oscuro. Es claro, clarísimo, y útil, utilísimo y de ello deriva la bondad del mismo; también el interés del mismo, pues al estudiante nadie le enseña el uso de la corbata, ni el tratamiento con los magistrados, ni la cortesía con los compañeros. En una palabra: la actuación en Sala.

Las autoras son bien conocidas en el mundo jurídico. Lo dice el Evangelio: «por sus obras las conoceréis». Desde muchos años atrás, una y otra han trabajado como juristas, han escrito mucho, muchísimo.

De Purificación Pujol, amiga desde tiempo pretérito (no prehistórico) conozco su andadura jurídica y personal. Es doctora en Derecho, por la Universidad de Barcelona, con la tesis *La compraventa con el pacto de sobrevivencia,* que ha sido publicado y aplaudido como estudio dogmático de una institución de Derecho catalán, nacida de la práctica notarial. El siguiente libro que publicó después de la tesis doctoral fue *Guía de comportamiento en las actuaciones judiciales,* que tiene el interés de advertir cómo se actúa en Sala (tratamientos, posturas; normas y cortesías) y cómo no se actúa (¿qué hace una abogada en una cafetería con la toga puesta?). Luego apareció *Un divorcio elegante* con reflexiones serias sobre cuestiones reales que pueden llegar a ser divertidas («te presento a mi futuro ex marido»).

Todo el contenido de estos libros se ha reflejado en las muchas sentencias y las constantes actuaciones que ha protagonizado en su personal experiencia judicial como juez, o magistrada sustituta.

A la coautora Marta Sánchez la conozco desde que era opositora a judicatura y se asomó a un intento de hacer el doctorado. Se lo desaconsejé a cambio de que aprobara la oposición, cosa que efectivamente ocurrió; en las oposiciones no se aprueba o suspende, sino que se «obtiene plaza» o no (o sea, no existe el suspenso en el mundo judicial). El desgraciado opositor se convierte en el brillante juez; el oscuro opositor pasa a ser recibido como juez por el Rey cuando obtiene plaza (ahora, parece que esto no se usa porque se ha devaluado el juez o el rey, no se sabe cierto). Así que esta autora, como joven juecilla empezó a poner sentencias y sigue con ello. No sé (ni creo) que las haya contado o conservado; de haberlo hecho, podría dar cuenta de las miles que ha dictado. Conozco a un magistrado que cada año encuadernaba las que había dictado aquel año: se jubiló después de encuadernar el tomo 50.

Ahora y desde hace bastantes años, esta autora ejerce su función en uno de los juzgados de familia de Madrid, con unas dotes y un prestigio que son indiscutidos e indiscutibles.

Después de hablar —más bien escribir— sobre las coautoras, es justo y necesario hablar —escribir— del libro. La obra está dividida en quince capítulos. Las líneas maestras las señala la introducción, que es muy interesante leerla y leerla con calma y bien. La idea central de esta introducción y, por ende, del libro, es que el jurista —esencialmente el abogado— tiene que actuar en la sala de justicia con oportunidad, claridad y brevedad. Un triple principio, que es el cerebro inspirador de la actuación en Sala. No es baldío tener siempre en cuenta que las pautas de tal actuación no se dan en los libros y que éste no es un libro de exégesis jurídica, sino precisamente el que contempla esta actuación.

El contenido del libro, como verá —más bien, leerá— el lector ocupado o desocupado, como dice «El Quijote», se centra en la actuación en sala, en los procesos, en especial los procesos de familia. El subtítulo del mismo es «Técnicas prácticas de los procesos de familia».

Se describen con oportunidad, claridad y brevedad los procesos de familia, no tanto en su pura dogmática, sino como obra pragmática, citándose los textos legales y la jurisprudencia dictada. Respecto a esta, cabe señalar que el concepto de jurisprudencia, como complemento del ordenamiento jurídico, viene referida exclusivamente a la doctrina emanada de las sentencias del Tribunal Supremo. No es jurisprudencia lo que pueda tener su origen en sentencias de las Audiencias, por más útil que pueda ser en la práctica, cuando se alega en un juzgado lo que mantiene la Audiencia Provincial a la que corresponde aquél. Ni tampoco existe la mal llamada «jurisprudencia del Tribunal Constitucional» que ni es Tribunal, ni lo componen magistrados, ni mucho menos la doctrina que exponen es jurisprudencia. Es un órgano político, sus miembros son nombrados con criterios políticos y sus resoluciones son esencialmente políticas. Lo cual está muy lejos del concepto de jurisprudencia; todo ello puede ser un «brindis al sol» pero no es baldío decirlo siempre que se tenga ocasión.

Volviendo al libro, vale la pena fijarse en el capítulo destinado al convenio regulador. Es algo siempre aconsejable, no sólo por aquello de «más vale un mal arreglo que un buen juicio», sino porque evita crisis malévola y enfrentamiento; «la vida hay que vivirla, no que sufrirla». Un claro ejemplo es que el minucioso tratamiento de la prueba es baldío si se evita el proceso («muerto el perro, muerta la rabia»). Y si no se puede evitar éste, léase con atención y ganas de aprender el presente libro y recuérdese la conocida frase del insigne (y excelentísimo y Magnífico Rector) don Miguel de Unamuno: «Dios os dé salud y amor a la ciencia», y añado yo «si te ves inmerso en un proceso de familia, lee este libro».

Xavier O'Callaghan
Magistrado del Tribunal Supremo
Catedrático de Derecho civil

I

INTRODUCCIÓN

Varios son los motivos que nos han impulsado a escribir este libro, de ellos destacaremos tres. Primero, en la Universidad no se enseña específicamente a los futuros Abogados la forma en que deben intervenir oralmente en «sala» (es decir la actuación que deben tener en el juicio o en las vistas que se puedan celebrar); segundo, tampoco en las facultades de Derecho se dan clases de oratoria procesal y la vigente Ley de Enjuiciamiento Civil no permite que los alegatos de los intervinientes sean leídos en la sala y, por último, en los procesos de familia, atendiendo a la especialísima naturaleza de los intereses en juego, se ha de extremar la prudencia y asertividad que aconsejan no asumir en ningún caso, desde el punto de vista emotivo, el papel de la parte a quien defendemos. Hay que gestionar bien todas las habilidades que seamos capaces de mostrar, ello a fin de llegar a acuerdos con la otra parte antes de entrar en sala o bien, luego, a presencia judicial. Eso evitará, en la mayoría de ocasiones, la celebración del juicio, con los beneficios de todo tipo que ello conlleva.

Ante estas carencias, a los profesionales del derecho solo les quedan las leyes y los códigos y si bien éstas son, nada más ni nada menos, la enumeración de unos preceptos y una normativa, como es natural, no explican pormenorizadamente cómo han de utilizarse en cada momento o en cada circunstancia; en consecuencia los Abogados en ejercicio con poca experiencia tienen serias dudas o dificultades a la hora de exponer de forma convincente los argumentos que deben ir desgranando para defender los intereses de su cliente.

En este libro se les alecciona primeramente sobre la manera de decir y de estar, pero además y sobre todo, se les encamina en cuanto al fondo de sus intervenciones y cómo estas tienen que ir ajustadas a los preceptos de la Ley de Enjuiciamiento Civil (LEC). Todos los profesionales, obviamente la conocen pero, además, deben controlarla y dominarla de tal forma que no tenga secretos para ellos y puedan utilizarla y citarla sin titubeos, apelando a ella como un resorte automático cuando sea conveniente para su causa. Para ello en este manual en cada paso del proceso se recuerda los preceptos que rigen el mismo y la Jurisprudencia existente sobre el caso, además se les advierte de un oportuno recurso, una petición o una protesta en el momento adecuado, con el fin de dejar la puerta abierta a todas las posibles instancias superiores en las que el caso se pueda examinar.

El primer capítulo está orientado a los Abogados recién incorporados al ejercicio y a aquellos otros que, aun habiendo ejercicio su profesión durante un tiempo, no han caído en la importancia de observar esos pequeños detalles que conforman la primera impresión que el resto de la sala tiene del Abogado, quien, no lo olvidemos es el representante de su cliente, el que defiende su posición, por lo que nada de lo que haga o diga es ajeno a su causa y hasta el más mínimo detalle puede ser relevante. Se indican los pasos a seguir desde su entrada en la sala, dándoles criterios y pequeñas claves sobre su comportamiento, hasta las frases que han de emplear en ella e incluso cómo ha de realizarse la despedida.

Se exponen también las normas escritas, inexcusables, que han de cumplirse y se previene cada circunstancia para no dejar resquicio a la sorpresa o la indefensión, teniendo a la vez en mente las previsibles o inesperadas alegaciones que puede presentar la parte contraria o incluso el propio Juez, quienes, en muchas ocasiones, ateniéndose estrictamente a la ley procesal, podrían rebatirnos y dejarnos inermes, truncando el guión de nuestra argumentación y pudiendo malograr el caso definitivamente si no actuamos en ese preciso momento con la debida atención y diligencia.

Para ello se describen los pasos que deben seguirse en cada actuación: el juicio, la prueba en general, la documental, el interrogatorio, la pericial; haciendo especial hincapié en las especialidades de los procesos de familia. Así, se detallan los preceptos legales procesales que acompañan a cada actuación y se ofrecen consideraciones y consejos prácticos a la vez que se reproducen literalmente en cada capítulo, como recordatorio, los artículos de la LEC que vienen al caso para el trámite concreto que examinamos con el fin de que puedan ser citados en la sala con total certeza y soltura. En los capítulos que tratan cada uno de estos puntos se exponen lo que la Ley dicta y lo que la Jurisprudencia aporta, añadiendo esquemas que sirven de pauta para que el Abogado aproveche las ventajas de la legislación y a la vez pueda hacer frente a los inconvenientes que se presenten para la causa que defiende.

Hay un consejo reiterado en este manual: ampararse en todas las facilidades que la ley ofrece para que nuestro caso llegue a buen puerto y no dejar hilos sueltos que, por no haberse abordado debidamente en el momento procesal oportuno, puedan frustrar nuestro propósito y la defensa legítima del cliente. En este libro se trata de decir, qué, cuándo y cómo.

La sala de justicia es un lugar en el que hay que andar muy rápido de reflejos y donde tenemos que expresarnos de forma oportuna, clara y breve. En realidad, es el escenario de una lucha sin cuartel en la que las batallas se suceden de manera correcta y ordenada pero inexorable y rápida, y allí sí que una batalla perdida por no cubrir un flanco que la ley contempla puede llevarnos a perder la guerra. Eso es lo primero que se trata de evitar en este libro, la meta final del mismo es, claro está, dar las pautas adecuadas para ganar esa guerra.

II

ANTES, DURANTE Y DESPUÉS DE LA VISTA

SUMARIO:

1. PARA FORMAR EL TRIBUNAL

A todos los miembros que forman la Sala y para todas las vistas (incluidas las penales, que no son objeto de este manual)(*).

ANTES...

— **La Sala no es un vestuario**. Entre con la toga puesta y no se la ponga ni termine de ponerla dentro de la Sala. El Juez, el Secretario y el Fiscal (en caso de que este último intervenga) ya se encuentran vestidos cuando entran los Abogados y Procuradores.

— **Cuide la vestimenta que porta bajo la toga.**

— Hay que **entrar a la Sala con seguridad,** cortesía y amabilidad, saludando a todos los presentes. Es la primera impresión que de nosotros se va a llevar el Tribunal, y aunque en nada influirá para ganar o perder el pleito, siempre es importante dar una buena imagen, lo mismo que en otras circunstancias de la vida.

(*) Para profundizar en este tema véase el libro *Guía de comportamiento en las actuaciones judiciales*, de la autora Purificación Pujol (2.ª edición; Editorial LA LEY, 2009).

— **La Sala es un lugar solemne:** olvide el coloquial «hola» y entre diciendo un sonoro y enérgico «buenos días» o «buenas tardes», según proceda.

— **Controle sus nervios.** Es muy frecuente que «la Sala» altere la templanza que todo Abogado debe mostrar y es normal que estemos nerviosos y deseemos que ocurra cualquier cosa que evite la vista, sobre todo cuando celebramos nuestros primeros juicios. El peor momento está por llegar y es aquel en el que debemos empezar a hablar, cuando oímos: «Señor Letrado, tiene la palabra...». Por ese motivo es muy recomendable que llevemos bien preparados y memorizados (ya sabemos que no se puede leer en Sala) los primeros dos o tres párrafos de cada intervención, de forma que nuestras palabras fluyan de forma «automática» y «espontánea» y continúen de manera convincente.

— **Desconecte el teléfono antes de entrar en Sala,** es una impresión pésima que durante la vista suene el teléfono, máxime cuando en las puertas de muchos Juzgados está expresamente indicado «Apaguen los teléfonos antes de entrar en sala».

DURANTE...

Si tenemos facilidad de palabra y experiencia en hablar en público todo será mucho más sencillo; de lo contrario, sería recomendable asistir a algún curso sobre oratoria. En todo caso, vamos a dar aquí unas breves directrices:

1.º La postura: inclinado levemente hacia delante, apoyado en la mesa. Tenemos que dar una sensación de seguridad y esa postura es la más indicada para ello.

2.º Llevar siempre **agua,** por si acaso: evita la sequedad de garganta que en muchas ocasiones provocan los nervios y conquista una pequeña tregua para nuestro cerebro, unos segundos en los que este alcanza una cierta calma que nos sirve para reorganizar los argumentos y la forma en la que debemos seguir exponiéndolos. Ahora bien, debe beber agua de forma correcta. La bebida solo puede ser agua, por supuesto; no es correcto tomar refrescos en la Sala.

3.º No deje el bolso, maletín, chaqueta, bufanda, guantes, o cualquier otro objeto, encima de la mesa, salvo la pluma, códigos, libros y el propio expediente. El bolso cuélguelo en su silla, póngalo en el suelo, sobre otra silla cercana, etc. La visión del objeto sobre la mesa, sobre todo si es de grandes dimensiones, puede llegar a molestar.

4.º Cuando **hable** debe conseguir que su mensaje se transmita con claridad a los oyentes. Para eso deberemos ser lo más breves y concisos que sea posible y recalcar aquello que nos parezca más importante. Una buena forma de captar la atención del interlocutor es hacer una pequeña pausa justo antes de aquellas palabras que consideremos claves para el éxito de nuestra exposición. Hable lo suficientemente alto para que le oiga todo el Tribunal y para que sus palabras sean grabadas correctamente.

5.º No se le ocurra tutear a nadie, ni siquiera a su cliente (y amigo, en ocasiones) durante cualquier interrogatorio.

6.º Dirija la mirada a la persona debida cuando hable: al Juez, al Fiscal o al Secretario cuando esté manifestando cuestiones del interés de estos; si está en su turno de interrogar, diríjase al interrogado. En las conclusiones háblele al Juez, que es la persona a quien tiene que convencer; no mire e increpe a su compañero que en ese momento hace el papel de su contrario.

7.º No sea agresivo ni descortés en sus intervenciones.

8.º No hable superponiéndose al Juez que dirija la vista, al Fiscal ni al compañero que esté exponiendo.

9.º Formule respetuosa protesta por la prueba inadmitida sin que deba utilizarse el coloquial «protesto».

DESPUÉS...

1.º Despídase de la misma forma en la que entró, con un «buenos días», y olvide el coloquial «adiós».

2.º Si da la mano al Juez, no olvide darla también al Fiscal si está presente ni al Secretario (olvido, aunque involuntario, demasiado frecuente). Debe saludar de la misma forma a todos.

3.º No se quite la toga hasta que esté fuera de la Sala.

4.º No se ponga a charlar con el Procurador ni con el cliente en la Sala, ni haga comentarios en alto respecto al desarrollo de la vista.

2. PARA EL RESTO DE INTERVINIENTES

El Abogado tiene la obligación de advertir a su cliente y a sus testigos (los peritos se supone que ya entran advertidos por su propia experiencia) de las pautas de comportamiento que deben mostrar ante el Tribunal.

3. BREVES NOTAS ACERCA DE LOS ESCRITOS ANTERIORES A LA INTERVENCIÓN

Además de las notas de comportamiento que acabamos de reseñar, toda actuación en Sala tiene lugar porque se ha interpuesto con anterioridad un escrito, generalmente el de demanda y, en su caso, el de contestación, y sobre estos queremos realizar unas puntualizaciones.

3.1. La demanda

El art. 399 de la LEC establece unos requisitos mínimos que toda demanda debe cumplir; por tanto, no podremos obviar que esta deberá contener una exposición clara, ordenada y lo menos extensa posible de los hechos y de los fundamentos de derecho. Y añadimos este último requisito de la brevedad, aunque no lo señale la ley, por la nefasta y extendida costumbre forense de redactar demandas cada vez más extensas (consecuencias del «corta y pega» de las nuevas tecnologías), además de, en algunos casos, desordenadas y confusas; esta forma de redacción y presentación dificulta tanto la labor del juzgado como la del Abogado contrario y no ayuda en nada a la posición que se defiende.

A pesar de que el artículo reseñado nada dice acerca de la necesidad de identificar la acción ejercitada, esta deberá quedar señalada en la demanda, pues hacerlo con posterioridad implica el quebrantamiento de otros preceptos procesales, tal como el art. 400 de la LEC, que especifica que con aquella se da por concluida inexcusablemente la alegación de fundamentos jurídicos. Sería también deseable que el escrito contuviera unos apartados ordenados en los que se señalará el «cumplimiento» de todos y cada uno de los requisitos que la doctrina y la jurisprudencia exigen para el éxito de la acción ejercitada.

A la demanda deberá acompañarse la certificación de la inscripción del matrimonio y en su caso, las de inscripción de nacimiento de los hijos en el Registro Civil actualizadas así como los documentos en que el cónyuge funde su derecho. Si se solicitaran medidas de carácter patrimonial, el actor deberá aportar los documentos que permitan evaluar la situación económica de los cónyuges y, en su caso, de los hijos (declaraciones tributarias, certificaciones bancarias, certificaciones registrales o títulos de propiedad).

Respecto a las certificaciones actualizadas en la mayoría de los Juzgados la validez de las mismas se extiende a unos tres meses a contar desde la fecha de su expedición, a las de fecha anterior no se les concede validez y por tanto se requerirá a la parte para que las presente debidamente actualizadas en el plazo que se le indique.

Con relación a la documental, que debe acompañarse a la demanda, esta debe estar perfectamente numerada con todos los documentos a los que se hace referencia y, a ser posible, fácilmente localizable (sobre todo en aquellas demandas con una extensa y numerosa documental). Se debe comprobar que todas las hojas son legibles y que no falta ninguna (tanto del original como de las copias a entregar al resto de partes, cuestión que deberá ser corroborada por el Procurador que hace entrega de dicha documental al juzgado y a las partes). Como dato a tener en cuenta indicar que las sentencias (la jurisprudencia en la que nos apoyamos) no son documentos y por tanto no se deben incorporar a aquella; se podrán entregar al Juez al finalizar la vista, a «título ilustrativo», pero no aportarlos como documental en la demanda.

En los procesos de Nulidad, Separación o Divorcio pueden solicitarse Medidas Provisionales Previas a la demanda (art. 771) para interesar los efectos y medidas a los que se refieren los arts. 102 y 103 en relación con el 104 del Código Civil, no siendo necesaria para dicha solicitud la intervención de Procurador ni de Abogado, aunque sí será precisa su intervención para todo escrito y actuación posterior; también pueden solicitarse Medidas Provisionales Coetáneas en la demanda y en la contestación siempre que en uno y otro caso no hubieran sido adoptadas con anterioridad y en este caso es necesaria la intervención de Abogado y Procurador.

Se articulan mediante Otrosí Digo, no exigiéndose forma concreta al quedar integrada dicha solicitud en la demanda principal, sirviendo los hechos y fundamentos jurídicos de la misma para las medidas provisionales, debiéndose añadir el suplico que se tenga por formulada demanda de medidas provisionales.

Podrá interesar a la parte que el Procurador lleve a cabo la citación del contrario mediante el traslado de copias; para que ello sea posible debe hacerlo constar así en la demanda, por otrosí, manifestando simplemente que está interesado en asumir el acto del traslado de la demanda al demandado para que la conteste. Esta cuestión puede ser de gran interés, sobre todo cuando la parte actora interpone una acción donde el «tiempo» juega un papel fundamental, por ejemplo en la adopción de una medida cautelar.

Así, los Procuradores, para que su actuación tenga la misma eficacia que si la ejecutara la oficina común de notificaciones, en una diligencia idéntica a la que expiden los servicios comunes, deberán hacer constar bajo su responsabilidad, la identidad y condición del receptor del acto de comunicación, cuidando que en la copia quede constancia de su firma y de la fecha en que se realice, que se le ha entregado copia de la demanda y demás documentos o haciendo constar, en su caso, que se niega a firmar. Estas notificaciones practicadas por los Procuradores, con los requisitos que hemos reseñado, gozan de la presunción *iuris tantum* y, por consiguiente, se presume que la comunicación ha tenido efecto (art. 152.2 de la LEC).

3.2. La contestación

Deberá contener los mismos requisitos que la demanda en cuanto a su claridad, orden, extensión, numeración de documentos y no ofrecerá duda respecto a aquellos hechos sobre los que mostremos nuestra conformidad o sobre los que nos mostremos disconformes, ya que estos últimos deberán ser objeto de prueba en el momento procesal oportuno. Se alegarán en la contestación las excepciones materiales o procesales que pongan de relieve cuanto obste a la válida prosecución y término del proceso.

Puede el demandado en la contestación a la demanda allanarse a todas o a parte de las pretensiones planteadas por el actor con las limitaciones establecidas en derecho de familia, teniendo en cuenta que no se puede transigir sobre el estado civil de las personas, ni sobre alimentos futuros, ni sobre las medidas sujetas al orden público, (patria potestad, pensiones alimenticias de menores e incapaces, custodia de los menores y régimen de visitas...).

Cabe el allanamiento sobre derechos de libre disposición de las partes como son la pensión compensatoria, las cargas del matrimonio, la indemnización por nulidad matrimonial o la indemnización prevista en el art. 1438 del Código Civil. En todo caso el allanamiento debe ser objeto de ratificación a presencia judicial.

Además, sería conveniente que se señalara el «incumplimiento» de los requisitos de la acción que se ejercita, sobre todo si el demandante ha señalado «el cumplimiento» de los mismos.

3.3. La reconvención

Es en la contestación a la demanda cuando el demandado podrá plantear las pretensiones que crea conveniente a través de la reconvención (art. 406 y 770.2 LEC). La demanda reconvencional se ha de proponer a continuación de la contestación de forma separada y se acomodará a los requisitos del art. 399 LEC. El demandante tendrá un plazo de diez días para contestar a la reconvención. Queda vedada la reconvención implícita —*ex* art. 406 y 770.2 LEC—. La reconvención tiene carácter limitado en el procedimiento matrimonial y se contrae exclusivamente a los supuestos contemplados en el mencionado art. 770.2 LEC. No cabe plantear reconvención en la contestación a la demanda reconvencional formulada.

No obstante la reciente Sentencia del Pleno del TS de fecha 10/9/2012 establece que la pretensión de pensión compensatoria por la parte demandada ha sido introducida válidamente en el proceso a pesar de no formularse reconvención expresa, dadas las peculiaridades del proceso matrimonial.

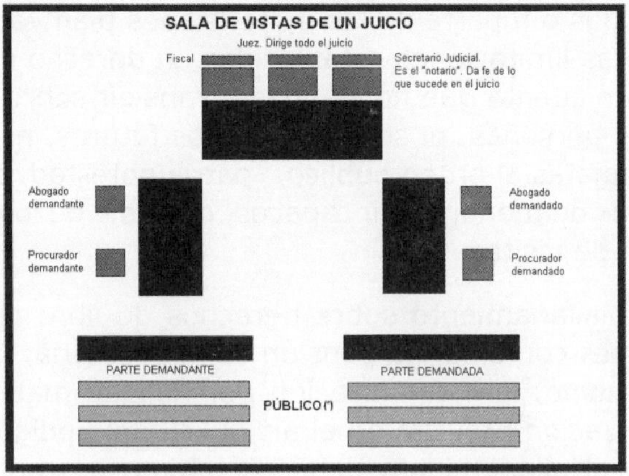

(*) En familia, generalmente, a excepción de los procesos sobre división de patrimonio, los juicios se celebran a puerta cerrada, es decir sin publicidad (art. 754 LEC)

III

JUICIO VERBAL ESPECIAL. PROCESOS CONTENCIOSOS DE NULIDAD, SEPARACIÓN Y DIVORCIO, RELACIONES PATERNOFILIALES Y MODIFICACIÓN DE MEDIDAS

SUMARIO:

1. ESQUEMA DEL JUICIO VERBAL

Incomparecencias (véase arts. 770.3, 440, 442 y concordantes LEC).

1.º Intento de llegar a un acuerdo. El Juez preguntará a las partes sobre esta posibilidad e intentará acercar posiciones.

2.º Desarrollo de la vista:

— Ratificación o rectificación de la demanda, de la contestación y en su caso de la reconvención.

— Subsanación de errores que contengan los escritos de demanda, contestación o en su caso reconvención.

— Resolución de cuestiones procesales si se alegaren.

— Introducción de hechos nuevos que se hayan producido tras la demanda o contestación (art. 752 LEC).

— Debe y puede acudirse al trámite de fijación de los hechos controvertidos.

Proposición y admisión de prueba (arts. 752 y 770 LEC y art. 281 LEC).

— La prueba se formula oralmente pero puede interesarse su aportación por escrito y el Juzgado admitirlo para mayor facilidad y mejor constancia en autos.

— El Juez concederá la palabra a las partes y al Ministerio Fiscal, si interviniere en el pleito, para que propongan la prueba de que intenten valerse y seguidamente resolverá sobre su admisión comenzando por la propuesta por el demandante.

— Orden a seguir en su práctica. Ver art. 300 LEC, aunque el orden puede ser alterado.

3.º Fase de conclusiones

Practicada la prueba el Juez concederá la palabra al Ministerio Fiscal y a los Abogados para que formulen sus conclusiones.

ESQUEMA DE LAS CONCLUSIONES

a) Enunciar la acción que se ejercita y sus requisitos (actor). Alegar los hechos que extinguen, impiden o enervan la eficacia jurídica de los alegados por el actor (demandado).

b) Relacionarlos con las pruebas practicadas (resumen), haciendo continua referencia al acto (frase concreta) o a los autos del juicio (documental), señalando la página, el folio o el documento donde se encuentran el hecho que va a fundamentar nuestra posición.

c) Recalcar aquellos hechos que se consideran probados y los que se consideran dudosos y ponerlos en relación con la carga de la prueba (art. 217 LEC).

d) Estar preparado para aclarar cuantas cuestiones estime Su Señoría, pues el Juez puede pedir aclaraciones al final de esta fase.

4.º Posibilidad de acordar Diligencias Finales. (Ver art. 435 y concordantes)

2. ANÁLISIS

Puede decirse que el acto del juicio es el momento más trascendente del procedimiento pues es en él donde van a quedar definidas las posiciones de las partes, la acción que se ejercita, la resolución de las excepciones procesales planteadas, la concreción de un posible acuerdo, la fijación de hechos controvertidos, la práctica de las pruebas propuestas y la postura de las partes en relación con los documentos aportados por las mismas.

Por esto es sumamente importante que los Abogados velen por la ejecución impecable de todas y cada una de las partes que completan el acto del juicio. Si el Juez, involuntariamente, omite alguna, el Abogado deberá «interrumpir» y requerir su atención.

Por consiguiente debemos tomar conciencia de la necesidad de celebrar «pormenorizadamente» todas y cada una de las fases que componen el acto de juicio (función conciliadora, sanadora, delimitadora y probatoria).

Vamos a analizar cada una de ellas desde la perspectiva de la actuación en sala.

1.ª Intento de llegar a un acuerdo. El Juez preguntará a las partes sobre esta posibilidad e intentará acercar posiciones. Si bien esta posibilidad no está prevista en el art. 770

LEC si se prevé en relación con las medidas provisionales (art. 771.2 LEC).

Debe tenerse en cuenta que en el Derecho de Familia el órgano judicial tiene amplias facultades especialmente en relación con las medidas relativas a los hijos menores por ello se debe intentar, con carácter previo al juicio, acercar posiciones entre las partes y lograr acuerdos ya que estas facultades, sin apartarse del marco legal, permiten obtener importantes ventajas en este tipo de procesos.

El Juez puede preguntar a las partes, entre otras cosas, si han existido negociaciones previas, si la discrepancia es tan solo en algunos puntos concretos, si el Tribunal les puede ayudar a acercar posturas siempre que éstas no estuviesen muy distanciadas, incluso puede proponer un margen de medidas en relación con las visitas o cuantías determinadas en orden a las pensiones alimenticias, o puede preguntar a las partes si van a modificar sus pretensiones en relación con las medidas personales interesadas referidas con los hijos menores a la vista del informe pericial psicosocial si se hubiese practicado con anterioridad a la vista.

Si se alcanza un acuerdo total antes del juicio, bien a instancia del Juez o por las propias partes sobre todas las medidas, se oirá al Ministerio Fiscal sobre dicho acuerdo y si muestra su conformidad y el Juez entiende que el mismo protege de forma suficiente los intereses de los menores y que no es gravemente perjudicial para ninguna de las partes, se da el juicio por concluido quedando los autos vistos para Sentencia en la que se recogerá el acuerdo alcanzado.

Si no se alcanza un acuerdo sobre la totalidad de las medidas, la vista continua respecto de las que existe controversia.

En todo caso el intento de acuerdo se efectuará sin prejuzgar el contenido del Fallo y sin presionar a las partes para que lo alcancen o acepten el propuesto.

Si las partes estuvieran en vías de alcanzar un acuerdo y no desearan celebrar la vista, caben dos posibilidades:

1. Solicitar la suspensión de la vista, que en ningún caso podrá perjudicar el interés general y en especial el de los menores (si los hubiere) de prioritaria protección frente a otros intereses también legítimos y no podrá tener una duración superior a los sesenta días (art. 19.4 y 188.1.3 LEC).

Asimismo podrán las partes solicitar la suspensión para someterse a mediación (art. 770.7 LEC).

2. Solicitar la interrupción de la vista. En este caso se hace uso de los artículos anteriores siendo válido lo actuado.

También es posible **finalizar** el litigio por circunstancias ajenas al pleito y acontecidas después de la interposición de la demanda o de la reconvención (carencia sobrevenida del objeto o satisfacción extraprocesal —art. 22 LEC—), lo que implica que si ambas partes muestran su conformidad se decretará la terminación del proceso.

Sin embargo cualquiera de las partes puede oponerse (art. 22 LEC) a la terminación del proceso porque sostenga la subsistencia de interés legítimo negando que se haya dado satisfacción extraprocesal a sus pretensiones o con otros argumentos y, por tanto, deba continuar el procedimiento.

Si el actor manifiesta su **renuncia** a la acción ejercitada o al derecho en que funde su pretensión el Tribunal dictará Sentencia absolviendo al demandado salvo que la renuncia fuere inadmisible (art. 20.1 LEC).

Asimismo el demandante puede **desistir** unilateralmente del juicio antes de que el demandado sea emplazado para contestar a la demanda o citado para juicio. También podrá desistir unilateralmente en cualquier momento si el demandado se encuentra en rebeldía, pero si se ha realizado el emplazamiento, del escrito de desistimiento se le dará traslado por plazo de 10 días, si se opone al mismo se acordará lo que proceda.

Cuando se solicita el desistimiento en el acto de la vista se tendría que dar al demandado el plazo de 10 días que establece el art. 20.3 LEC, salvo que el mismo solicitare pronunciarse en el acto sobre el desistimiento en cuyo caso no será necesario el traslado y, por consiguiente, quedarían los autos conclusos para dictar la resolución a la que se refiere el art. 20.3 de la LEC.

En todo caso, debemos tener en cuenta que en los procesos matrimoniales el desistimiento precisa de la conformidad del Ministerio Fiscal cuando haya hijos menores o incapacitados y también en los procesos de nulidad.

El demandado puede **allanarse** a todas las pretensiones del actor, en cuyo caso el Tribunal dictará Sentencia de acuerdo con lo interesado por éste, pero si se hiciera en fraude de ley o supusiera renuncia contra el interés general o perjuicio de tercero, se dictará auto rechazándolo y seguirá el proceso adelante (art. 21 LEC), o puede **allanarse parcialmente** (cuando por la naturaleza de las pretensiones sea posible un pronunciamiento separado que no prejuzgue las restantes cuestiones no allanadas, respecto de las que seguirá el proceso).

A este respecto cabe indicar que uno de los principios rectores del proceso civil es el principio dispositivo que implica que las partes tienen la posibilidad de traer al proceso el material fáctico que tengan por conveniente, limitando la facultad del Juez a su mera recepción, a ese principio se refiere el art. 19.1 que faculta a las partes para disponer del objeto del proceso pudiendo allanarse, renunciar, desistir someterse a arbitraje y transigir sobre lo que sea objeto del mismo, excepto cuando la ley lo prohíba o establezca limitaciones por razones de interés general o en beneficio de tercero.

Este principio, sin embargo, como se ha señalado anteriormente, viene limitado en los procesos matrimoniales sobre cuestiones relativas al estado civil de las personas, por tanto solo cabe la renuncia, el allanamiento o la transacción respecto a aquellas materias sobre las que los litigantes puedan disponer libremente (art. 751 LEC).

2.ª Desarrollo de la vista

Carácter reservado del proceso. El art. 754 LEC permite la exclusión de la publicidad prevista en el art. 138 LEC.

En los procesos de familia atendiendo a su especial naturaleza es posible la **exclusión de la publicidad** lo que permite al Tribunal, de oficio o a instancia de parte acordar que las vistas se celebren a puerta cerrada y las actuaciones sean reservadas siempre que las circunstancias lo aconsejen (arts. 138 y 754 LEC). A tales efectos se dictará la correspondiente Providencia como de forma expresa se establece en el art. 754 LEC (prevalece lo dispuesto en el art. 754 frente al 138 por ser ley especial).

Es obligatoria la grabación de la vista (art. 187 LEC). Si no pudiera grabarse por cualquier causa se podrá celebrar la vista siempre que las partes y el Ministerio Fiscal muestren su conformidad y, en su caso, se extenderá acta por procedimientos informáticos, sin que la misma pueda ser manuscrita salvo que la Sala en que se esté grabando careciera de medios informáticos (art. 146 LEC).

Antes de la celebración de la vista si hubiera cambiado el Juez o algún Magistrado componente del Tribunal después de efectuado el señalamiento se harán saber dichos cambios a las partes, sin perjuicio de proceder a la celebración de la vista a no ser que en el acto fuese recusado el nuevo Magistrado (art. 190 LEC).

A la vista **deberán concurrir** las partes por sí mismas, con apercibimiento de que su incomparecencia sin causa justificada podrá determinar que se consideren admitidos los hechos alegados por la parte que comparezca. También es obligatoria la presencia de los Abogados respectivos (art. 770.3 LEC).

Se justifica esta previsión legal atendiendo a la propia naturaleza sometida a enjuiciamiento en donde existe la posibilidad de llegar a acuerdos, o de transformar el proceso contencioso en mutuo acuerdo o de interesar la suspensión para acudir a mediación y para ello habrán de comparecer ambas partes a la vista, no obstante la vista no se suspende por inasistencia del demandado, como veremos con posterioridad.

Si no asiste el demandante sin alegar ni probar causa alguna que lo impidiere y el demandado no alega interés en la continuación del juicio para que se dicte sentencia sobre el fondo, se tendrá aquel por desistido y se le impondrán las costas (art. 442 LEC).

A la vista deberán concurrir las partes con los medios de prueba de que intenten valerse.

2.1. La vista comienza con la ratificación o rectificación de la demanda, de la contestación y de la reconvención si se hubiese formulado. A continuación se procede, en su caso, a la **subsanación de los errores que contengan los referidos escritos** sin que se pueda utilizar esta fase para alterar sustancialmente **el SUPLICO** de la demanda o de la reconvención. Las direcciones letradas deben limitarse a ratificar la demanda, contestación y en su caso reconvención, ya que dichos escritos han de ajustarse a lo dispuesto en los arts. 399 y concordantes de la LEC para el juicio ordinario y no a los de demanda sucinta prevista en el art. 437 para el juicio verbal, en consecuencia no pueden reproducirse en este momento procesal los fundamentos de la demanda, de la contestación ni de la reconvención ni pueden hacer un resumen de las mismas, debiendo solicitar, tras la ratificación, el recibimiento del pleito a prueba si fuera de su interés proponerla.

El Tribunal, de oficio, podrá requerir a las partes para que realicen las aclaraciones o precisiones necesarias respecto de los hechos y argumentos contenidos en sus escritos de demanda, de contestación y reconvención.

2.2. Resolución de cuestiones procesales si se alegaren. Si se han alegado excepciones procesales por la demandada que puedan obstar a la prosecución del juicio y término del proceso mediante Sentencia, el Tribunal resolverá lo que proceda previa audiencia de la demandante y si manda seguir el juicio el demandado puede interesar que conste en acta su disconformidad a efectos de apelación de la Sentencia que en definitiva recaiga (art. 443.4. LEC).

No se pueden plantear cuestiones relativas a **jurisdicción y competencia** que deberán articularse mediante la declinatoria ello sin perjuicio de que puedan apreciarse de oficio por el Juzgado (art. 63, 64 y 443.2 LEC).

El orden en la resolución de las cuestiones procesales es el siguiente (art. 416 LEC):

— Falta de capacidad de los litigantes o de los representantes.

— Cosa Juzgada o litispendencia.

— Falta del debido litisconsorcio.

— Inadecuación de procedimiento.

— Defecto legal en el modo de proponer la demanda o en su caso la reconvención por falta de claridad o precisión en la determinación de las partes o de la petición que se deduzca.

En las notas siguientes se comentan algunas de las excepciones más frecuentes y que pueden plantear algunas dudas:

— Una de las excepciones más comunes propuestas, en especial, en los procedimientos de Modificación de Medidas **es la falta de capacidad de los litigantes o de su**

representación (véase art. 418 de la LEC), es decir la falta de aptitud para realizar válidamente actos jurídicos procesales (legitimación *ad processum*); la falta de capacidad de obrar, procesal o para comparecer en juicio, que tienen solo las personas en el pleno uso de sus derechos civiles. Se refiere también al carácter o representación con que se demanda y, en su caso, a quien debe comparecer por las personas jurídicas u otras entidades reguladas en el art. 7 de la LEC. La legitimación *ad processum* que venimos tratando no debe confundirse con la legitimación *ad causam*, que es la que hace referencia a la falta de acción y que deberá ser objeto de análisis en Sentencia de forma conjunta con el fondo del asunto.

Así, el art. 775-1 de la LEC, únicamente reconoce legitimación para solicitar del Tribunal la modificación de medidas al Ministerio Fiscal, cuando hay hijos menores o incapacitados, y a los cónyuges, por lo que, obviamente, la solicitud de modificación debe ir dirigida por un cónyuge contra el otro, y contra el Ministerio Fiscal, cuando en el matrimonio hay hijos menores o incapacitados. De modo que el hijo carece, no solo de falta de legitimación pasiva *ad caussam* en los procesos matrimoniales y de modificación de medidas, por cuanto ésta solo la ostenta el cónyuge con el que convive el hijo mayor de edad económicamente dependiente, como administrador de los alimentos de éste mientras con él conviva, sino también de falta de *legitimatio ad processum*, dado que en dichos procedimientos solo tienen la condición de parte procesal legítima quienes la tenían para serlo en el proceso en el que se establecieron las medidas cuya modificación se interesa, es decir, los cónyuges, pues así se deduce de lo dispuesto en el art. 10 de la LEC, en relación con el art. 775-1 del mismo Texto Legal, de modo que si se estima que el perceptor y administrador de la pensión de alimentos de los hijos mayores de edad económicamente dependientes, no es el hijo, sino el progenitor con el que convive, ha de estimarse también que es dicho progenitor, y no el hijo, el titular de la relación jurídica objeto de debate, por lo que solo los progenitores tienen legitimación para promover la modificación de medidas, y, por tanto, también para oponerse, como demandados, a la modificación interesada por el otro.

Asimismo también se alega con más frecuencia de la deseada en este tipo de procedimiento **la excepción de cosa juzgada**, respecto a ello cabe indicar que el procedimiento de modificación de medidas se desenvuelve en el marco, procesal y sustantivo, regulado por los arts. 775 de la LEC y 90 y 91, *in fine*, 100 y 101 del Código Civil. Dichos preceptos habilitan anómalos cauces de revisión, esto es al margen del sistema ordinario de recursos, de pronunciamientos judiciales que hayan alcanzado definitiva firmeza, a especie de derogación, o atenuación, en el ámbito de los procedimientos matrimoniales, del principio de cosa juzgada en el que, conforme a lo prevenido en los arts. 207 y 222 de la LEC, se asienta nuestro sistema procesal.

El fundamento de la cosa juzgada radica en la necesidad de evitar la reproducción indefinida de litigios y de conseguir la estabilidad y seguridad jurídica, en cuanto en un anterior proceso haya quedado satisfecha la misma pretensión que se propone en el siguiente, pues la mera posibilidad de que se produzcan sentencias firmes discrepantes y opuestas entre sí, vulnera la legítima expectativa de los justiciables de obtener una respuesta única e inequívoca de los órganos encargados de impartir justicia, e implica, en consecuencia, una quiebra del derecho fundamental a una tutela judicial efectiva.

Y es lo cierto que los referidos arts. 90 y 91 CC se muestran plenamente respetuosos con dicho derecho, dado que tan solo permiten la modificación de los efectos complementarios sancionados en una sentencia firme en el supuesto de que se hayan alterado sustancialmente los factores que condicionaron su inicial adopción. Por lo cual, y conforme a una reiterada y pacífica interpretación doctrinal y judicial de tales normas, se exige, en orden al posible acogimiento de la acción modificativa, la concurrencia de los siguientes requisitos:

1.º Un cambio objetivo, en cuanto al margen de la voluntad de quien insta el nuevo procedimiento, de la situación contemplada al tiempo de establecer la medida que se intenta modificar.

2.º Que dicho cambio tenga suficiente entidad, en cuanto afectando a la esencia de la medida, y no a factores meramente periféricos o accesorios.

3.º Que la expresada alteración no sea meramente coyuntural o episódica, ofreciendo, por el contrario, unas características de cierta permanencia en el tiempo.

4.º Que el repetido cambio sea imprevisto, o imprevisible, lo que excluye aquellos supuestos en que, al tiempo de establecerse la medida, ya fue tenida en cuenta una posible modificación de las circunstancias.

Tampoco cabe apreciar la excepción de cosa juzgada en los supuestos en que la liquidación de la sociedad de gananciales se haya operado mediante Sentencia, habida cuenta que se entiende que el efecto de la cosa juzgada no se extiende a la liquidación de la sociedad de gananciales en el sentido de impedir las acciones de adición, de rescisión o de nulidad o anulabilidad, pues las mismas están previstas para las operaciones divisorias sin distinguir sobre la forma de su aprobación, remitiéndose además el art. 1410 del Código Civil para todo lo no previsto en materia de disolución y liquidación de la sociedad de gananciales, a lo establecido para la liquidación y la partición de la herencia, y en materia de procedimiento para la división de la herencia, el art. 787 5.º de la LEC **dispone que la sentencia que recaiga, no tendrá eficacia de cosa juzgada,** pudiendo los interesados hacer valer sus derechos sobre los bienes adjudicados en el juicio ordinario que corresponda.

2.3. Introducción de hechos nuevos que se hayan producido tras la demanda o contestación. La LEC prevé la posibilidad de introducción y prueba de hechos nuevos (art. 286.1); en los procesos matrimoniales la LEC en su art. 752 establece que los procesos a que se refiere este Titulo se decidirán con arreglo a los hechos que hayan sido objeto de debate y resulten probados, con independencia del momento en que hayan sido alegados o introducidos en el proceso, en consecuencia los hechos, pueden introducirse en la demanda, en la contestación, en el acto de la vista o en cualquier otro momento procesal y pueden ser alegados tanto por las partes como por el Juez o por el Ministerio Fiscal, la utilidad de esta previsión es clara ya que va a evitar en muchos casos tener que acudir a la modificación de medidas.

El Juez resolverá sobre dicha introducción y dará traslado a la parte contraria para que la conteste o alegue lo que a su derecho convenga.

La posibilidad que otorgan los arts. 286 y 752 de la LEC de aportar hechos nuevos hasta el comienzo del plazo para dictar Sentencia ha de interpretarse de forma restrictiva pues la aportación de hechos de nueva noticia con posterioridad a la celebración de la vista de forma sorpresiva puede no solo causar indefensión a la contraparte sino utilizarse con ánimo dilatorio o con mala fe procesal; en todo caso cabrá la posibilidad de practicar prueba sobre dichos hechos articulándola como Diligencia Final.

2.4. Fijación de los hechos controvertidos dando para ello la palabra de nuevo a las partes. (art. 443 LEC). Si no se han suscitado cuestiones procesales o si suscitadas, el Tribunal, en su caso, acuerda la continuación del juicio, se dará de nuevo la palabra a las partes para que fijen los hechos relevantes sobre los que fundamenten sus pretensiones y, sobre los que no existe conformidad, se recibe el pleito a prueba.

Por analogía con lo previsto en el art. **428** de la LEC para el juicio ordinario el Juez puede conceder la palabra a las partes para que señalen a su juicio, los hechos controvertidos o bien el Juez les realizará una propuesta de los que, entiende, deben señalarse como controvertidos. Así, el Abogado deberá llevar minuciosamente analizada tanto la demanda como la contestación; es la única forma de poder señalar los hechos en los que no existe acuerdo, existiendo conformidad, obviamente, con aquellos que no se señalen como controvertidos.

El citado artículo señala que también se han de fijar los hechos conformes de modo que la sentencia deberá contener como probados aquellos hechos sobre los que exista conformidad.

En la práctica forense es frecuente confundir los «hechos» con la «divergencia jurídica». La controversia jurídica generalmente estará clara y no precisa de prueba alguna; serán los datos fácticos los que se deberán delimitar, concretar y aclarar para aplicarles las normas correspondientes.

Por ello es preciso que los Abogados a la vista de la demanda y de la contestación, traigan ya señalados los hechos sobre los que existe controversia o discrepancia y fijarlos de manera sucinta y clara en el juicio.

La fijación de los hechos controvertidos por tanto es esencial porque la proposición de la prueba deberá versar sobre los mismos. Si se propone prueba sobre un hecho no fijado como controvertido esta deberá ser rechazada por inútil, impertinente e innecesaria (art. 283 de la LEC).

Proposición y admisión de prueba (arts. 752 y 770 LEC y art. 281 LEC).

La prueba se encuentra sujeta al régimen jurídico especializado previsto en el art. 752 y 770 LEC y al supletorio regulado en el art. 281 y siguientes LEC.

Cabe significar que una de las especialidades del proceso de familia es que, sin perjuicio de las pruebas que se propongan y practiquen a instancia del Ministerio Fiscal y de las demás partes, el Tribunal podrá decretar de oficio cuantas estime pertinentes (art. 752,1, párrafo segundo LEC).

El Juez dará la palabra a los Abogados de las partes y al Ministerio Fiscal, si interviniere en el proceso, para que propongan prueba comenzando por la actora.

La prueba se propone de forma oral pero se puede interesar su aportación por escrito para mayor facilidad, mejor constancia en autos y por economía procesal.

La prueba deberá proponerse respecto de los hechos que hemos fijado con anterioridad como controvertidos, pudiendo hacerse una pequeña argumentación que fundamente su propuesta, sobre todo cuando se trata de prueba testifical cuya relación con el pleito el Juzgador desconoce.

El demandado que no haya contestado a la demanda podrá proponer prueba en el acto del juicio si se ha personado oportunamente a fin de acreditar lo inexacto de lo alegado por el actor pero, en modo alguno, podrá contestar a la demanda.

A continuación el Juez procederá, una a una, al examen y análisis de la prueba propuesta y a declarar su denegación o admisión. La denegación de una prueba propuesta deberá estar mínimamente motivada, y ello con la finalidad de que el Abogado pueda fundamentar el recurso de reposición. En muchos juzgados se considera que es mejor admitir o denegar la prueba en su conjunto (de las dos partes a la vez). Así las partes ya saben la prueba que se ha admitido de contrario antes de formular el recurso. En otros Juzgados se admite primero la del actor, se resuelven los recursos que éste, en su caso, interponga y luego se concederá la palabra al demandado para que proponga la suya. No existe regla general ni la LEC dice nada al respecto.

Cuando el Juez admita una prueba que consideremos no debió admitir o nos deniegue una que creamos necesaria deberá interponerse recurso de reposición (art. 285 LEC) y posteriormente, en caso de desestimación, formular protesta a efectos de segunda instancia.

Especial atención merece la prueba ilícita (art. 11 LOPJ). Si dicha prueba se ha aportado con la demanda o con la contestación debe ser al comienzo de la vista cuando debe plantearse dicha incidencia y si se ha propuesto en el acto de la vista será después de la proposición de prueba o inmediatamente antes de proceder a su práctica cuando habrá que plantear el incidente para declararla ilícita.

En su caso el Juez dará traslado a las demás partes para que manifiesten lo que a su derecho convenga y resolverá en el mismo acto de la vista. Contra dicha resolución cabe recurso de reposición que se interpone y se sustancia también en la misma vista quedando a salvo el derecho a reproducir la impugnación en apelación mediante la protesta.

La proposición de prueba será un ejercicio de valoración jurídica de destreza por parte del Abogado e incluso de «argucia procesal», pues es posible que una prueba sea, para sus intereses, beneficiosa y perjudicial a la vez; entonces se deberá valorar si es preferible no solicitar su práctica. Así, de todas las pruebas admitidas en nuestra legislación, deberemos elegir aquellas que sean idóneas para la defensa del derecho que se ejercita y, además esclarecer los hechos controvertidos. Por este motivo tenemos que huir de plantear pruebas inútiles —innecesarias— o impertinentes (las primeras son aquellas que en ningún caso pueden ayudar a esclarecer los hechos controvertidos y la impertinente la que intenta acreditar hechos no introducidos en el proceso o que resultan irrelevantes).

Hay dos principios a tener en cuenta en esta materia: el de disponibilidad probatoria y el de adquisición probatoria; el primero se refiere a la facilidad probatoria que corresponde a cada parte en el litigio, el segundo alude a que es indiferente qué parte haya suministrado la prueba vinculando su resultado a ambas. Solo cuando un hecho no resulte probado es necesario determinar a quien correspondía la carga de la prueba.

También cabe presentar en el acto del juicio aquellos documentos, medios o instrumentos que sean de fecha posterior a la demanda o a la contestación siempre que no se hayan podido obtener con anterioridad a dichos momentos procesales, o bien que siendo de fecha anterior la parte que los presente justifique no haber tenido antes conocimiento de su existencia o finalmente cuando no haya sido posible obtener con anterioridad los referidos documentos siempre que se haya hecho oportunamente la designación en la demanda o contestación.

Presentado el documento, medio o instrumento se dará traslado a las demás partes que podrán alegar en el juicio o por escrito si se presenta posteriormente la improcedencia de tomarlo en consideración por no encontrarse en ninguno de los supuestos a los que se refiere el art. 270 LEC.

No se admitirán las pruebas que se propongan fuera de plazo o cuando no se realice la proposición conforme a lo prevenido en la normativa procesal, tampoco las pruebas que no tengan relación con el objeto del proceso, en todo caso deberán ser repelidas aquellas que tengan como finalidad probar cuestiones sin trascendencia en el proceso, o las tendentes a acreditar hechos distintos de los contenidos en la demanda y en la contestación.

Contra las pruebas denegadas **cabe interponer recurso de reposición** y subsidiariamente protesta, aunque debemos tener en cuenta que hay algunos juzgados que únicamente admiten, en los procesos de Familia, **protesta.**

Práctica de la prueba. Admitida la prueba, **la misma** debe practicarse con carácter general en el acto de la vista. Son de aplicación las disposiciones generales contenidas en los arts. 289 a 293 LEC y las especiales contenidas en los arts. 752, 770.4 y 774.2 LEC, debiéndose tener en cuenta las previsiones contenidas en el art. 293 del mismo texto legal respecto de aquellas que no puedan practicarse en el momento procesal generalmente previsto y deban articularse como prueba anticipada o la posibilidad de practicar las pruebas en el plazo extraordinario de treinta días conforme a lo prevenido en el art. 770.4 LEC. En este supuesto se suspende la vista y posteriormente, practicadas las pruebas, se reanuda.

Orden a seguir en su práctica.

Concedida la palabra por su orden a las partes, en primer lugar procede interesar que se de por reproducida la

documental aportada pudiendo las partes en este trámite pronunciarse sobre el reconocimiento o impugnación de la documental propuesta por la contraparte.

A este respecto cabe indicar que no se debe impugnar de forma generalizada todos los documentos del contrario, cada documento debe ser analizado y deberá ser objeto de un pronunciamiento separado (aunque puede hacerse por bloques) haciendo especial hincapié en el motivo de la impugnación o de su no reconocimiento.

La admisión de un documento no precisa aclaración alguna, ahora bien si debemos distinguir entre la impugnación y el no reconocimiento.

Hay que tener presente el art. 326 de la LEC y recordar que si se impugna un documento privado (su autenticidad) el que lo haya presentado podrá pedir el cotejo pericial o proponer cualquier medio de prueba que le resulte útil. Si de dicha prueba se desprende su autenticidad, las costas, gastos o derechos de la práctica de la prueba propuesta serán a cargo exclusivamente de la persona que los haya impugnado. Además, si se apreciara que la impugnación ha sido temeraria podrá imponerse una multa de 120 a 600 euros (art. 320.3 LEC).

Habitualmente se usa la palabra impugnación de forma indiscriminada, utilizándola tanto para atacar la autenticidad de un documento como su valor probatorio, pero cada vez son más los Jueces que circunscriben la impugnación del documento a su autenticidad. Por este motivo, cuando estamos disconformes con el valor probatorio que al documento le otorga el contrario, lo podremos poner de manifiesto con una frase más o menos del siguiente tenor: «No se reconoce el valor probatorio de los documentos (....)», sin mencionar la palabra impugnación; de esta forma queda mucho más claro cuáles son los documentos que consideramos auténticos a pesar de no concederles valor probatorio alguno.

Lo dicho anteriormente tiene importantes consecuencias prácticas ya que, si no distinguimos entre impugnación por su autenticidad y el valor probatorio del documento, podemos presenciar extremos paradójicos en los que el Abogado impugna la autenticidad de una factura realizada unilateralmente por la parte contraria. Así pues, las manifestaciones sobre el valor probatorio de la documental contraria no deben realizarse en este trámite, sino en el informe final de la valoración de la prueba (conclusiones), ya que la impugnación de la autenticidad de los documentos permite a la contraparte conocer aquellos documentos sobre los que tiene que pedir prueba para adverar la documental presentada.

— Actuación cuando se impugna el documento por su autenticidad.

El Abogado impugnante deberá proponer alguna prueba para fundamentar su alegación. La prueba a proponer dependerá del tipo de documento que se impugne y podrá ser desde el cotejo hasta la pericial caligráfica.

Así podremos impugnar un documento por su falta de autenticidad (en este caso se deberá proponer alguna prueba que fundamente nuestra impugnación) o por el momento de su presentación (si es extemporáneo el Juez de oficio puede inadmitirlo y en caso contrario se deberá recurrir su admisión), y también cabe la posibilidad, a pesar de no impugnarlo, de no «reconocerlo» a efectos probatorios, es decir, que a pesar de considerarlo auténtico no se reconoce el efecto probatorio que pretende el contrario. Aunque dicha cuestión como hemos indicado anteriormente es más propia de ser alegada y analizada en las conclusiones que en esta fase del procedimiento.

En consecuencia con lo manifestado anteriormente un informe pericial no podrá ser impugnado a menos que dudemos que haya sido emitido por su autor, o lleve tachones, o contenga una parte ilegible etc. Sin embargo el art. 427.2 LEC permite a las partes expresar lo que a su derecho convenga respecto de los dictámenes presentados, admitiéndolos, contradiciéndolos o proponiendo que sean ampliados en los extremos que determinen. En esos casos será necesaria, y deberá pedirse, la ratificación del perito en la fase de proposición de prueba.

Sentado lo anterior indicar que el orden de práctica de los medios de prueba es el establecido en el art. 300 LEC aunque puede ser modificado:

1.º Interrogatorio de partes.

2.º Interrogatorio de testigos.

3.º Declaraciones de peritos y ratificación de dictámenes.

4.º Reconocimiento judicial. Exploración de los menores.

5.º Reproducción ante el Tribunal de palabras, imágenes y sonidos captados mediante instrumentos de filmación, grabación u otros semejantes.

Interrogatorio de partes (véase página 221).

Esta prueba debe solicitarse en el acto del juicio. Solo puede proponerse sobre el litigante contrario, salvo si interviene el Ministerio Fiscal que puede proponerla sobre ambos litigantes o respecto de uno. Se comienza practicando el interrogatorio interesado por la parte actora, o en su caso, el interrogatorio solicitado por la parte demandada y el propuesto por el Ministerio Fiscal (si interviniere); será el Abogado del demandante el que lo iniciará si lo ha interesado y, después de solicitar la venia, dará comienzo a las preguntas, que deberán cumplir con lo preceptuado para esta concreta prueba.

El Juez puede efectuar preguntas con la finalidad de aclarar o adicionar cualquier extremo, sin embargo esta limitación no es aplicable a las cuestiones sobre las que el Juez deba pronunciarse de oficio de conformidad con lo dispuesto en el art. 752.1 770.4 y 774.2 de la LEC.

Prueba testifical (véase página 291).

Esta prueba atendiendo a la naturaleza del procedimiento matrimonial ha quedado postergada, toda vez que la intervención de las personas que tienen parentesco o amistad/

enemistad con las partes suele ser temperamental y por tanto su testimonio no goza de la objetividad ni de la imparcialidad suficiente para ser tenido en cuenta por el Tribunal, a ello se añade que a la vista de la legalidad vigente no es necesario entrar en el análisis de las causas de la ruptura matrimonial.

De admitirse, la prueba testifical se practicará comenzando por los testigos de la parte actora, que será quien iniciará el interrogatorio, dando el Juez la palabra con posterioridad al resto de las partes, salvo que dicha prueba haya sido propuesta por el Ministerio Fiscal en cuyo caso es quien inicia el interrogatorio.

La testifical de los hijos mayores de edad (cuando no han sido demandados) es especialmente útil en los litigios en que se reclamen alimentos en su nombre o se interese la extinción de los que vienen percibiendo.

La LEC da cobertura legal al **informe de detectives** que adquiere especial importancia en los procesos de Familia, suele ser una prueba muy útil para acreditar que una de las partes realiza actividad en régimen de economía sumergida o que vive maritalmente con otra persona a efectos de extinguir la pensión compensatoria, o que reside en una vivienda distinta a la que constituyó el domicilio familiar por los efectos que ello pudiera tener en los supuestos en los que se hubiere acordado el uso alternativo de la referida vivienda familiar ...

Estos informes se presentaran con la demanda o con la contestación aunque es posible presentarlos en el acto del juicio si concurre alguna de las circunstancias previstas en el art. 270 LEC.

Su aportación al proceso está prevista en el art. 265.5 LEC y si no fueran reconocidos como ciertos se practicará prueba testifical, por tanto el informe carecerá de valor probatorio si la parte a quien perjudiquen los hechos no los reconoce y no comparece el autor del mismo al juicio a efectos de ratificar su contenido y ser interrogado como testigo.

Prueba de peritos (véase página 245).

Se seguirá la regla general y comenzará a hacer las preguntas el Abogado que hubiera propuesto y concretado esta prueba. El Juez deberá actuar con suma cautela y ser muy estricto en la admisión de la intervención que pretendan los Abogados toda vez que los arts. 337.2 y 347 de la LEC tan solo permiten la intervención que solicite la parte y sea admitida por el Juez, sin que pueda en ese momento ampliarse la prueba pericial a extremos que no han sido objeto de pericia, ni sea oportuno reiterar lo que ya consta en el dictamen, sin que tampoco proceda admitir que la intervención del perito se extienda a una explicación general del dictamen, a pesar de que el art. 347 LEC parezca que puede admitirse dicha «explicación general» ya que iría contra el propio artículo al considerarse inútil pues ya consta por escrito; el cometido del perito no es leer a las partes el contenido del informe.

Dictamen de especialistas. Equipos Psicosociales.

La función de estos especialistas (Psicólogo-Trabajador Social) es la de actuar e intervenir como peritos auxiliares del Juez, en la determinación de las medidas reguladoras tras las rupturas matrimoniales, y en especial las relativas a la atribución u ordenación de la guarda y custodia, al ejercicio de la patria potestad y al régimen de visitas y comunicaciones de los menores con el progenitor no custodio.

En el acto de la vista los letrados de las partes pueden pedir aclaraciones a aspectos del informe o realizar preguntas concretas sobre datos o circunstancias de las partes incorporadas al mismo que resulten contradichos por otras pruebas obrantes en autos con objeto de poder efectuar una valoración más ajustada de las pruebas de resultado contradictorio.

Asimismo se puede interesar de los peritos respuestas sobre los métodos, técnicas y otros aspectos utilizados en el informe, explicación o aclaración de algunos de sus puntos y de sus conclusiones así como de los motivos psicológicos o sociales que han llevado al Equipo a una determinada conclusión.

Puede solicitarse ampliación del informe a otros puntos conexos, si dicha ampliación no pudiera efectuarse en el acto del juicio el Juez acordará lo que proceda.

En muchos casos es conveniente alterar el orden de las pruebas y practicar la prueba psicosocial en primer lugar no solo porque a la vista del contenido del informe psicosocial no es infrecuente que las partes lleguen a un acuerdo sino también porque, en los supuesto que esto no ocurre, las direcciones letradas pueden pedir aclaraciones en fase de interrogatorio a las partes sobre las manifestaciones contenidas en el informe pudiendo desvirtuar el valor probatorio de las mismas.

En todo caso la emisión y ratificación del informe psicosocial y la posible actuación de los peritos en la vista quedan sometidas íntegramente a lo dispuesto en los arts. 346 y 347 de la LEC.

Además de la prueba psicosocial, en los procesos de familia, en ocasiones es preciso la intervención de otros peritos que hayan tratado a la familia con anterioridad al proceso en aquellos supuestos en los que uno de los progenitores ha padecido alguna patología, adicción, desajuste psicológico o desequilibrio emocional que haya requerido la intervención de profesionales; en estos supuestos deberán las partes aportar al proceso los informes de que dispongan con el fin de poder analizar si quien ha sufrido la patología goza de capacidad y aptitud suficiente para asumir sin riesgo la custodia de un menor o para comunicar con el mismo de forma normalizada, en principio esta aportación gozará del carácter de prueba documental pero también puede instarse la práctica de prueba pericial específica a practicar por el médico psiquiatra correspondiente.

También se admite **la práctica de análisis clínicos** para averiguar si existe una determinada adicción en alguno de los progenitores.

La exploración de los menores (ver prueba página 345)**.**

Esta prueba se encuentra encuadrada dentro de la recogida en la LEC como reconocimiento de personas y tiene como finalidad que el Tribunal pueda conocer, en los supuestos de rupturas matrimoniales, el interés de los menores respecto de las medidas que a ellos les afecten, (guarda y custodia, patria potestad, visitas o comunicaciones).

El art. 770 LEC, señala que en las exploraciones judiciales se garantizará por el Juez que el menor sea oído en condiciones idóneas para la salvaguarda de sus intereses, sin interferencia de otras personas pudiendo recabarse el auxilio de especialistas cuando sea necesario.

El derecho de audiencia del menor previsto en el art. 9.3 de la Ley Orgánica 1/1996 de 15 de enero de Protección Jurídica del Menor no es un derecho absoluto sino que habrá de ser valorada su conveniencia por el Juez, teniendo en cuenta la madurez del menor, la necesidad u oportunidad de la audiencia por entender que la opinión del menor pueda tener relevancia en la decisión del proceso y siempre que el hecho de expresar su opinión no le provoque ningún perjuicio.

La exploración puede no practicarse en el acto de vista principal incluso ni en el mismo día al objeto de preservar al menor de la tensión del proceso y a ser posible se llevará a efecto en horas que le permitan regresar a su actividad cotidiana.

Reproducción de palabras, imágenes y sonidos mediante instrumentos de filmación, reproducción y semejantes (véase página 359).

Esta prueba se regula en el artículo, 299, 382 a 384 de la LEC. Es una prueba que goza de gran objetividad e imparcialidad. Se habrá de acompañar con la demanda o con la contestación (art. 265 LEC) y únicamente puede presentar después cuando se hallen en alguno de los supuestos contemplados en el art. 270 LEC.

En todo caso debe tenerse en cuenta que dicho medio probatorio no debe vulnerar el derecho al honor, a la intimidad personal o a la propia imagen y debe ser fiable.

Prueba de informes

El art. 381 de la LEC regula esta prueba al establecer que cuando sobre hechos relevantes sea procedente que informen personas jurídicas y entidades públicas en cuanto tales, por referirse esos hechos a su actividad, la parte a quien interese esta prueba podrá proponer que la persona jurídica o entidad, a requerimiento del Tribunal, responda por escrito sobre los hechos en los diez días anteriores al juicio o vista.

En la proposición de esta prueba se expresarán con precisión los extremos sobre los que ha de versar la declaración o informe escrito. Las demás partes podrán alegar lo que consideren oportuno y en concreto si desean que se adicionen otros extremos a la petición de declaración escrita.

El Tribunal, oídas las partes, resolverá sobre la pertinencia y utilidad de la prueba propuesta, determinando en su caso los términos de la cuestión o cuestiones que hayan de ser objeto de la declaración de la persona jurídica o entidad, requiriéndola para que la preste y remita al Tribunal en el tiempo establecido (art. 381 LEC).

A la vista de las respuestas escritas o de la negativa a contestar el Tribunal de oficio o a instancia de partes mediante Providencia, podrá disponer que sea citada al juicio la persona/s física cuyo testimonio pueda resultar pertinente para aclarar o completar la declaración de la persona jurídica o entidad.

Las pruebas que no puedan realizarse en la vista se practicarán en el plazo que el Tribunal señale que no podrá exceder de treinta días, suspendiéndose el juicio para la práctica de la prueba, acordando su posterior reanudación. Si no se estima necesario volver a convocar para la continuación, se da traslado a las partes y en su caso al Ministerio Fiscal del resultado de la prueba para que formulen conclusiones por escrito al respecto, (normalmente no se señala de nuevo vista cuando se trata de prueba documental pero sí debe convocarse cuando se trate de prueba psicosocial toda vez que lo contrario supondría prescindir del principio de contradicción).

3. CONCLUSIONES

Tras la práctica de la prueba en el acto de la vista, el Juez concederá la palabra al Ministerio Fiscal (si interviniere) al Abogado de la parte actora y al de la demandada para que formulen oral y concisamente las conclusiones que estimen oportunas sobre el resultado de las pruebas practicadas **(art. 752 LEC).**

Respecto de esta fase del juicio es necesario hacer una serie de puntualizaciones sobre el modo y forma en que deben formularse las conclusiones:

Estas deberán realizarse de forma oral, sin que esté permitido leerlas; cuestión distinta es que el Abogado se sirva de un esquema (muy útil en estos casos, sobre todo para cumplir con el requisito de «ordenado» que la práctica forense valora especialmente) y que lo utilice como «guión», pero el Juez no debe consentir que el Abogado «lea» textualmente unos folios, ya que, por un lado, la ley dice «oralmente», y tanto la doctrina como la jurisprudencia entienden que no puede procederse a la lectura de un texto y, por otro, se causa indefensión al Abogado contrario, al que se «pillará» desprevenido si el Juez permite a un Abogado que formule sus conclusiones de este modo y el otro no ha preparado la «lectura de unos folios». Además, existe una imposibilidad técnica de llevar preparadas las conclusiones, pues estas son la valoración de la prueba practicada y uno debería ser adivino para saber su resultado con antelación.

El Abogado deberá ser *breve, ordenado, claro* y *conciso* en su formulación, sin que pueda reiterarse el contenido de la demanda o de la contestación.

Comenzará el Ministerio Fiscal y en su caso la parte actora indicando la acción que se ejercita y los requisitos que la Jurisprudencia exige para su estimación y pondrá éstos en relación con la prueba que se haya practicado, con remisión pormenorizada, en su caso a cada una de las pruebas de las que intente valerse y a los autos objeto de enjuiciamiento.

Asimismo irá indicando el cumplimiento de cada uno de los requisitos exigidos para poder estimar la acción. El Abogado de la parte demandada deberá realizar lo contrario, es decir rebatir el cumplimiento de los requisitos que afirma el actor, y deberá hacerlo igualmente de forma breve, ordenada, clara y concisa.

A tal fin, los Abogados de las partes señalarán el resultado de cada una de las pruebas practicadas, realizando la valoración que a su derecho convenga (sin que esta llegue a ser absurda, ilógica o irracional). Si entendieran que algún hecho controvertido debe tenerse por cierto en virtud de presunción, lo manifestarán así, fundamentando su criterio y teniendo siempre presente el art. 217 de la LEC sobre la carga de la prueba respecto de los hechos dudosos.

Expuestas sus conclusiones sobre los hechos controvertidos, pondrán de manifiesto los argumentos jurídicos en que apoyan sus pretensiones, que no podrán ser alteradas en ese momento (art. 433.3 LEC).

Si el Tribunal no se considerase suficientemente ilustrado con las conclusiones y los informes expuestos, podrá conceder a las partes la palabra cuantas veces estime necesario para que aclaren las cuestiones concretas que el propio Juez les indique (art. 433.4 LEC).

En las conclusiones hay que darle al Juez la «motivación suficiente» para que pueda fundamentar su resolución conforme a nuestros intereses.

4. LAS DILIGENCIAS FINALES

Aunque dichas Diligencias son una especialidad del juicio ordinario sin embargo pueden acordarse en los procesos de Familia no solo porque el proceso matrimonial es un proceso especial que participa de la tramitación del juicio ordinario sino también porque el Tribunal Supremo se ha pronunciado sobre la posibilidad de acordar diligencias finales tanto en el juicio ordinario como en el verbal, y asimismo puede entenderse que el art. 752.1 párrafo segundo LEC prevé tal posibilidad «Sin perjuicio de las pruebas que se practiquen a instancia del Ministerio Fiscal y de las demás partes, el Tribunal podrá decretar de oficio cuantas estime pertinentes».

Por tanto no se aprecia obstáculo insalvable, cuando procedan, el acordarlas en los procesos de familia, máxime cuando se trata de probar extremos sobre los que el Tribunal pueda pronunciarse de oficio.

El art. 435 de la LEC no da cobertura a la práctica de una prueba que ya hubiese sido efectivamente propuesta por las partes o se hubiere podido proponer en tiempo y forma. Sin embargo, el párrafo segundo del citado artículo prevé la posibilidad de practicar, excepcionalmente de oficio o a instancia de parte, las pruebas que sean necesarias para esclarecer hechos relevantes, pues puede suceder que en el momento de su proposición pareciese inútil y una vez practicadas el resto de las pruebas se ponga de manifiesto que se trata de una prueba determinante.

Así pues, en el caso de que en el acto del juicio se hubiera denegado por el Juez la admisión de alguna prueba concreta, y su práctica pudiera ser decisiva y conveniente al derecho de la parte, podrá el Abogado de dicha parte solicitarlo al final del juicio, en las conclusiones, quedando siempre a salvo la posibilidad de proponerla en la segunda instancia, para lo cual tiene que haber formulado en tiempo y forma un recurso de reposición y la pertinente y posterior «protesta».

Una vez solicitadas por la parte o por el Ministerio Fiscal, el Juez podrá acordarlas, incluso de oficio, para lo cual deberá dictar auto motivando tal decisión (con suspensión del plazo para dictar sentencia); en el caso de que no las considere necesarias y no las admita será suficiente que en sentencia manifieste el motivo de su inadmisión.

Un supuesto concreto y bastante frecuente en el que procede su práctica, bien de oficio, a petición del Ministerio Fiscal o de alguna de las partes: es el de la prueba psicosocial (si no se ha practicado con anterioridad al juicio) cuando ambos progenitores interesan la custodia en exclusiva de los hijos, o uno de ellos solicita la custodia compartida o cuando haya dudas razonables de si los intereses del menor quedan protegidos de forma adecuada con el establecimiento del tipo de custodia propuesto por los progenitores.

5. LEGISLACIÓN PROCESAL

— **LEC:** Normas específicas de los procesos de familia (arts. 769 a 778).

CAPÍTULO IV

De los procesos matrimoniales y de menores

Artículo 769. *Competencia.*

1. Salvo que expresamente se disponga otra cosa, será Tribunal competente para conocer de los procedimientos a que se refiere este capítulo el Juzgado de Primera Instancia del lugar del domicilio conyugal. En el caso de residir los cónyuges en distintos partidos judiciales, será Tribunal competente, a elección del demandante o de los cónyuges que soliciten la separación o el divorcio de mutuo acuerdo, el del último domicilio del matrimonio o el de residencia del demandado.

Los que no tuvieren domicilio ni residencia fijos podrán ser demandados en el lugar en que se hallen o en el de su última residencia, a elección del demandante y, si tampoco pudiere determinarse así la competencia, corresponderá ésta al Tribunal del domicilio del actor.

2. En el procedimiento de separación o divorcio de mutuo acuerdo a que se refiere el art. 777, será competente el Juez del último domicilio común o el del domicilio de cualquiera de los solicitantes.

3. En los procesos que versen exclusivamente sobre guarda y custodia de hijos menores o sobre alimentos reclamados por un progenitor contra el otro en nombre de los hijos menores, será competente el Juzgado de Primera Instancia del lugar del último domicilio común de los progenitores. En el caso de residir los progenitores en distintos partidos judiciales,

será Tribunal competente, a elección del demandante, el del domicilio del demandado o el de la residencia del menor.

4. El Tribunal examinará de oficio su competencia.

Son nulos los acuerdos de las partes que se opongan a lo dispuesto en este artículo.

Artículo 770. *Procedimiento.*

Las demandas de separación y divorcio, salvo las previstas en el art. 777, las de nulidad del matrimonio y las demás que se formulen al amparo del título IV del libro I del Código Civil, se sustanciarán por los trámites del juicio verbal, conforme a lo establecido en el capítulo I de este título, y con sujeción, además, a las siguientes reglas:

1.ª A la demanda deberá acompañarse la certificación de la inscripción del matrimonio y, en su caso, las de inscripción de nacimiento de los hijos en el Registro Civil, así como los documentos en que el cónyuge funde su derecho. Si se solicitaran medidas de carácter patrimonial, el actor deberá aportar los documentos de que disponga que permitan evaluar la situación económica de los cónyuges y, en su caso, de los hijos, tales como declaraciones tributarias, nóminas, certificaciones bancarias, títulos de propiedad o certificaciones registrales.

2.ª La reconvención se propondrá con la contestación a la demanda. El actor dispondrá de 10 días para contestarla.

Sólo se admitirá la reconvención:

a) Cuando se funde en alguna de las causas que puedan dar lugar a la nulidad del matrimonio.

b) Cuando el cónyuge demandado de separación o de nulidad pretenda el divorcio.

c) Cuando el cónyuge demandado de nulidad pretenda la separación.

d) Cuando el cónyuge demandado pretenda la adopción de medidas definitivas, que no hubieran sido solicitadas en la demanda, y sobre las que el Tribunal no deba pronunciarse de oficio.

3.ª A la vista deberán concurrir las partes por sí mismas, con apercibimiento de que su incomparecencia sin causa justificada podrá determinar que se consideren admitidos los hechos alegados por la parte que comparezca para fundamentar sus peticiones sobre medidas definitivas de carácter patrimonial. También será obligatoria la presencia de los Abogados respectivos.

4.ª Las pruebas que no puedan practicarse en el acto de la vista se practicarán dentro del plazo que el Tribunal señale, que no podrá exceder de treinta días.

Durante este plazo, el Tribunal podrá acordar de oficio las pruebas que estime necesarias para comprobar la concurrencia de las circunstancias en cada caso exigidas por el Código Civil para decretar la nulidad, separación o divorcio, así como las que se refieran a hechos de los que dependan los pronunciamientos sobre medidas que afecten a los hijos menores o incapacitados, de acuerdo con la legislación civil aplicable. Si el procedimiento fuere contencioso y se estime necesario de oficio o a petición del fiscal, partes o miembros del equipo técnico judicial o del propio menor, se oirá a los hijos menores o incapacitados si tuviesen suficiente juicio y, en todo caso, a los mayores de doce años.

En las exploraciones de menores en los procedimientos civiles se garantizará por el Juez que el menor pueda ser oído en condiciones idóneas para la salvaguarda de sus intereses, sin interferencias de otras personas y, recabando excepcionalmente el auxilio de especialistas cuando ello sea necesario.

5.ª En cualquier momento del proceso, concurriendo los requisitos señalados en el art. 777, las partes podrán solicitar que continúe el procedimiento por los trámites que se establecen en dicho artículo.

6.ª En los procesos que versen exclusivamente sobre guarda y custodia de hijos menores o sobre alimentos reclamados en nombre de los hijos menores, para la adopción de las medidas cautelares que sean adecuadas a dichos procesos se seguirán los trámites establecidos en esta Ley para la adopción de medidas previas, simultáneas o definitivas en los procesos de nulidad, separación o divorcio.

7.ª Las partes de común acuerdo podrán solicitar la suspensión del proceso de conformidad con lo previsto en el art. 19.4 de esta Ley, para someterse a mediación.

Artículo 771. *Medidas provisionales previas a la demanda de nulidad, separación o divorcio. Solicitud, comparecencia y resolución.*

1. El cónyuge que se proponga demandar la nulidad, separación o divorcio de su matrimonio puede solicitar los efectos y medidas a que se refieren los arts. 102 y 103 del Código Civil ante el Tribunal de su domicilio.

Para formular esta solicitud no será precisa la intervención de Procurador y Abogado, pero sí será necesaria dicha intervención para todo escrito y actuación posterior.

2. A la vista de la solicitud, el Secretario judicial citará a los cónyuges y, si hubiere hijos menores o incapacitados, al Ministerio Fiscal, a una comparecencia en la que se intentará un acuerdo de las partes, que señalará el Secretario judicial y que se celebrará en los diez días siguientes. A dicha comparecencia deberá acudir el cónyuge demandado asistido por su Abogado y representado por su Procurador.

De esta resolución dará cuenta en el mismo día al Tribunal para que pueda acordar de inmediato, si la urgencia del caso lo aconsejare, los efectos a que se refiere el art. 102 del Código Civil y lo que considere procedente en relación con la custodia de los hijos y uso de la vivienda y ajuar familiares. Contra esta resolución no se dará recurso alguno.

3. En el acto de la comparecencia a que se refiere el apartado anterior, si no hubiere acuerdo de los cónyuges sobre las medidas a adoptar o si dicho acuerdo, oído, en su caso, el Ministerio Fiscal, no fuera aprobado en todo o en parte por el Tribunal, se oirán las alegaciones de los concurrentes y se practicará la prueba que éstos propongan y que no sea inútil o impertinente, así como la que el Tribunal acuerde de oficio. Si alguna prueba no pudiera practicarse en la comparecencia, el Secretario judicial señalará fecha para su práctica, en unidad de acto, dentro de los diez días siguientes.

La falta de asistencia, sin causa justificada, de alguno de los cónyuges a la comparecencia podrá determinar que se consideren admitidos los hechos alegados por el cónyuge presente para fundamentar sus peticiones sobre medidas provisionales de carácter patrimonial.

4. Finalizada la comparecencia o, en su caso, terminado el acto que se hubiere señalado para la práctica de la prueba que no hubiera podido producirse en aquélla, el Tribunal resolverá, en el plazo de tres días, mediante auto, contra el que no se dará recurso alguno.

5. Los efectos y medidas acordados de conformidad con lo dispuesto en este artículo solo subsistirán si, dentro de los treinta días siguientes a su adopción se presenta la demanda de nulidad, separación o divorcio.

Artículo 772. *Confirmación o modificación de las medidas provisionales previas a la demanda, al admitirse ésta.*

1. Cuando se hubieren adoptado medidas con anterioridad a la demanda, admitida ésta, el Secretario judicial unirá las actuaciones sobre adopción de dichas medidas a los autos del proceso de nulidad, separación o divorcio, solicitándose, a tal efecto, el correspondiente testimonio, si las actuaciones sobre las medidas se hubieran producido en Tribunal distinto del que conozca de la demanda.

2. Sólo cuando el Tribunal considere que procede completar o modificar las medidas previamente acordadas ordenará que se convoque a

las partes a una comparecencia, que señalará el Secretario judicial y se sustanciará con arreglo a lo dispuesto en el artículo anterior.

Contra el auto que se dicte no se dará recurso alguno.

Artículo 773. *Medidas provisionales derivadas de la admisión de la demanda de nulidad, separación o divorcio.*

1. El cónyuge que solicite la nulidad de su matrimonio, la separación o el divorcio podrá pedir en la demanda lo que considere oportuno sobre las medidas provisionales a adoptar, siempre que no se hubieren adoptado con anterioridad. También podrán ambos cónyuges someter a la aprobación del Tribunal el acuerdo a que hubieren llegado sobre tales cuestiones. Dicho acuerdo no será vinculante para las pretensiones respectivas de las partes ni para la decisión que pueda adoptar el Tribunal en lo que respecta a las medidas definitivas.

2. Admitida la demanda, el Tribunal resolverá sobre las peticiones a que se refiere el apartado anterior y, en su defecto, acordará lo que proceda, dando cumplimiento, en todo caso, a lo dispuesto en el art. 103 del Código Civil.

3. Antes de dictar el Tribunal la resolución a que se refiere el apartado anterior, el Secretario judicial convocará a los cónyuges y, en su caso, al Ministerio Fiscal, a una comparecencia, que se sustanciará conforme a lo previsto en el art. 771.

Contra el auto que se dicte no se dará recurso alguno.

4. También podrá solicitar medidas provisionales el cónyuge demandado, cuando no se hubieran adoptado con anterioridad o no hubieran sido solicitadas por el actor, con arreglo a lo dispuesto en los apartados precedentes. La solicitud deberá hacerse en la contestación a la demanda y se sustanciará en la vista principal, cuando ésta se señale dentro de los diez días siguientes a la contestación, resolviendo el Tribunal por medio de auto no recurrible cuando la sentencia no pudiera dictarse inmediatamente después de la vista.

Si la vista no pudiera señalarse en el plazo indicado, el Secretario judicial convocará la comparecencia a que se refiere el apartado 3 de este artículo.

5. Las medidas provisionales quedarán sin efecto cuando sean sustituidas por las que establezca definitivamente la sentencia o cuando se ponga fin al procedimiento de otro modo.

Artículo 774. *Medidas definitivas.*

1. En la vista del juicio, si no lo hubieren hecho antes, conforme a lo dispuesto en los artículos anteriores, los cónyuges podrán someter al Tribunal los acuerdos a que hubieren llegado para regular las conse-

cuencias de la nulidad, separación o divorcio y proponer la prueba que consideren conveniente para justificar su procedencia.

2. A falta de acuerdo, se practicará la prueba útil y pertinente que los cónyuges o el Ministerio Fiscal propongan y la que el Tribunal acuerde de oficio sobre los hechos que sean relevantes para la decisión sobre las medidas a adoptar.

3. El Tribunal resolverá en la sentencia sobre las medidas solicitadas de común acuerdo por los cónyuges, tanto si ya hubieran sido adoptadas, en concepto de provisionales, como si se hubieran propuesto con posterioridad.

4. En defecto de acuerdo de los cónyuges o en caso de no aprobación del mismo, el Tribunal determinará, en la propia sentencia, las medidas que hayan de sustituir a las ya adoptadas con anterioridad en relación con los hijos, la vivienda familiar, las cargas del matrimonio, disolución del régimen económico y las cautelas o garantías respectivas, estableciendo las que procedan si para alguno de estos conceptos no se hubiera adoptado ninguna.

5. Los recursos que, conforme a la ley, se interpongan contra la sentencia no suspenderán la eficacia de las medidas que se hubieren acordado en ésta. Si la impugnación afectara únicamente a los pronunciamientos sobre medidas, se declarará por el Secretario judicial la firmeza del pronunciamiento sobre la nulidad, separación o divorcio.

Artículo 775. *Modificación de las medidas definitivas.*

1. El Ministerio Fiscal, habiendo hijos menores o incapacitados y, en todo caso, los cónyuges podrán solicitar del Tribunal la modificación de las medidas convenidas por los cónyuges o de las adoptadas en defecto de acuerdo, siempre que hayan variado sustancialmente las circunstancias tenidas en cuenta al aprobarlas o acordarlas.

2. Estas peticiones se tramitarán conforme a lo dispuesto en el art. 770. No obstante, si la petición se hiciera por ambos cónyuges de común acuerdo o por uno con el consentimiento del otro y acompañando propuesta de convenio regulador, regirá el procedimiento establecido en el art. 777.

3. Las partes podrán solicitar, en la demanda o en la contestación, la modificación provisional de las medidas definitivas concedidas en un pleito anterior. Esta petición se sustanciará con arreglo a lo previsto en el art. 773.

Artículo 776. *Ejecución forzosa de los pronunciamientos sobre medidas.*

Los pronunciamientos sobre medidas se ejecutarán con arreglo a lo dispuesto en el Libro III de esta ley, con las especialidades siguientes:

1.ª Al cónyuge o progenitor que incumpla de manera reiterada las obligaciones de pago de cantidad que le correspondan podrán imponérsele por el Secretario judicial multas coercitivas, con arreglo a lo dispuesto en el art. 711 y sin perjuicio de hacer efectivas sobre su patrimonio las cantidades debidas y no satisfechas.

2.ª En caso de incumplimiento de obligaciones no pecuniarias de carácter personalísimo, no procederá la sustitución automática por el equivalente pecuniario prevista en el apartado tercero del art. 709 y podrán, si así lo juzga conveniente el Tribunal, mantenerse las multas coercitivas mensuales todo el tiempo que sea necesario más allá del plazo de un año establecido en dicho precepto.

3.ª El incumplimiento reiterado de las obligaciones derivadas del régimen de visitas, tanto por parte del progenitor guardador como del no guardador, podrá dar lugar a la modificación por el Tribunal del régimen de guarda y visitas.

4.ª Cuando deban ser objeto de ejecución forzosa gastos extraordinarios, no expresamente previstos en las medidas definitivas o provisionales, deberá solicitarse previamente al despacho de ejecución la declaración de que la cantidad reclamada tiene la consideración de gasto extraordinario. Del escrito solicitando la declaración de gasto extraordinario se dará vista a la contraria y, en caso de oposición dentro de los cinco días siguientes, el Tribunal convocará a las partes a una vista que se sustanciará con arreglo a lo dispuesto en los arts. 440 y siguientes y que resolverá mediante auto.

Artículo 777. *Separación o divorcio solicitados de mutuo acuerdo o por uno de los cónyuges con el consentimiento del otro.*

1. Las peticiones de separación o divorcio presentadas de común acuerdo por ambos cónyuges o por uno con el consentimiento del otro se tramitarán por el procedimiento establecido en el presente artículo.

2. Al escrito por el que se promueva el procedimiento deberá acompañarse la certificación de la inscripción del matrimonio y, en su caso, las de inscripción de nacimiento de los hijos en el Registro Civil, así como la propuesta de convenio regulador conforme a lo establecido en la legislación civil y el documento o documentos en que el cónyuge o cónyuges funden su derecho, incluyendo, en su caso, el acuerdo final alcanzado en el procedimiento de mediación familiar. Si algún hecho relevante no pudiera ser probado mediante documentos, en el mismo escrito se propondrá la prueba de que los cónyuges quieran valerse para acreditarlo.

3. Admitida la solicitud de separación o divorcio, el Secretario judicial citará a los cónyuges, dentro de los tres días siguientes, para que se ratifiquen por separado en su petición. Si ésta no fuera ratificada por alguno de los cónyuges, el Secretario judicial acordará de inmediato el archivo

de las actuaciones, quedando a salvo el derecho de los cónyuges a promover la separación o el divorcio conforme a lo dispuesto en el art. 770. Contra esta resolución del Secretario judicial podrá interponerse recurso directo de revisión ante el Tribunal.

4. Ratificada por ambos cónyuges la solicitud, si la documentación aportada fuera insuficiente, el Tribunal concederá mediante providencia a los solicitantes un plazo de diez días para que la completen. Durante este plazo se practicará, en su caso, la prueba que los cónyuges hubieren propuesto y la demás que el Tribunal considere necesaria para acreditar la concurrencia de las circunstancias en cada caso exigidas por el Código Civil y para apreciar la procedencia de aprobar la propuesta de convenio regulador.

5. Si hubiera hijos menores o incapacitados, el Tribunal recabará informe del Ministerio Fiscal sobre los términos del convenio relativos a los hijos y oirá a los menores si tuvieran suficiente juicio cuando se estime necesario de oficio o a petición del Fiscal, partes o miembros del Equipo Técnico Judicial o del propio menor. Estas actuaciones se practicarán durante el plazo a que se refiere el apartado anterior o, si éste no se hubiera abierto, en el plazo de cinco días.

6. Cumplido lo dispuesto en los dos apartados anteriores o, si no fuera necesario, inmediatamente después de la ratificación de los cónyuges, el Tribunal dictará sentencia concediendo o denegando la separación o el divorcio y pronunciándose, en su caso, sobre el convenio regulador.

7. Concedida la separación o el divorcio, si la sentencia no aprobase en todo o en parte el convenio regulador propuesto, se concederá a las partes un plazo de diez días para proponer nuevo convenio, limitado, en su caso, a los puntos que no hayan sido aprobados por el Tribunal. Presentada la propuesta o transcurrido el plazo concedido sin hacerlo, el Tribunal dictará auto dentro del tercer día, resolviendo lo procedente.

8. La sentencia que deniegue la separación o el divorcio y el auto que acuerde alguna medida que se aparte de los términos del convenio propuesto por los cónyuges podrán ser recurridos en apelación. El recurso contra el auto que decida sobre las medidas no suspenderá la eficacia de éstas, ni afectará a la firmeza de la sentencia relativa a la separación o al divorcio.

La sentencia o el auto que aprueben en su totalidad la propuesta de convenio solo podrán ser recurridos, en interés de los hijos menores o incapacitados, por el Ministerio Fiscal.

9. La modificación del convenio regulador o de las medidas acordadas por el Tribunal en los procedimientos a que se refiere este artículo se sustanciará conforme a lo dispuesto en el mismo cuando se solicite por ambos cónyuges de común acuerdo o por uno con el consentimiento del otro y con propuesta de nuevo convenio regulador. En otro caso, se estará a lo dispuesto en el art. 775.

Artículo 778. *Eficacia civil de resoluciones de los Tribunales eclesiásticos o de decisiones pontificias sobre matrimonio rato y no consumado.*

1. En las demandas en solicitud de la eficacia civil de las resoluciones dictadas por los Tribunales eclesiásticos sobre nulidad del matrimonio canónico o las decisiones pontificias sobre matrimonio rato y no consumado, si no se pidiera la adopción o modificación de medidas, el Tribunal dará audiencia por plazo de diez días al otro cónyuge y al Ministerio Fiscal y resolverá por medio de auto lo que resulte procedente sobre la eficacia en el orden civil de la resolución o decisión eclesiástica.

2. Cuando en la demanda se hubiere solicitado la adopción o modificación de medidas, se sustanciará la petición de eficacia civil de la resolución o decisión canónica conjuntamente con la relativa a las medidas, siguiendo el procedimiento que corresponda con arreglo a lo dispuesto en el art. 770.

— **LEC:** En su defecto las normas de los procesos especiales (arts. 748 a 755).

LIBRO IV
De los procesos especiales
TÍTULO I
De los procesos sobre capacidad, filiación, matrimonio y menores
CAPÍTULO I
De las disposiciones generales

Artículo 748. *Ámbito de aplicación del presente título.*

Las disposiciones del presente título serán aplicables a los siguientes procesos:

1.º Los que versen sobre la capacidad de las personas y los de declaración de prodigalidad.

2.º Los de filiación, paternidad y maternidad.

3.º Los de nulidad del matrimonio, separación y divorcio y los de modificación de medidas adoptadas en ellos.

4.º Los que versen exclusivamente sobre guarda y custodia de hijos menores o sobre alimentos reclamados por un progenitor contra el otro en nombre de los hijos menores.

5.º Los de reconocimiento de eficacia civil de resoluciones o decisiones eclesiásticas en materia matrimonial.

6.º Los que tengan por objeto la oposición a las resoluciones administrativas en materia de protección de menores.

7.º Los que versen sobre la necesidad de asentimiento en la adopción.

Artículo 749. *Intervención del Ministerio Fiscal.*

1. En los procesos sobre incapacitación, en los de nulidad matrimonial y en los de determinación e impugnación de la filiación será siempre parte el Ministerio Fiscal, aunque no haya sido promotor de los mismos ni deba, conforme a la Ley, asumir la defensa de alguna de las partes.

2. En los demás procesos a que se refiere este título será preceptiva la intervención del Ministerio Fiscal, siempre que alguno de los interesados en el procedimiento sea menor, incapacitado o esté en situación de ausencia legal.

Artículo 750. *Representación y defensa de las partes.*

1. Fuera de los casos en que, conforme a la Ley, deban ser defendidas por el Ministerio Fiscal, las partes actuarán en los procesos a que se refiere este título con asistencia de Abogado y representadas por Procurador.

2. En los procedimientos de separación o divorcio solicitado de común acuerdo por los cónyuges, éstos podrán valerse de una sola defensa y representación.

No obstante lo dispuesto en el párrafo anterior, cuando alguno de los pactos propuestos por los cónyuges no fuera aprobado por el Tribunal, el Secretario judicial requerirá a las partes a fin de que en el plazo de cinco días manifiesten si desean continuar con la defensa y representación únicas o si, por el contrario, prefieren litigar cada una con su propia defensa y representación. Asimismo, cuando, a pesar del acuerdo suscrito por las partes y homologado por el Tribunal, una de las partes pida la ejecución judicial de dicho acuerdo, el Secretario judicial requerirá a la otra para que nombre Abogado y Procurador que la defienda y represente.

Artículo 751. *Indisponibilidad del objeto del proceso.*

1. En los procesos a que se refiere este título no surtirán efecto la renuncia, el allanamiento ni la transacción.

2. El desistimiento requerirá la conformidad del Ministerio Fiscal, excepto en los casos siguientes:

1.º En los procesos de declaración de prodigalidad, así como en los que se refieran a filiación, paternidad y maternidad, siempre que no existan menores, incapacitados o ausentes interesados en el procedimiento.

2.º En los procesos de nulidad matrimonial por minoría de edad, cuando el cónyuge que contrajo matrimonio siendo menor ejercite, después de llegar a la mayoría de edad, la acción de nulidad.

3.º En los procesos de nulidad matrimonial por error, coacción o miedo grave.

4.º En los procesos de separación y divorcio.

3. No obstante lo dispuesto en los apartados anteriores, las pretensiones que se formulen en los procesos a que se refiere este Título y que tengan por objeto materias sobre las que las partes puedan disponer libremente, según la legislación civil aplicable, podrán ser objeto de renuncia, allanamiento, transacción o desistimiento, conforme a lo previsto en el capítulo IV del Título I del Libro I de esta Ley.

Artículo 752. *Prueba.*

1. Los procesos a que se refiere este Título se decidirán con arreglo a los hechos que hayan sido objeto de debate y resulten probados, con independencia del momento en que hubieren sido alegados o introducidos de otra manera en el procedimiento.

Sin perjuicio de las pruebas que se practiquen a instancia del Ministerio Fiscal y de las demás partes, el Tribunal podrá decretar de oficio cuantas estime pertinentes.

2. La conformidad de las partes sobre los hechos no vinculará al Tribunal, ni podrá éste decidir la cuestión litigiosa basándose exclusivamente en dicha conformidad o en el silencio o respuestas evasivas sobre los hechos alegados por la parte contraria. Tampoco estará el Tribunal vinculado, en los procesos a que se refiere este título, a las disposiciones de esta Ley en materia de fuerza probatoria del interrogatorio de las partes, de los documentos públicos y de los documentos privados reconocidos.

3. Lo dispuesto en los apartados anteriores será aplicable asimismo a la segunda instancia.

4. Respecto de las pretensiones que se formulen en los procesos a que se refieren este título, y que tengan por objeto materias sobre las que las partes pueden disponer libremente según la legislación civil aplicable, no serán de aplicación las especialidades contenidas en los apartados anteriores.

Artículo 753. *Tramitación.*

1. Salvo que expresamente se disponga otra cosa, los procesos a que se refiere este título se sustanciarán por los trámites del juicio verbal, pero el Secretario judicial dará traslado de la demanda al Ministerio Fiscal, cuando proceda, y a las demás personas que, conforme a la ley, deban ser parte en el procedimiento, hayan sido o no demandados, emplazándoles para que la contesten en el plazo de veinte días, conforme a lo establecido en el art. 405 de la presente ley.

2. En la celebración de la vista de juicio verbal en estos procesos y de la comparecencia a que se refiere el art. 771 de la presente ley, una vez practicadas las pruebas el Tribunal permitirá a las partes formular oralmente sus conclusiones, siendo de aplicación a tal fin lo establecido en los apartados 2, 3 y 4 del art. 433.

3. Los procesos a los que se refiere este título serán de tramitación preferente siempre que alguno de los interesados en el procedimiento sea menor, incapacitado o esté en situación de ausencia legal.

Artículo 754. *Exclusión de la publicidad.*

En los procesos a que se refiere este Título podrán decidir los Tribunales, mediante providencia, de oficio o a instancia de parte, que los actos y vistas se celebren a puerta cerrada y que las actuaciones sean reservadas, siempre que las circunstancias lo aconsejen y aunque no se esté en ninguno de los casos del apartado 2 del art. 138 de la presente Ley.

Artículo 755. *Acceso de las sentencias a Registros públicos.*

Cuando proceda, el Secretario judicial acordará que las sentencias y demás resoluciones dictadas en los procedimientos a que se refiere este Título se comuniquen de oficio a los Registros Civiles para la práctica de los asientos que correspondan.

A petición de parte, se comunicarán también a cualquier otro Registro público a los efectos que en cada caso procedan.

— **LEC:** En su defecto las normas generales del juicio verbal (arts. 437 a 447).

TÍTULO III

Del juicio verbal

Artículo 437. *Forma de la demanda.*

1. El juicio verbal principiará mediante demanda sucinta, en la que se consignarán los datos y circunstancias de identificación del actor y del

demandado y el domicilio o los domicilios en que pueden ser citados, y se fijará con claridad y precisión lo que se pida.

2. En los juicios verbales en que se reclame una cantidad que no exceda de 2.000 euros, el demandante podrá formular su demanda cumplimentando unos impresos normalizados que, a tal efecto, se hallarán a su disposición en el Tribunal correspondiente.

3. Si en la demanda se solicitase el desahucio de finca urbana por falta de pago de las rentas o cantidades debidas al arrendador, o por expiración legal o contractual del plazo, el demandante podrá anunciar en ella que asume el compromiso de condonar al arrendatario todo o parte de la deuda y de las costas, con expresión de la cantidad concreta, condicionándolo al desalojo voluntario de la finca dentro del plazo que se indique por el arrendador, que no podrá ser inferior al plazo de quince días desde que se notifique la demanda. Igualmente, podrá interesarse en la demanda que se tenga por solicitada la ejecución del lanzamiento en la fecha y hora que se fije por el Juzgado a los efectos señalados en el apartado 3 del art. 549.

Artículo 438. *Reconvención y acumulación objetiva y subjetiva de acciones.*

1. En ningún caso se admitirá reconvención en los juicios verbales que, según la ley, deban finalizar por sentencia sin efectos de cosa juzgada.

En los demás juicios verbales solo se admitirá la reconvención cuando ésta se notifique al actor al menos cinco días antes de la vista, no determine la improcedencia del juicio verbal y exista conexión entre las pretensiones de la reconvención y las que sean objeto de la demanda principal.

2. Cuando en los juicios verbales el demandado oponga un crédito compensable, deberá notificárselo al actor al menos cinco días antes de la vista.

Si la cuantía del crédito compensable que pudiere alegar el demandado fuese superior a la que determine que se siga el juicio verbal, el Tribunal tendrá por no hecha tal alegación, advirtiéndolo así al demandado, para que use de su derecho ante el Tribunal y por los trámites que correspondan.

3. No se admitirá en los juicios verbales la acumulación objetiva de acciones, salvo las excepciones siguientes:

1. La acumulación de acciones basadas en unos mismos hechos, siempre que proceda, en todo caso, el juicio verbal.

2. La acumulación de la acción de resarcimiento de daños y perjuicios a otra acción que sea prejudicial de ella.

3. La acumulación de las acciones en reclamación de rentas o cantidades análogas vencidas y no pagadas, cuando se trate de juicios de desahucios de finca por falta de pago o por expiración legal o contractual del plazo, con independencia de la cantidad que se reclame. Asimismo, también podrán acumularse las acciones ejercitadas contra el fiador o avalista solidario previo requerimiento de pago no satisfecho.

4. En los procedimientos de separación, divorcio o nulidad y en los que tengan por objeto obtener la eficacia civil de las resoluciones o decisiones eclesiásticas, cualquiera de los cónyuges podrá ejercer simultáneamente la acción de división de la cosa común respecto de los bienes que tengan en comunidad ordinaria indivisa. Si hubiere diversos bienes en régimen de comunidad ordinaria indivisa y uno de los cónyuges lo solicitare, el Tribunal puede considerarlos en conjunto a los efectos de formar lotes o adjudicarlos.

4. Podrán acumularse las acciones que uno tenga contra varios sujetos o varios contra uno siempre que se cumplan los requisitos establecidos en el art. 72 y en el apartado 1 del art. 73 de la presente Ley.

Artículo 439. *Inadmisión de la demanda en casos especiales.*

1. No se admitirán las demandas que pretendan retener o recobrar la posesión si se interponen transcurrido el plazo de un año a contar desde el acto de la perturbación o el despojo.

2. En los casos del número 7.º del apartado 1 del art. 250, no se admitirán las demandas en los casos siguientes:

1.º Cuando en ellas no se expresen las medidas que se consideren necesarias para asegurar la eficacia de la sentencia que recayere.

2.º Si, salvo renuncia del demandante, que hará constar en la demanda, no se señalase en ésta la caución que, conforme a lo previsto en el párrafo segundo del apartado 2 del art. 64, ha de prestar el demandado, en caso de comparecer y contestar, para responder de los frutos que haya percibido indebidamente, de los daños y perjuicios que hubiere irrogado y de las costas del juicio.

3.º Si no se acompañase a la demanda certificación literal del Registro de la Propiedad que acredite expresamente la vigencia, sin contradicción alguna, del asiento que legitima al demandante.

3. No se admitirán las demandas de desahucio de finca urbana por falta de pago de las rentas o cantidades debidas por el arrendatario si el

arrendador no indicare las circunstancias concurrentes que puedan permitir o no, en el caso concreto, la enervación del desahucio.

4. En los casos de los números 10.º y 11.º del apartado 1 del art. 250, cuando la acción ejercitada se base en el incumplimiento de un contrato de venta de bienes muebles a plazos, no se admitirán las demandas a las que no se acompañe la acreditación del requerimiento de pago al deudor, con diligencia expresiva del impago y de la no entrega del bien, en los términos previstos en el apartado segundo del art. 16 de la Ley de Venta a Plazos de Bienes Muebles, así como certificación de la inscripción de los bienes en el Registro de Venta a Plazos de Bienes Muebles, si se tratase de bienes susceptibles de inscripción en el mismo. Cuando se ejerciten acciones basadas en el incumplimiento de un contrato de arrendamiento financiero o de bienes muebles, no se admitirán las demandas a las que no se acompañe la acreditación del requerimiento de pago al deudor, con diligencia expresiva del impago y de la no entrega del bien, en los términos previstos en el apartado tercero de la disposición adicional primera de la Ley de Venta a Plazos de Bienes Muebles.

5. Tampoco se admitirán las demandas de juicio verbal cuando no se cumplan los requisitos de admisibilidad, que, para casos especiales, puedan establecer las leyes.

Artículo 440. *Admisión y traslado de la demanda sucinta y citación para vista.*

1. El secretario judicial, examinada la demanda, la admitirá o dará cuenta de ella al Tribunal para que resuelva lo que proceda conforme a lo previsto en el art. 404. Admitida la demanda, el secretario judicial citará a las partes para la celebración de vista en el día y hora que a tal efecto señale, debiendo mediar diez días, al menos, desde el siguiente a la citación y sin que puedan exceder de veinte.

En la citación se informará a las partes de la posibilidad de recurrir a una negociación para intentar solucionar el conflicto, incluido el recurso a una mediación, en cuyo caso éstas indicarán en la audiencia su decisión al respecto y las razones de la misma.

En la citación se hará constar que la vista no se suspenderá por inasistencia del demandado y se advertirá a los litigantes que han de concurrir con los medios de prueba de que intenten valerse, con la prevención de que si no asistieren y se propusiere y admitiere su declaración, podrán considerarse admitidos los hechos del interrogatorio conforme a lo dispuesto en el art. 304. Asimismo, se prevendrá a demandante y demandado de lo dispuesto, en el art. 442, para el caso de que no comparecieren a la vista.

La citación indicará también a las partes que, en el plazo de los tres días siguientes a la recepción de la citación, deben indicar las personas que por no poderlas presentar ellas mismas, han de ser citadas por el secretario judicial a la vista para que declaren en calidad de partes o de testigos. A tal fin, facilitarán todos los datos y circunstancias precisos para llevar a cabo la citación. En el mismo plazo de tres días podrán las partes pedir respuestas escritas a cargo de personas jurídicas o entidades públicas, por los trámites establecidos en el art. 381 de esta Ley.

2. En los casos del número 7.º del apartado 1 del art. 250, en la citación para la vista se apercibirá al demandado de que, en caso de no comparecer, se dictará sentencia acordando las actuaciones que, para la efectividad del derecho inscrito, hubiere solicitado el actor. También se apercibirá al demandado, en su caso, de que la misma sentencia se dictará si comparece al acto de la vista, pero no presta caución, en la cuantía que, tras oírle, el Tribunal determine, dentro de la solicitada por el actor.

3. En los casos de demandas en las que se ejercite la pretensión de desahucio por falta de pago de rentas o cantidades debidas, acumulando o no la pretensión de condena al pago de las mismas, el secretario judicial, tras la admisión, y previamente a la vista que se señale, requerirá al demandado para que, en el plazo de diez días, desaloje el inmueble, pague al actor o, en caso de pretender la enervación, pague la totalidad de lo que deba o ponga a disposición de aquel en el Tribunal o notarialmente el importe de las cantidades reclamadas en la demanda y el de las que adeude en el momento de dicho pago enervador del desahucio; o en otro caso comparezca ante éste y alegue sucintamente, formulando oposición, las razones por las que, a su entender, no debe, en todo o en parte, la cantidad reclamada o las circunstancias relativas a la procedencia de la enervación.

Si el demandante ha expresado en su demanda que asume el compromiso a que se refiere el apartado 3 del art. 437, se le pondrá de manifiesto en el requerimiento, y la aceptación de este compromiso equivaldrá a un allanamiento con los efectos del art. 21.

Además, el requerimiento expresará el día y la hora que se hubieran señalado para que tengan lugar la eventual vista en caso de oposición del demandando, para la que servirá de citación, y la práctica del lanzamiento en caso de que no hubiera oposición. Asimismo se expresará que en caso de solicitar asistencia jurídica gratuita el demandado, deberá hacerlo en los tres días siguientes a la práctica del requerimiento, así como que la falta de oposición al requerimiento supondrá la prestación de su consentimiento a la resolución del contrato de arrendamiento que le vincula con el arrendador.

El requerimiento se practicará en la forma prevista en el art. 161 de esta Ley, teniendo en cuenta las previsiones contenidas en apartado 3 del art. 155 y en el último párrafo del art. 164, apercibiendo al demandado de que, de no realizar ninguna de las actuaciones citadas, se procederá a su inmediato lanzamiento, sin necesidad de notificación posterior, así como de los demás extremos comprendidos en el apartado siguiente de este mismo artículo.

Si el demandado no atendiere el requerimiento de pago o no compareciere para oponerse o allanarse, el secretario judicial dictará decreto dando por terminado el juicio de desahucio y se procederá el lanzamiento en la fecha fijada.

Si el demandado atendiere el requerimiento en cuanto al desalojo del inmueble sin formular oposición ni pagar la cantidad que se reclamase, el secretario judicial lo hará constar, y dictará decreto dando por terminado el procedimiento, y dejando sin efecto la diligencia de lanzamiento, a no ser que el demandante interese su mantenimiento para que se levante acta sobre el estado en que se encuentre la finca, dando traslado al demandante para que inste el despacho de ejecución en cuanto a la cantidad reclamada, bastando para ello con la mera solicitud.

En los dos supuestos anteriores, el decreto dando por terminado el juicio de desahucio, impondrá las costas al demandado e incluirá las rentas debidas que se devenguen con posterioridad a la presentación de la demanda hasta la entrega de la posesión efectiva de la finca, tomándose como base de la liquidación de las rentas futuras, el importe de la última mensualidad reclamada al presentar la demanda. Si el demandado formulara oposición, se celebrará la vista en la fecha señalada.

4. En todos los casos de desahucio, también se apercibirá al demandado en el requerimiento que se le realice que, de no comparecer a la vista, se declarará el desahucio sin más trámites y que queda citado para recibir la notificación de la sentencia que se dicte el sexto día siguiente al señalado para la vista. Igualmente, en la resolución que se dicte teniendo por opuesto al demandado se fijará día y hora para que tenga lugar, en su caso, el lanzamiento, que deberá verificarse antes de treinta días desde la fecha señalada para la vista, advirtiendo al demandado que, si la sentencia fuese condenatoria y no se recurriera, se procederá al lanzamiento en la fecha fijada, sin necesidad de notificación posterior.

Artículo 441. *Actuaciones previas a la vista, en casos especiales.*

1. Interpuesta la demanda en el caso del número 3.º del apartado 1 del art. 250, el Secretario judicial llamará a los testigos propuestos por el demandante y, según sus declaraciones, el Tribunal dictará auto en el que denegará u otorgará, sin perjuicio de mejor derecho, la posesión solicitada, llevando a cabo las actuaciones que repute conducentes a tal efecto. El auto será publicado por edictos, que se insertarán en un lugar visible de la sede del Tribunal en el «Boletín Oficial» de la provincia y en uno de los

periódicos de mayor circulación en la misma, a costa del demandante, instando a los interesados a comparecer y reclamar, en el plazo de cuarenta días, si consideran tener mejor derecho que el demandante.

Si nadie compareciere, se confirmará al demandante en la posesión; pero en caso de que se presentaren reclamantes, previo traslado de sus escritos al demandante, el Secretario judicial le citará, con todos los comparecientes, a la vista, sustanciándose en adelante las actuaciones del modo que se dispone en los artículos siguientes.

2. Si la demanda pretendiere que se resuelva judicialmente, con carácter sumario, la suspensión de una obra nueva, el Tribunal, antes incluso de la citación para la vista, dirigirá inmediata orden de suspensión al dueño o encargado de la obra, que podrá ofrecer caución para continuarla, así como la realización de las obras indispensables para conservar lo ya edificado. El Tribunal podrá disponer que se lleve a cabo reconocimiento judicial, pericial o conjunto, antes de la vista.

La caución podrá prestarse en la forma prevista en el párrafo segundo del apartado 2 del art. 64 de esta Ley.

3. En los casos del número 7 del apartado 1 del art. 250, tan pronto se admita la demanda, el Tribunal adoptará las medidas solicitadas que, según las circunstancias, fuesen necesarias para asegurar en todo caso el cumplimiento de la sentencia que recayere.

4. En el caso del número 10.º del apartado 1 del art. 250, admitida la demanda, el Tribunal ordenará la exhibición de los bienes a su poseedor, bajo apercibimiento de incurrir en desobediencia a la autoridad judicial, y su inmediato embargo preventivo, que se asegurará mediante depósito, con arreglo a lo previsto en esta ley. Cuando, al amparo de lo dispuesto en el número 11.º del apartado 1 del art. 250, se ejerciten acciones basadas en el incumplimiento de un contrato de arrendamiento financiero, arrendamiento de bienes muebles o contrato de venta a plazos con reserva de dominio, admitida la demanda el Tribunal ordenará el depósito del bien cuya entrega se reclame. No se exigirá caución al demandante para la adopción de estas medidas cautelares, ni se admitirá oposición del demandado a las mismas. Tampoco se admitirán solicitudes de modificación o de sustitución de las medidas por caución.

Además de lo dispuesto en el párrafo anterior, el Secretario judicial emplazará al demandado por cinco días para que se persone en las actuaciones, por medio de Procurador, al objeto de anunciar su oposición a la demanda por alguna de las causas previstas en el apartado 3 del art. 444. Si el demandado dejare transcurrir el plazo sin anunciar su oposición, o si pretendiera fundar ésta en causa no comprendida en el apartado 3 del art. 444, se dictará, sin más trámites, sentencia estimatoria de las pretensiones del actor.

Cuando el demandado anuncie su oposición a la reclamación con arreglo a lo previsto en el párrafo anterior, el Secretario judicial citará a las partes para la vista y, si el demandado no asistiera a la misma sin concurrir justa causa o asistiera, pero no formulara oposición o pretendiera fundar ésta en causa no comprendida en el apartado 3 del art. 444, se dictará, sin más trámites, sentencia estimatoria de las pretensiones del actor. En estos casos el demandado, además, será sancionado con multa de hasta la quinta parte del valor de la reclamación, con un mínimo de ciento ochenta euros.

Contra la sentencia que se dicte en los casos de ausencia de oposición a que se refieren los dos párrafos anteriores no se dará recurso alguno.

Artículo 442. *Inasistencia de las partes a la vista.*

1. Si el demandante no asistiese a la vista, y el demandado no alegare interés legítimo en la continuación del proceso para que se dicte sentencia sobre el fondo, se le tendrá en el acto por desistido a aquel de la demanda, se le impondrán las costas causadas y se le condenará a indemnizar al demandado comparecido, si éste lo solicitare y acreditare los daños y perjuicios sufridos.

2. Al demandado que no comparezca se le declarará en rebeldía y, sin volver a citarlo, continuará el juicio su curso.

Artículo 443. *Desarrollo de la vista.*

1. La vista comenzará con exposición por el demandante de los fundamentos de lo que pida o ratificación de los expuestos en la demanda si ésta se hubiera formulado conforme a lo previsto para el juicio ordinario.

2. Acto seguido, el demandado podrá formular las alegaciones que a su derecho convengan, comenzando, en su caso, por las cuestiones relativas a la acumulación de acciones que considerase inadmisible, así como a cualquier otro hecho o circunstancia que pueda obstar a la válida prosecución y término del proceso mediante sentencia sobre el fondo.

El demandado no podrá impugnar en este momento la falta de jurisdicción o de competencia del Tribunal, que hubo de proponer en forma de declinatoria según lo dispuesto en el art. 64 de la presente Ley, sin perjuicio de lo previsto sobre apreciación de oficio por el Tribunal de su falta de jurisdicción o de competencia.

3. Oído el demandante sobre las cuestiones a que se refiere el apartado anterior, así como las que considerare necesario proponer acerca de la personalidad y representación del demandado, el Tribunal resolverá lo que proceda y, si manda proseguir el juicio, el demandado podrá pedir

que conste en acta su disconformidad, a los efectos de apelar contra la sentencia que en definitiva recaiga.

En atención al objeto del proceso, el Tribunal podrá invitar a las partes a que intenten un acuerdo que ponga fin al proceso, en su caso, a través de un procedimiento de mediación, instándolas a que asistan a una sesión informativa. Las partes de común acuerdo podrán también solicitar la suspensión del proceso de conformidad con lo previsto en el art. 19.4, para someterse a mediación o arbitraje.

4. Si no se suscitasen las cuestiones procesales a que se refieren los apartados anteriores o si, suscitadas, se resolviese por el Tribunal la continuación del juicio, se dará la palabra a las partes para fijar con claridad los hechos relevantes en que fundamenten sus pretensiones. Si no hubiere conformidad sobre ellos, se propondrán las pruebas y, una vez admitidas las que no sean impertinentes o inútiles, se practicarán seguidamente.

La proposición de prueba de las partes podrá completarse con arreglo a lo dispuesto en el apartado 1 del art. 429.

Artículo 444. *Reglas especiales sobre contenido de la vista.*

1. Cuando en el juicio verbal se pretenda la recuperación de finca, rústica o urbana, dada en arrendamiento, por impago de la renta o cantidad asimilada solo se permitirá al demandado alegar y probar el pago o las circunstancias relativas a la procedencia de la enervación.

2. En los casos del número 7.º del apartado 1 del art. 250, el demandado solo podrá oponerse a la demanda si, en su caso, presta la caución determinada por el Tribunal en cualquiera de las formas previstas en el párrafo segundo del apartado 2 del art. 64 de esta Ley.

La oposición del demandado únicamente podrá fundarse en alguna de las causas siguientes:

1.º Falsedad de la certificación del Registro u omisión en ella de derechos o condiciones inscritas, que desvirtúen la acción ejercitada.

2.º Poseer el demandado la finca o disfrutar el derecho discutido por contrato u otra cualquier relación jurídica directa con el último titular o con titulares anteriores o en virtud de prescripción, siempre que ésta deba perjudicar al titular inscrito.

3.º Que la finca o el derecho se encuentren inscritos a favor del demandado y así lo justifique presentando certificación del Registro de la Propiedad acreditativa de la vigencia de la inscripción.

4.º No ser la finca inscrita la que efectivamente posea el demandado.

3. En los casos de los números 10.º y 11.º del apartado 1 del art. 250, la oposición del demandado solo podrá fundarse en alguna de las causas siguientes:

1.ª Falta de jurisdicción o de competencia del Tribunal.

2.ª Pago acreditado documentalmente.

3.ª Inexistencia o falta de validez de su consentimiento, incluida la falsedad de la firma.

4.ª Falsedad del documento en que aparezca formalizado el contrato.

Artículo 445. *Prueba y presunciones en los juicios verbales.*

En materia de prueba y de presunciones, será de aplicación a los juicios verbales lo establecido en los capítulos V y VI del Título I del presente Libro.

Artículo 446. *Resoluciones sobre la prueba y recursos.*

Contra las resoluciones del Tribunal sobre inadmisión de pruebas o sobre admisión de las que se denunciaran como obtenidas con violación de derechos fundamentales, las partes podrán formular protesta a efecto de hacer valer sus derechos en la segunda instancia.

Artículo 447. *Sentencia. Ausencia de cosa juzgada en casos especiales.*

1. Practicadas las pruebas si se hubieren propuesto y admitido, o expuestas, en otro caso, las alegaciones de las partes, se dará por terminada la vista y el Tribunal dictará sentencia dentro de los 10 días siguientes. Se exceptúan los juicios verbales en que se pida el desahucio de finca urbana, en que la sentencia se dictará en los cinco días siguientes, convocándose en el acto de la vista a las partes a la sede del Tribunal para recibir la notificación, que tendrá lugar el día más próximo posible dentro de los cinco siguientes al de la sentencia.

Sin perjuicio de lo anterior, en las sentencias de condena por allanamiento a que se refieren los apartados 3 de los arts. 437 y 440, en previsión de que no se verifique por el arrendatario el desalojo voluntario en el plazo señalado, se fijará con carácter subsidiario día y hora en que tendrá lugar, en su caso, el lanzamiento directo del demandado, que se llevará a término sin necesidad de ulteriores trámites en un plazo no superior a 15 días desde la finalización de dicho periodo voluntario. Del mismo modo, en las sentencias de condena por incomparecencia del demandado, se procederá al lanzamiento en la fecha fijada sin más trámite.

2. No producirán efectos de cosa juzgada las sentencias que pongan fin a los juicios verbales sobre tutela sumaria de la posesión ni las que

decidan sobre la pretensión de desahucio o recuperación de finca, rústica o urbana, dada en arrendamiento, por impago de la renta o alquiler o por expiración legal o contractual del plazo, y sobre otras pretensiones de tutela que esta Ley califique como sumarias.

3. Carecerán también de efectos de cosa juzgada las sentencias que se dicten en los juicios verbales en que se pretenda la efectividad de derechos reales inscritos frente a quienes se opongan a ellos o perturben su ejercicio, sin disponer de título inscrito.

4. Tampoco tendrán efectos de cosa juzgada las resoluciones judiciales a las que, en casos determinados, las leyes nieguen esos efectos.

— **LEC:** De la demanda y su objeto (arts. 399, 400, 401, 402,403 y 404).

TÍTULO II

Del juicio ordinario

CAPÍTULO I

De las alegaciones iniciales

SECCIÓN 1.ª

DE LA DEMANDA Y SU OBJETO

Artículo 399. *La demanda y su contenido.*

1. El juicio principiará por demanda, en la que, consignados de conformidad con lo que se establece en el art. 155 los datos y circunstancias de identificación del actor y del demandado y el domicilio o residencia en que pueden ser emplazados, se expondrán numerados y separados los hechos y los fundamentos de derecho y se fijará con claridad y precisión lo que se pida.

2. Junto a la designación del actor se hará mención del nombre y apellidos del Procurador y del Abogado, cuando intervengan.

3. Los hechos se narrarán de forma ordenada y clara con objeto de facilitar su admisión o negación por el demandado al contestar. Con igual orden y claridad se expresarán los documentos, medios e instrumentos que se aporten en relación con los hechos que fundamenten las preten-

siones y, finalmente, se formularán, valoraciones o razonamientos sobre éstos, si parecen convenientes para el derecho del litigante.

4. En los fundamentos de derecho, además de los que se refieran al asunto de fondo planteado, se incluirán, con la adecuada separación, las alegaciones que procedan sobre capacidad de las partes, representación de ellas o del Procurador, jurisdicción, competencia y clase de juicio en que se deba sustanciar la demanda, así como sobre cualesquiera otros hechos de los que pueda depender la validez del juicio y la procedencia de una sentencia sobre el fondo.

5. En la petición, cuando sean varios los pronunciamientos judiciales que se pretendan, se expresarán con la debida separación. Las peticiones formuladas subsidiariamente, para el caso de que las principales fuesen desestimadas, se harán constar por su orden y separadamente.

Artículo 400. *Preclusión de la alegación de hechos y fundamentos jurídicos.*

1. Cuando lo que se pida en la demanda pueda fundarse en diferentes hechos o en distintos fundamentos o títulos jurídicos, habrán de aducirse en ella cuantos resulten conocidos o puedan invocarse al tiempo de interponerla, sin que sea admisible reservar su alegación para un proceso ulterior.

La carga de la alegación a que se refiere el párrafo anterior se entenderá sin perjuicio de las alegaciones complementarias o de hechos nuevos o de nueva noticia permitidas en esta Ley en momentos posteriores a la demanda y a la contestación.

2. De conformidad con lo dispuesto en al apartado anterior, a efectos de litispendencia y de cosa juzgada, los hechos y los fundamentos jurídicos aducidos en un litigio se considerarán los mismos que los alegados en otro juicio anterior si hubiesen podido alegarse en éste.

Artículo 401. *Momento preclusivo de la acumulación de acciones. Ampliación objetiva y subjetiva de la demanda.*

1. No se permitirá la acumulación de acciones después de contestada la demanda.

2. Antes de la contestación podrá ampliarse la demanda para acumular nuevas acciones a las ya ejercitadas o para dirigirlas contra nuevos demandados. En tal caso, el plazo para contestar a la demanda se volverá a contar desde el traslado de la ampliación de la demanda.

Artículo 402. *Oposición a la acumulación de acciones.*

El demandado podrá oponerse en la contestación a la demanda a la acumulación pretendida, cuando no se acomode a lo dispuesto en los arts. 71 y siguientes de esta Ley. Sobre esta oposición se resolverá en la audiencia previa al juicio.

Artículo 403. *Admisión y casos excepcionales de inadmisión de la demanda.*

1. Las demandas solo se inadmitirán en los casos y por las causas expresamente previstas en esta Ley.

2. No se admitirán las demandas de responsabilidad contra Jueces y Magistrados por los daños y perjuicios que, por dolo, culpa o ignorancia inexcusable, irrogaren en el desempeño de sus funciones mientras no sea firme la resolución que ponga fin al proceso en que se suponga causado el agravio. Tampoco se admitirán estas demandas si no se hubiera reclamado o recurrido oportunamente en el proceso contra el acto u omisión que se considere causante de los daños y perjuicios.

3. Tampoco se admitirán las demandas cuando no se acompañen a ella los documentos que la ley expresamente exija para la admisión de aquéllas o no se hayan intentado conciliaciones o efectuado requerimientos, reclamaciones o consignaciones que se exijan en casos especiales.

Artículo 404. *Admisión de la demanda, emplazamiento al demandado y plazo para la contestación.*

1. El Secretario judicial, examinada la demanda, dictará decreto admitiendo la misma y dará traslado de ella al demandado para que la conteste en el plazo de veinte días.

2. El Secretario judicial, no obstante, dará cuenta al Tribunal para que resuelva sobre la admisión en los siguientes casos:

1) cuando estime falta de jurisdicción o competencia del Tribunal o

2) cuando la demanda adoleciese de defectos formales y no se hubiesen subsanado por el actor en el plazo concedido para ello por el Secretario judicial.

3. En los procesos en los que sean de aplicación los arts. 81 y 82 del Tratado de la Comunidad Europea o los arts. 1 y 2 de la Ley de Defensa de la Competencia, el Secretario judicial dará traslado a la Comisión Nacional de la Competencia de la resolución admitiendo la demanda en el plazo previsto en el párrafo primero.

— **LEC:** De la contestación (arts. 405 y 406):

SECCIÓN 2.ª

DE LA CONTESTACIÓN A LA DEMANDA Y DE LA RECONVENCIÓN

Artículo 405. *Contestación y forma de la contestación a la demanda.*

1. En la contestación a la demanda, que se redactará en la forma prevenida para ésta en el art. 399, el demandado expondrá los fundamentos de su oposición a las pretensiones del actor, alegando las excepciones materiales que tuviere por conveniente. Si considerare inadmisible la acumulación de acciones, lo manifestará así, expresando las razones de la inadmisibilidad. También podrá manifestar en la contestación su allanamiento a alguna o algunas de las pretensiones del actor, así como a parte de la única pretensión aducida.

2. En la contestación a la demanda habrán de negarse o admitirse los hechos aducidos por el actor. El Tribunal podrá considerar el silencio o las respuestas evasivas del demandado como admisión tácita de los hechos que le sean perjudiciales.

3. También habrá de aducir el demandado, en la contestación a la demanda, las excepciones procesales y demás alegaciones que pongan de relieve cuanto obste a la válida prosecución y término del proceso mediante sentencia sobre el fondo.

4. En cuanto a la subsanación de los posibles defectos del escrito de contestación a la demanda, será de aplicación lo dispuesto en el subapartado 2 del apartado 2 del artículo anterior.

Artículo 406. *Contenido y forma de la reconvención. Inadmisibilidad de la reconvención no conexa con la demanda y de la reconvención implícita.*

1. Al contestar a la demanda, el demandado podrá, por medio de reconvención, formular la pretensión o pretensiones que crea que le competen respecto del demandante. Sólo se admitirá la reconvención si existiere conexión entre sus pretensiones y las que sean objeto de la demanda principal.

2. No se admitirá la reconvención cuando el Juzgado carezca de competencia objetiva por razón de la materia o de la cuantía o cuando la acción que se ejercite deba ventilarse en juicio de diferente tipo o naturaleza.

Sin embargo, podrá ejercitarse mediante reconvención la acción conexa que, por razón de la cuantía, hubiere de ventilarse en juicio verbal.

3. La reconvención se propondrá a continuación de la contestación y se acomodará a lo que para la demanda se establece en el art. 399. La reconvención habrá de expresar con claridad la concreta tutela judicial que se pretende obtener respecto del actor y, en su caso, de otros sujetos. En ningún caso se considerará formulada reconvención en el escrito del demandado que finalice solicitando su absolución respecto de la pretensión o pretensiones de la demanda principal.

4. Será de aplicación a la reconvención lo dispuesto para la demanda en el art. 400.

— **LEC:** De la sentencia (art. 434 a 436):

CAPÍTULO IV

De la sentencia

Artículo 434. *Sentencia.*

1. La sentencia se dictará dentro de los veinte días siguientes a la terminación del juicio.

2. Si, dentro del plazo para dictar sentencia y conforme a lo prevenido en los artículos siguientes, se acordasen diligencias finales, quedará en suspenso el plazo para dictar aquélla.

3. Se podrá suspender el plazo para dictar sentencia en los procedimientos sobre la aplicación de los arts. 81 y 82 del Tratado de la Comunidad Europea o de los arts. 1 y 2 de la Ley de Defensa de la Competencia cuando el Tribunal tenga conocimiento de la existencia de un expediente administrativo ante la Comisión Europea, la Comisión Nacional de la Competencia o los órganos competentes de las Comunidades Autónomas y resulte necesario conocer el pronunciamiento del órgano administrativo. Dicha suspensión se adoptará motivadamente, previa audiencia de las partes, y se notificará al órgano administrativo. Este, a su vez, habrá de dar traslado de su resolución al Tribunal.

Contra el auto de suspensión del proceso solo se dará recurso de reposición.

— Diligencias finales (arts. 435 y 436):

Artículo 435. *Diligencias finales. Procedencia.*

1. Sólo a instancia de parte podrá el Tribunal acordar, mediante auto, como diligencias finales, la práctica de actuaciones de prueba, conforme a las siguientes reglas:

1.ª No se practicarán como diligencias finales las pruebas que hubieran podido proponerse en tiempo y forma por las partes, incluidas las que hubieran podido proponerse tras la manifestación del Tribunal a que se refiere el apartado 1 del art. 429.

2.ª Cuando, por causas ajenas a la parte que la hubiese propuesto, no se hubiese practicado alguna de las pruebas admitidas.

3.ª También se admitirán y practicarán las pruebas pertinentes y útiles, que se refieran a hechos nuevos o de nueva noticia, previstos en el art. 286.

2. Excepcionalmente, el Tribunal podrá acordar, de oficio o a instancia de parte, que se practiquen de nuevo pruebas sobre hechos relevantes, oportunamente alegados, si los actos de prueba anteriores no hubieran resultado conducentes a causa de circunstancias ya desaparecidas e independientes de la voluntad y diligencia de las partes, siempre que existan motivos fundados para creer que las nuevas actuaciones permitirán adquirir certeza sobre aquellos hechos.

En este caso, en el auto en que se acuerde la práctica de las diligencias habrán de expresarse detalladamente aquellas circunstancias y motivos.

Artículo 436. *Plazo para la práctica de las diligencias finales. Sentencia posterior.*

1. Las diligencias que se acuerden según lo dispuesto en los artículos anteriores se llevarán a cabo, dentro del plazo de veinte días y en la fecha que señale a tal efecto, de resultar necesario, el Secretario judicial, en la forma establecida en esta ley para las pruebas de su clase. Una vez practicadas, las partes podrán, dentro del quinto día, presentar escrito en que resuman y valoren el resultado.

2. El plazo de veinte días para dictar sentencia volverá a computarse cuando transcurra el otorgado a las partes para presentar el escrito a que se refiere el apartado anterior.

6. JURISPRUDENCIA

1) Sentencia del Pleno del TS de 10/9/2012. Pte.: Xiol Ríos (LA LEY 162415/2012)

— Pretensión correctamente introducida en el proceso, a pesar de no formularse reconvención expresa, dadas las peculiaridades del proceso matrimonial.

«**En el supuesto en que la parte demandante** se opone al reconocimiento de la pensión compensatoria, introduciendo el debate sobre su procedencia, debe admitirse que con ello integra en el objeto del proceso la pretensión relativa a la pensión por desequilibrio económico. Así se infiere del hecho de que el otorgamiento de una medida de esta naturaleza, discutida en el seno de un procedimiento familiar, no puede ser entendida de manera rígida como una pretensión de carácter unilateral frente a la que la otra parte se presenta con el carácter de sujeto pasivo, sino como una medida que debe ser ponderada y discutida simultáneamente en su anverso y en su reverso teniendo en cuenta diversas circunstancias atinentes a ambas partes en relación con la institución matrimonial, y ponderando intereses que están por encima de los individuales de uno y otro cónyuge. Esta es la razón por la que cuando la parte demandante solicite que no se fije esa medida, introduciendo de manera clara y expresa su discusión en el debate, debe considerarse que se cumplen los requisitos de formalidad suficientes para considerar ampliado el objeto del proceso no solo a la posibilidad de denegar la medida, sino también, como reverso lógico, a la posibilidad de concederla. Debe interpretarse, pues, que cuando el art. 710.2.ª d) LEC (LA LEY 58/2000) dispone, como uno de los supuestos en que se excusa la reconvención en los procesos familiares, aquel en que el cónyuge demandado pretenda la adopción de medidas definitivas, no apreciables de oficio, "que no hubieran sido solicitadas en la demanda", la naturaleza de esta medida impone que se considere equivalente al supuesto de solicitud en la demanda el caso en que se haya solicitado su denegación, pues tiene el mismo efecto contemplado en la LEC de ampliar a su discusión el objeto del proceso.»

2) Sentencia de la AP Alicante, Sec. 9.ª, S 23-1-2012, rec. 809/2010. Pte.: Valero Diez, José Manuel (LA LEY 53255/2012)

— Reconvención, pensión compensatoria.

«Solo estima con carácter excepcional entrar a conocer de la pensión compensatoria, aun sin reconvención, para el supuesto de que la misma hubiese sido introducida al debate procesal por la parte demandante en su demanda de forma clara y expresa.»

3) Sentencia de la AP A Coruña, Sec. 3.ª, S 7-12-2011, rec. 67/2011. Pte.: Fernández-Porto García, Rafael Jesús (LA LEY 249793/2011)

— Necesidad de demanda reconvencional.

«3.º Del contenido de la regla 2.ª del art. 770 de la Ley de Enjuiciamiento Civil (LA LEY 58/2000) se deduce que, cuando el demandado en un procedimiento de divorcio desee que se establezcan medidas reguladoras de tal situación que no hubiesen sido solicitadas en la demanda, y no puedan adoptarse de oficio, deberá formularse reconvención explícita, que deberá adoptar los formalismos que para la demanda prevé el art. 399 de la Ley de Enjuiciamiento Civil (LA LEY 58/2000), tal y como establece con carácter general del art. 406 del mismo texto procesal. En aplicación de dicha norma se viene declarando judicialmente que tanto las pretensiones de establecimiento de pensiones compensatorias solicitadas por vez primera en la contestación, como la solicitud de una prestación alimenticia a favor de hijos mayores de edad que continúen vivienda en el domicilio familiar y a expensas de sus padres, deben encauzarse como reconvención explícita, expresa y separada.

En sentido contrario, no constituye propiamente una reconvención implícita las peticiones que se realicen en la contestación a las demandas en procesos matrimoniales, en cuanto a medidas que deban adoptarse de oficio [regla 2.ª, d) del art. 770 de la Ley de Enjuiciamiento Civil (LA LEY 58/2000)], conforme establece la sentencia de la Sala Primera del Tribunal Supremo de 27 de enero de 2011 (Roj: STS 177/2011, recurso 665/2007).»

4) Sentencia de la AP Barcelona, Sec. 18.ª, 3-7-2012 (LA LEY 127550/2012)

— Desestimación de la excepción de litisconsorcio pasivo necesario

Que la pensión de alimentos sea una obligación mancomunada no implica demandar a quien ya está cumpliendo, como en este caso la madre al estar viviendo con el hijo, por lo que no se estima la excepción de litisconsorcio pasivo necesario.

5) Sentencia de la AP Madrid, Sec. 25.ª, 15-6-2012 (LA LEY 115205/2012)

— Legitimación de los progenitores de hijos mayores de edad.

Los progenitores de los hijos mayores de edad, ya se trate de cónyuges o de parejas, ostentan plena legitimación para la defensa de sus derechos, sin necesidad de litisconsorcio.

6) Sentencia de la AP Barcelona, Sec. 12.ª, S 30-10-2012, rec. 1077/2011. Pte.: Ortuño Muñoz, José Pascual (LA LEY 170997/2012).

— Falta de legitimación *ad causam.*

«La AP estima que la hija demandante carece de legitimación *ad causam* para reclamar a su madre el pago de la pensión de alimentos abonada por su padre, por enriquecimiento injusto. Durante la minoría de edad ha estado acogida en un centro de menores. Por tanto estará legitimada la entidad pública que los prestó. Los abonados durante la mayoría de edad, en que la actora hacia vida independiente, supone un abuso de derecho (FJ 2). Pero no se pueden devolver dichas cantidades al padre, pues la actora carece de legitimación y ante la declaración de incapacidad del padre, es su tutora la que puede ejercitar dichas acciones (FJ 3).

En consecuencia con lo anterior se ha de concluir que no ha existido vulneración de normas procesales por falta de legitimación activa, por cuanto la actora sí ha ostentado legitimación *ad procesum* toda vez que eventualmente podía ostentar los derechos alimenticios cobrados por la madre o resultar beneficiaria de los mismos. En consecuencia se debía tramitar el proceso en la forma en la que se ha realizado».

7) Sentencia de la AP Toledo, Sec. 2.ª, S 2-10-2009, rec. 223/2009. Pte.: Cruz Mora, Juan Manuel de la (LA LEY 221930/2009).

— Legitimación de los progenitores en procesos de modificación de medidas.

Indica la Sala que la legitimación en proceso de modificación de medidas acordadas judicialmente en caso de separación y divorcio, la tienen únicamente los progenitores que fueron parte del proceso, lo que excluye situaciones de litisconsorcio, por lo que en el caso de autos, el hijo demandado carece de legitimación *ad causam* y *ad processum*.

8) Sentencia de la AP Asturias, Sec. 7.ª, S 10-5-2012, rec. 678/2011. Pte.: Ibáñez de Aldecoa Lorente, Ramón (LA LEY 81292/2012).

— Legitimación en los procesos matrimoniales.

«(...) en relación con la legitimación para ser parte en los procesos matrimoniales, con apoyo en las Sentencias del Tribunal Supremo de 24 de abril y 20 de diciembre de 2.000, en el sentido de no admitir legitimación en los procesos matrimoniales a otras personas que no sean las que están o estuvieron ligadas por el vínculo matrimonial, pues, como decíamos en las últimas citadas, de éste mismo Tribunal, si se concluye que son los cónyuges los únicos legitimados para ejercitar las acciones de nulidad, separación o divorcio (salvo la legitimación que en determinados supuestos se reconoce al Ministerio Fiscal y a los terceros interesados para ejercitar la acción de nulidad), y las accesorias relativas a efectos civiles, entre las cuales se encuentra la petición de alimentos para los hijos mayores, que puede ejercitar el progenitor con quien éstos conviven frente al otro en quien no se da esa situación de convivencia, ha de convenirse necesariamente que es, por los mismos motivos, el cónyuge con quien convive el hijo mayor de edad pero económicamente dependiente, el único legitimado para soportar, en el lado pasivo de la relación jurídico-procesal, el ejercicio de la acción, y, por lo tanto, es contra él contra quien debe ir dirigida la demanda, pues es obvio que es él quien asume las funciones de dirección y organización de la vida familiar en todos sus aspectos, y que si ha de contribuir a satisfacer los alimentos de los hijos mayores de edad que con él conviven, tiene un interés legitimo, jurídicamente digno de protección, en defender en juicio el mantenimiento de la contribución del otro progenitor a los mismos fines.

(...) por lo que solo los progenitores tienen legitimación para promover la modificación de medidas, y, por tanto, también para oponerse, como demandados, a la modificación interesada por el otro.»

9) Sentencia de la AP Barcelona, Sec. 18.ª, de 9-3-2012, rec. 297/2011. Pte.: Noblejas Negrillo, Margarita (LA LEY 45315/2012)

—Legitimación del tutor en supuestos de incapacidad para instar la nulidad, separación o divorcio del mismo.

«(...) es evidente que PROVEA, como defensora del incapaz en los términos establecidos para la tutela, nombramiento éste que está en suspenso hasta que se resuelva el presente procedimiento tiene interés legítimo y directo en solicitar la nulidad del matrimonio, por lo que su legitimación activa es **incuestionable**.»

10) Sentencia del Tribunal Supremo de 21-9-2011, rec. 1491/2008 (LA LEY 182904/2011)

— Legitimación del tutor en los procesos matrimoniales.

Examina la posibilidad de que el tutor de una persona incapacitada casada pueda ejercer o no la acción de divorcio, llegando a la conclusión de que los tutores están legitimados para ejercitar la acción de divorcio en nombre de una persona incapacitada, siempre que por sus condiciones no pueda actuar por sí misma, no siendo esta solución extravagante en el ordenamiento español «ya que el Código Civil legitima al Ministerio Fiscal y a cualquier persona que tenga interés directo y legítimo en la acción para pedir la declaración de nulidad de un determinado matrimonio (art. 74 CC), así como a padres, tutores, guardadores y Ministerio Fiscal cuando la acción tenga por objeto pedir la nulidad de un matrimonio por falta de edad (art. 75 CC)».

11) Sentencia de la AP Toledo, sec. 1.ª, de 18-11-2010, rec. 215/2010. Pte.: Buceta Miller, Emilio (LA LEY 258819/2010).

— Excepción de cosa Juzgada. Inexistencia.

«Entendemos por tanto que pese a haber recaído sentencia firme en el procedimiento de separación de mutuo acuerdo que aprobó el convenio regulador en el cual los cónyuges procedieron a la liquidación de su sociedad de gananciales, nada impide el ejercicio de la acción de adición si aparecen nuevos bienes que no fueron objeto de aquella.»

12) Sentencia de la AP Madrid, sec. 24.ª, de 7-5-2012, rec. 1101/2011. Pte.: Hernández Hernández, Rosario (LA LEY 144607/2012).

— Imposibilidad de alterar el objeto del proceso establecido en la demanda. Introducción de hechos nuevos con posterioridad a la demanda o a la contestación.

La Sentencia recoge el sentir contenido en la de 9 febrero 2010:

«(...) "puede admitirse que la pretensión procesal, conservando su existencia, experimenta un cierto desarrollo durante el transcurso del proceso, producto de lo que metafóricamente se ha llamado biología de la pretensión procesal. Pero la posibilidad de tomar en consideración hechos posteriores a la presentación de la demanda solo es posible cuando tienen un carácter complementario o interpretativo. A este requisito debe entenderse subordinada la aplicación del art. 426.4 LEC (LA LEY 58/2000)", que establece que "[si] después de la demanda o de la contestación ocurriese algún hecho de relevancia para fundamentar las pretensiones de las partes en el pleito, o hubiese llegado a noticia de las partes alguno anterior de estas características, podrán alegarlo en la audiencia". En definitiva, señala dicha sentencia que prevalece "[la] imposibilidad de alterar el objeto del proceso establecido en la demanda [art. 412.2 LEC (LA LEY 58/2000)], es decir, los hechos fundamentales que integran la pretensión", aunque ello no excluye que deban tenerse en cuenta cuando tienen ese carácter complementario al que la misma sentencia se refiere. A los argumentos precedentes debe añadirse que la Ley de Enjuiciamiento civil flexibiliza la prueba en los procesos sobre capacidad, filiación, matrimonio y menores en el art. 752.1,1 LEC, que establece que dichos procesos "[...]se decidirán con arreglo a los hechos que hayan sido objeto de debate y resulten probados, con independencia del momento en que hubieran sido alegados o introducidos de otra manera en el procedimiento".»

13) Sentencias del Tribunal Constitucional 159/2002, de 16 de septiembre (LA LEY 264/2003) y 168/2002, de 30 de septiembre (LA LEY 266/2003)

— Denegación de prueba. No crea indefensión cuando la prueba no sea decisiva.

Asimismo, conviene recordar que la doctrina del Tribunal Constitucional viene reiterando, con referencia a la denegación de prueba, no práctica, y asimismo no valoración, que se produce indefensión únicamente cuando la prueba sea decisiva en términos de defensa.

14) Sentencia de la AP Sevilla, Sec. 6.ª, S 30-1-2003, rec. 6719/2002. Pte.: Núñez Ispa, Pedro (LA LEY 21603/2003).

— Inadmisión de prueba.

No hay infracción de garantías procesales por la inadmisión de determinadas pruebas puesto que su admisión y práctica se debe ceñir a las suficientes para demostrar la pretensión o la oposición a la misma; existe una realidad jurídica de infracción por ambos cónyuges de los deberes del matrimonio y de la familia, con una situación de quiebra del afecto conyugal, que es causa justificada de separación.

15) STS, Sala 1.ª, 233/2012, de 20 de abril; rec. 2099/2010. Pte.: Roca Trías, Encarnación (LA LEY 56725/2012)

— Denegación de la prueba.

«Dice la STS 91/2012, de 22 febrero que "El derecho a utilizar los medios pertinentes de prueba debe entenderse incluido en el derecho a la tutela judicial efectiva del art. 24-1 de la Constitución Española, pero este derecho no configura un derecho absoluto e incondicionado a que se practiquen todas las pruebas propuestas por las partes, ni desapodera al Juez de su derecho a enjuiciar su pertinencia y sus consecuencias para la solución de la cuestión planteada (STS 30 de julio 1999; 4 de mayo 2010; 13 de diciembre 2011). Corolario de ello es que en ningún caso podrá considerarse menoscabado este derecho cuando la inadmisión de una prueba se haya producido debidamente, como sucede en este caso, en aplicación estricta de normas legales, cuya legitimidad constitucional no pueda ponerse en duda".

En este caso, la denegación de la prueba en la segunda instancia debe considerarse correcta porque las pruebas pedidas en primera instancia y no practicadas por causa no imputable a quien las solicitó (Art. 460, 2, 2 LEC) no son definitivas para determinar la extinción de la pensión compensatoria, de acuerdo con lo establecido en el Art. 101 CC, porque la prueba debía referirse a la fijación de la causa que motivó la pensión y no la constituye la prueba de los ingresos del marido deudor.»

16) STS, Sala 1.ª, de 5-7-2010, n.º 420/2010, rec. 212/2007. Pte.: Roca Trías, Encarnación (LA LEY 113852/2010)

— Efectos de la inadmisión de la prueba sobre hechos nuevos.

El TS estima el recurso extraordinario por infracción procesal ordenando anular la sentencia dictada en el proceso de divorcio y reponer las actuaciones de segunda instancia al momento en que no se admitió la prueba sobre el hecho nuevo acaecido, anterior a dictar sentencia, para que vuelva a dictarse sentencia teniéndolo en cuenta a los efectos de determinar las cuantías debidas en concepto de alimentos a los hijos de los litigantes.

17) Sentencia del TSJ Navarra, Sec. 1.ª, de 23-10-2012, rec. 18/2012. Pte.: Fernández Urzainqui, Francisco Javier (LA LEY 203761/2012)

— Ineficacia de la renuncia, allanamiento, transacción o acuerdo entre los progenitores sobre medidas relativas a menores.

> «En la Ley de Enjuiciamiento Civil, ni la renuncia, el allanamiento o la transacción (art. 751.1), ni el acuerdo de los cónyuges o progenitores litigantes sobre las medidas relativas a la guarda y custodia de sus hijos menores (arts. 770.6.ª, 773.1, *in fine*, 774.4, 775.2 y 777.7), tienen para los Tribunales la eficacia vinculante que para los procesos de objeto disponible se derivaría de los principios dispositivo, rogatorio y de congruencia. Tampoco rige en los procesos especiales con igual intensidad que en los ordinarios el principio de aportación de parte, ni en lo relativo a la incorporación del componente fáctico, ni en lo concerniente a su verificación o comprobación, en cuanto el Tribunal ha de resolver ateniéndose a los hechos probados con independencia de la manera y el momento en que hayan sido introducidos en el proceso (art. 752.1), y la conformidad sobre los hechos o la tácita admisión de los alegados de adverso no son vinculantes para el Tribunal (art. 752.2), que puede valorar con libertad todas las pruebas practicadas sobre ellos sin sujeción a regla de tasa (art. 752.2, *in fine*) e incluso acordar de oficio las que estime necesarias sobre los hechos relevantes para la adopción de las medidas afectantes a los hijos menores (arts. 770.4.ª, 771.3, 774.2, 775.2 y 777.4).»

IV

MEDIDAS PROVISIONALES

SUMARIO:

1. MEDIDAS PROVISIONALES PREVIAS A LA NULIDAD, LA SEPARACIÓN Y AL DIVORCIO O MEDIDAS PREVIAS A LA DEMANDA PARA DETERMINAR CIRCUNSTANCIAS TALES COMO EL SISTEMA DE GUARDA Y CUSTODIA DE LOS HIJOS MENORES DE EDAD O LA RECLAMACIÓN DE ALIMENTOS
   - 1.1. Esquema del juicio
   - 1.2. Análisis
   - 1.3. Medidas previas urgentes
2. MEDIDAS PROVISIONALES COETÁNEAS DERIVADAS DE LA ADMISIÓN DE LA DEMANDA DE NULIDAD, SEPARACIÓN O DIVORCIO (ARTÍCULO 773 LEC)
3. LEGISLACIÓN PROCESAL
4. JURISPRUDENCIA

Los procedimientos que se establecen en la Ley para la adopción de estas medidas se regulan en los arts. 771 y 773 de la LEC según se refieran a **Medidas Provisionales Previas** a la Nulidad, Separación o Divorcio que permiten anticipar los efectos y medidas a que se refieren los arts. 102, 103 en relación con el 104 del CC a la presentación de la demanda o **a aquellas Medidas Provisionales** cuya adopción se interesa en el momento de interponer la demanda matrimonial o al contestar a la misma.

El acto de admisión de la demanda de Medidas Provisionales ya produce una serie de efectos por ministerio de la Ley; por ese motivo no es necesario pactar sobre los mismos ni el Juez debe tomar ninguna decisión al respecto.

Estos efectos son los siguientes:

1) La separación provisional de los cónyuges, cesando la presunción de convivencia conyugal.

2) Revocación de los consentimientos y poderes que cualquiera de los cónyuges hubiere otorgado a favor del otro, cesando la posibilidad, salvo pacto en contrario, de vincular los bienes privativos del otro cónyuge en el ejercicio de la potestad doméstica.

1. MEDIDAS PROVISIONALES PREVIAS A LA NULIDAD, LA SEPARACIÓN Y AL DIVORCIO O MEDIDAS PREVIAS A LA DEMANDA PARA DETERMINAR CIRCUNSTANCIAS TALES COMO EL SISTEMA DE GUARDA Y CUSTODIA DE LOS HIJOS MENORES DE EDAD O LA RECLAMACIÓN DE ALIMENTOS

1.1. Esquema

1.ª Intento de llegar a un acuerdo. El Juez preguntará a las partes sobre esta posibilidad e intentará acercar posiciones.

2.ª Desarrollo de la vista:

— Comienza la vista dando el Juez la palabra a la parte actora, que expondrá brevemente los fundamentos de lo que pida o simplemente, según el caso, se ratificará o rectificará en su demanda.

— A continuación se dará la palabra al demandado para que conteste al escrito del actor y señale cuales son los hechos controvertidos para finalizar solicitando el recibimiento del pleito a prueba y en último término se dará la palabra al Ministerio Fiscal si hubiere hijos menores o incapacitados.

Proposición y admisión de prueba (art. 281 LEC).

La prueba se formula oralmente pero puede interesarse su aportación por escrito y el Juzgado admitirlo para mayor facilidad y mejor constancia en autos.

El Juez concederá la palabra a las partes y al Ministerio Fiscal, si interviniere en el pleito, para que propongan la prueba de que intenten valerse y seguidamente resolverá sobre su admisión comenzando por la propuesta por el demandante.

Orden a seguir en su práctica.

Ver art. 300 LEC, aunque el orden puede ser alterado.

3.º Fase de conclusiones.

Practicada la prueba el Juez concederá la palabra al Ministerio Fiscal y a los Abogados de las partes para que formulen sus conclusiones (ver esquema de las conclusiones en la página 62).

1.2. Análisis

Artículo 771.1 de la LEC. Este procedimiento faculta a la parte que pretenda demandar la nulidad, separación o divorcio de su matrimonio a solicitar los efectos y medidas que se especifican en el art. 104 en relación con el 102 y 103 del CC; por tanto no se puede interesar en sede de Medidas Provisionales la fijación de Pensión Compensatoria al no encontrarse dicha petición dentro de los artículos anteriormente citados; la competencia para conocer de este procedimiento corresponde al Tribunal del domicilio del solicitante, por tanto el art. 771 LEC contiene una norma especial de competencia que prevalece sobre la contenida en el art. 769 del mismo texto legal.

El procedimiento se inicia con una mera petición (art. 771 LEC), sin que sea preciso que contenga los requisitos exigidos para el escrito de demanda, no se exige la aportación de documentos ni el cumplimiento de requisito alguno, ni siquiera la acreditación del matrimonio de los cónyuges o la existencia de hijos, salvo la identificación del solicitante de las medidas y del demandado, así como la concreción de las medidas cuya adopción se pretende. No es necesario asistencia letrada ni representación procesal, sin embargo si serán precisas dichas intervenciones para todo escrito o actuación posterior.

1.º Intento de llegar de a un acuerdo. El Juez preguntará a las partes sobre esta posibilidad e intentará acercar posiciones.

Esta posibilidad está expresamente prevista en el art. 771.2 LEC.

Si se alcanza un acuerdo sobre todas las medidas se consigna en acta y se dará por concluida la comparecencia debiendo reflejarse dicho acuerdo en el Auto que al efecto se dicte.

Si el acuerdo es parcial y se entendiera que el mismo protege los intereses de los menores se acordará la continuación de la comparecencia con la finalidad de resolver respecto de aquellas medidas sobre las que no haya conformidad. En definitiva, si no se alcanza un acuerdo sobre la totalidad de las medidas la vista continúa respecto de aquellas sobre las que exista controversia.

El acuerdo que puedan alcanzar las partes no vincula al Tribunal respecto de las medidas sobre las cuales pueda pronunciarse de oficio.

El intento de acuerdo se efectuará sin prejuzgar el contenido de la resolución que se dicte y sin presionar a las partes para que lo alcancen o acepten el acuerdo propuesto.

En cualquier caso, antes de firmar el acta que contenga el acuerdo, sea total o parcial, si no se hubiere grabado la comparecencia, deberán los letrados leer detenidamente el acuerdo alcanzado y si se advierte algún error en la redacción, alguna omisión u oscuridad en cualquiera de sus puntos se le hará saber al Juez, sin solución de continuidad, para ser corregido en su presencia.

2.º Desarrollo de la vista.

— A la vista deben comparecer las partes, sus Abogados y Procuradores así como el Ministerio Fiscal si hubiere hijos menores o incapaces.

— Si no comparece la parte demandante o no lo hiciere en debida forma, esto es, asistida de Letrado y representada por Procurador, se le tiene por desistida de las medidas y se acordará el archivo del procedimiento salvo que el demandado se opusiere alegando su interés en la continuación de la vista.

— La incomparecencia del demandado sin causa que lo justifique no impide que se celebre la vista, y en todo caso la incomparecencia de cualquiera de las partes podrá determinar que se consideren admitidos los hechos alegados por la parte comparecida para fundamentar sus peticiones sobre medidas provisionales de carácter patrimonial (art. 771.3 LEC).

— Si no comparece el Ministerio Fiscal el juicio continúa sin perjuicio de que si lo considera oportuno el Juez pueda remitirle las actuaciones a fin de que emita el correspondiente informe.

— Aunque no es preceptiva la comparecencia física de las partes en el acto de la vista, conforme se desprende del art. 771.3 de la LEC, es sumamente importante su asistencia, habida cuenta que no sería posible alcanzar ningún acuerdo si alguno de ellos no compareciera.

— Comienza la vista dando el Juez la palabra a la parte actora, que expondrá brevemente los fundamentos de lo que pida o simplemente, según el caso, se ratificará o rectificará en su demanda, pudiendo ampliar o modificar las medidas inicialmente solicitadas máxime si se tiene en cuenta que para la presentación de la solicitud no es precisa la intervención de Abogado y finalizará solicitando el recibimiento a prueba.

— A continuación se dará la palabra al demandado para que conteste al escrito del actor y, en su caso, a las medidas que en el acto de la vista se introduzcan y señalará cuales son los hechos controvertidos para finalizar solicitando el recibimiento del pleito a prueba y en último término se dará la palabra al Ministerio Fiscal si hubiere hijos menores o incapacitados.

— Se concede de nuevo la palabra al actor para que proponga la prueba que estime conveniente, a continuación la propondrá el demandado y en último lugar lo hará el Ministerio Fiscal.

— Seguidamente el Juez admitirá o denegará la prueba propuesta (aquí pueden coexistir distintas prácticas forenses, pues habrá Juzgados que resolverán la proposición de prueba del actor, antes de que el demandado o el Ministerio Fiscal propongan las suyas). Dicha resolución solo podrá ser objeto de protesta.

— Se practicará la prueba admitida por el orden general indicado en el art. 300 de la LEC, comenzando por la propuesta por la parte actora, continuado con la de la parte demandada y finalmente, en su caso, por la interesada por el Ministerio Fiscal, si bien puede alterarse el orden propuesto.

— Si alguna de las pruebas no puede practicarse en el acto de la vista se acuerda su señalamiento en unidad de acto dentro de los diez días siguientes.

3.º Practicada la prueba el Tribunal permitirá a las partes formular oralmente sus conclusiones (art. 753.2 de la LEC).

— Concluida la vista, o en su caso terminado el acto que se hubiere señalado para la práctica de la prueba que no hubiera podido practicarse en aquella, el Tribunal resolverá en el plazo de tres días mediante Auto (irrecurrible) lo que proceda.

Las medidas que se acuerden solo subsisten si se presenta demanda principal dentro de los treinta días siguientes debiendo computarse dicho plazo desde la notificación del Auto.

Las Medidas Provisionales quedarán sin efecto cuando sean sustituidas por las que fije definitivamente la sentencia o cuando de otro modo se ponga fin al procedimiento.

No obstante lo anterior, si el Tribunal considera conveniente completar o modificar las medidas previamente acordadas ordenará que se convoque a las partes a una comparecencia que se sustanciará conforme a lo prevenido en el art. 771 de la LEC. Contra el Auto que se dicte no cabe recurso alguno (—*ex* art. 772 de la LEC—).

1.3. Medidas previas urgentes

Dentro de las Medidas Previas el art. 771.2 de la LEC prevé la posibilidad de que en supuestos de urgencia el Juez pueda adoptar *inaudita parte* y de inmediato los efectos a los que se refiere el art. 102 del CC y lo que se estime procedente en relación con la custodia de los menores y a la atribución del uso del domicilio y ajuar familiar.

Por tanto no son medidas diferenciadas sino que se consideran incluidas dentro de las provisionales previas aunque se faculta al Juez para que, atendiendo a la situación de urgencia, pueda de forma inmediata y sin oír a la contraparte, adoptar las medidas del art. 102 del CC y las que estime procedentes en interés de los menores.

Surten plenos efectos desde su adopción pues la resolución que las acuerda es ejecutiva desde su notificación. Las medidas acordadas podrán ser posteriormente objeto de contradicción y defensa en el acto de la comparecencia a celebrar en sede de las Medidas Previas solicitadas.

2. MEDIDAS PROVISIONALES COETÁNEAS DERIVADAS DE LA ADMISIÓN DE LA DEMANDA DE NULIDAD, SEPARACIÓN O DIVORCIO (ARTÍCULO 773 LEC)

Estas medidas pueden ser interesadas tanto por el actor en la demanda de separación o divorcio como por el demandado en la contestación lo que evidentemente supone la preceptiva intervención de Abogado y de Procurador.

La solicitud puede formularse mediante «Otrosí Digo», no exigiéndose ninguna forma concreta sino, que se integra dentro de la demanda principal o como demanda anexa a la principal.

La tramitación y desarrollo de la comparecencia es idéntica a la de las Medidas Provisionales Previas de conformidad con lo prevenido en el art. 773.3 LEC, si bien la comparecencia puede ser conjunta con la del pleito principal y si quedan los autos principales vistos para Sentencia no es preciso resolver sobre las medidas provisionales, sin embargo si el principal queda pendiente de la práctica de alguna prueba se dictará Auto en sede de Medidas Provisionales contra el que no cabe recurso y se continuará con la tramitación del principal.

Las Medidas Provisionales quedarán sin efecto cuando sean sustituidas por las que establezca definitivamente la Sentencia o cuando se ponga fin al procedimiento de otro modo.

La tramitación y el desarrollo de la comparecencia es idéntico cuando se trata de la modificación provisional de medidas que puede interesar tanto las partes como el Ministerio Fiscal si hubiere menores o incapacitados (art. 775 LEC).

3. LEGISLACIÓN PROCESAL

— **LEC:** arts. 443, 446, 753.2, 771, 772.2, 773 y 775.

Artículo 443. *Desarrollo de la vista.*

1. La vista comenzará con exposición por el demandante de los fundamentos de lo que pida o ratificación de los expuestos en la demanda si ésta se hubiera formulado conforme a lo previsto para el juicio ordinario.

2. Acto seguido, el demandado podrá formular las alegaciones que a su derecho convengan, comenzando, en su caso, por las cuestiones relativas a la acumulación de acciones que considerase inadmisible, así como a cualquier otro hecho o circunstancia que pueda obstar a la válida prosecución y término del proceso mediante sentencia sobre el fondo.

El demandado no podrá impugnar en este momento la falta de jurisdicción o de competencia del Tribunal, que hubo de proponer en forma de declinatoria según lo dispuesto en el art. 64 de la presente Ley, sin perjuicio de lo previsto sobre apreciación de oficio por el Tribunal de su falta de jurisdicción o de competencia.

3. Oído el demandante sobre las cuestiones a que se refiere el apartado anterior, así como las que considerare necesario proponer acerca de la personalidad y representación del demandado, el Tribunal resolverá lo que proceda y, si manda proseguir el juicio, el demandado podrá pedir que conste en acta su disconformidad, a los efectos de apelar contra la sentencia que en definitiva recaiga.

En atención al objeto del proceso, el Tribunal podrá invitar a las partes a que intenten un acuerdo que ponga fin al proceso, en su caso, a través de un procedimiento de mediación, instándolas a que asistan a una sesión informativa. Las partes de común acuerdo podrán también solicitar la suspensión del proceso de conformidad con lo previsto en el art. 19.4, para someterse a mediación o arbitraje.

4. Si no se suscitasen las cuestiones procesales a que se refieren los apartados anteriores o si, suscitadas, se resolviese por el Tribunal la continuación del juicio, se dará la palabra a las partes para fijar con claridad los hechos relevantes en que fundamenten sus pretensiones. Si no hubiere conformidad sobre ellos, se propondrán las pruebas y, una vez admitidas las que no sean impertinentes o inútiles, se practicarán seguidamente.

La proposición de prueba de las partes podrá completarse con arreglo a lo dispuesto en el apartado 1 del art. 429.

(...)

Artículo 446. *Resoluciones sobre la prueba y recursos.*

Contra las resoluciones del Tribunal sobre inadmisión de pruebas o sobre admisión de las que se denunciaran como obtenidas con violación de derechos fundamentales, las partes podrán formular protesta a efecto de hacer valer sus derechos en la segunda instancia.

(...)

Artículo 753. *Tramitación.*

(...)

2. En la celebración de la vista de juicio verbal en estos procesos y de la comparecencia a que se refiere el art. 771 de la presente ley, una vez practicadas las pruebas el Tribunal permitirá a las partes formular oralmente sus conclusiones, siendo de aplicación a tal fin lo establecido en los apartados 2, 3 y 4 del art. 433.

(...)

Artículo 771. *Medidas provisionales previas a la demanda de nulidad, separación o divorcio. Solicitud, comparecencia y resolución.*

1. El cónyuge que se proponga demandar la nulidad, separación o divorcio de su matrimonio puede solicitar los efectos y medidas a que se refieren los arts. 102 y 103 del Código Civil ante el Tribunal de su domicilio.

Para formular esta solicitud no será precisa la intervención de Procurador y Abogado, pero sí será necesaria dicha intervención para todo escrito y actuación posterior.

2. A la vista de la solicitud, el Secretario judicial citará a los cónyuges y, si hubiere hijos menores o incapacitados, al Ministerio Fiscal, a una comparecencia en la que se intentará un acuerdo de las partes, que señalará el Secretario judicial y que se celebrará en los diez días siguientes. A dicha comparecencia deberá acudir el cónyuge demandado asistido por su Abogado y representado por su Procurador.

De esta resolución dará cuenta en el mismo día al Tribunal para que pueda acordar de inmediato, si la urgencia del caso lo aconsejare, los efectos a que se refiere el art. 102 del Código Civil y lo que considere procedente en relación con la custodia de los hijos y uso de la vivienda y ajuar familiares. Contra esta resolución no se dará recurso alguno.

3. En el acto de la comparecencia a que se refiere el apartado anterior, si no hubiere acuerdo de los cónyuges sobre las medidas a adoptar o si dicho acuerdo, oído, en su caso, el Ministerio Fiscal, no fuera aprobado en todo o en parte por el Tribunal, se oirán las alegaciones de los concurrentes y se practicará la prueba que éstos propongan y que no sea inútil o impertinente, así como la que el Tribunal acuerde de oficio. Si alguna prueba no pudiera practicarse en la comparecencia, el Secretario judicial señalará fecha para su práctica, en unidad de acto, dentro de los diez días siguientes.

La falta de asistencia, sin causa justificada, de alguno de los cónyuges a la comparecencia podrá determinar que se consideren admitidos los hechos alegados por el cónyuge presente para fundamentar sus peticiones sobre medidas provisionales de carácter patrimonial.

4. Finalizada la comparecencia o, en su caso, terminado el acto que se hubiere señalado para la práctica de la prueba que no hubiera podido producirse en aquélla, el Tribunal resolverá, en el plazo de tres días, mediante auto, contra el que no se dará recurso alguno.

5. Los efectos y medidas acordados de conformidad con lo dispuesto en este artículo solo subsistirán si, dentro de los treinta días siguientes a su adopción se presenta la demanda de nulidad, separación o divorcio.

Artículo 772. *Confirmación o modificación de las medidas provisionales previas a la demanda, al admitirse ésta.*

(...)

2. Sólo cuando el Tribunal considere que procede completar o modificar las medidas previamente acordadas ordenará que se convoque a las partes a una comparecencia, que señalará el Secretario judicial y se sustanciará con arreglo a lo dispuesto en el artículo anterior.

Contra el auto que se dicte no se dará recurso alguno.

Artículo 773. *Medidas provisionales derivadas de la admisión de la demanda de nulidad, separación o divorcio.*

1. El cónyuge que solicite la nulidad de su matrimonio, la separación o el divorcio podrá pedir en la demanda lo que considere oportuno sobre las medidas provisionales a adoptar, siempre que no se hubieren adoptado con anterioridad. También podrán ambos cónyuges someter a la aprobación del Tribunal el acuerdo a que hubieren llegado sobre tales cuestiones. Dicho acuerdo no será vinculante para las pretensiones respectivas de las partes ni para la decisión que pueda adoptar el Tribunal en lo que respecta a las medidas definitivas.

2. Admitida la demanda, el Tribunal resolverá sobre las peticiones a que se refiere el apartado anterior y, en su defecto, acordará lo que proceda, dando cumplimiento, en todo caso, a lo dispuesto en el art. 103 del Código Civil.

3. Antes de dictar el Tribunal la resolución a que se refiere el apartado anterior, el Secretario judicial convocará a los cónyuges y, en su caso, al Ministerio Fiscal, a una comparecencia, que se sustanciará conforme a lo previsto en el art. 771.

Contra el auto que se dicte no se dará recurso alguno.

4. También podrá solicitar medidas provisionales el cónyuge demandado, cuando no se hubieran adoptado con anterioridad o no hubieran sido solicitadas por el actor, con arreglo a lo dispuesto en los apartados precedentes. La solicitud deberá hacerse en la contestación a la demanda y se sustanciará en la vista principal, cuando ésta se señale dentro de los diez días siguientes a la contestación, resolviendo el Tribunal por medio de auto no recurrible cuando la sentencia no pudiera dictarse inmediatamente después de la vista.

Si la vista no pudiera señalarse en el plazo indicado, el Secretario judicial convocará la comparecencia a que se refiere el apartado 3 de este artículo.

5. Las medidas provisionales quedarán sin efecto cuando sean sustituidas por las que establezca definitivamente la sentencia o cuando se ponga fin al procedimiento de otro modo.

(...)

Artículo 775. *Modificación de las medidas definitivas.*

1. El Ministerio Fiscal, habiendo hijos menores o incapacitados y, en todo caso, los cónyuges podrán solicitar del Tribunal la modificación de las medidas convenidas por los cónyuges o de las adoptadas en defecto

de acuerdo, siempre que hayan variado sustancialmente las circunstancias tenidas en cuenta al aprobarlas o acordarlas.

2. Estas peticiones se tramitarán conforme a lo dispuesto en el art. 770. No obstante, si la petición se hiciera por ambos cónyuges de común acuerdo o por uno con el consentimiento del otro y acompañando propuesta de convenio regulador, regirá el procedimiento establecido en el art. 777.

3. Las partes podrán solicitar, en la demanda o en la contestación, la modificación provisional de las medidas definitivas concedidas en un pleito anterior. Esta petición se sustanciará con arreglo a lo previsto en el art. 773.

— **CC**: arts. 102, 103 y 104.

Artículo 102.

Admitida la demanda de nulidad, separación o divorcio, se producen, por ministerio de la Ley, los efectos siguientes:

1.º Los cónyuges podrán vivir separados y cesa la presunción de convivencia conyugal.

2.º Quedan revocados los consentimientos y poderes que cualquiera de los cónyuges hubiera otorgado al otro.

Asimismo, salvo pacto en contrario, cesa la posibilidad de vincular los bienes privativos del otro cónyuge en el ejercicio de la potestad doméstica.

A estos efectos, cualquiera de las partes podrá instar la oportuna anotación en el Registro Civil y, en su caso, en los de la Propiedad y Mercantil.

Artículo 103.

Admitida la demanda, el Juez, a falta de acuerdo de ambos cónyuges aprobado judicialmente, adoptará, con audiencia de éstos, las medidas siguientes:

1.ª Determinar, en interés de los hijos, con cuál de los cónyuges han de quedar los sujetos a la patria potestad de ambos y tomar las disposiciones apropiadas de acuerdo con lo establecido en este Código y, en particular, la forma en que el cónyuge que no ejerza la guarda y custodia de los hijos podrá cumplir el deber de velar por éstos y el tiempo, modo y lugar en que podrá comunicar con ellos y tenerlos en su compañía.

Excepcionalmente, los hijos podrán ser encomendados a los abuelos, parientes u otras personas que así lo consintieren y, de no haberlos, a una institución idónea, confiriéndoseles las funciones tutelares que ejercerán bajo la autoridad del Juez.

Cuando exista riesgo de sustracción del menor por alguno de los cónyuges o por terceras personas podrán adoptarse las medidas necesarias y, en particular, las siguientes:

a) Prohibición de salida del territorio nacional, salvo autorización judicial previa.

b) Prohibición de expedición del pasaporte al menor o retirada del mismo si ya se hubiere expedido.

c) Sometimiento a autorización judicial previa de cualquier cambio de domicilio del menor.

2.ª Determinar, teniendo en cuenta el interés familiar más necesitado de protección, cuál de los cónyuges ha de continuar en el uso de la vivienda familiar y asimismo, previo inventario, los bienes y objetos del ajuar que continúan en ésta y los que se ha de llevar el otro cónyuge, así como también las medidas cautelares convenientes para conservar el derecho de cada uno.

3.ª Fijar la contribución de cada cónyuge a las cargas del matrimonio, incluidas si procede las *litis expensas*, establecer las bases para la actualización de cantidades y disponer las garantías, depósitos, retenciones u otras medidas cautelares convenientes, a fin de asegurar la efectividad de lo que por estos conceptos un cónyuge haya de abonar al otro.

Se considerará contribución a dichas cargas el trabajo que uno de los cónyuges dedicará a la atención de los hijos comunes sujetos a patria potestad.

4.ª Señalar, atendidas las circunstancias, los bienes gananciales o comunes que, previo inventario, se hayan de entregar a uno u otro cónyuge y las reglas que deban observar en la administración y disposición, así como en la obligatoria rendición de cuentas sobre los bienes comunes o parte de ellos que reciban y los que adquieran en lo sucesivo.

5.ª Determinar, en su caso, el régimen de administración y disposición de aquellos bienes privativos que por capitulaciones o escritura pública estuvieran especialmente afectados a las cargas del matrimonio.

Artículo 104.

El cónyuge que se proponga demandar la nulidad, separación o divorcio de su matrimonio puede solicitar los efectos y medidas a que se refieren los dos artículos anteriores.

Estos efectos y medidas solo subsistirán si, dentro de los treinta días siguientes a contar desde que fueron inicialmente adoptados, se presenta la demanda ante el Juez o Tribunal competente.

4. JURISPRUDENCIA

1) Sentencia de la AP de Asturias, Sec. 1.ª, de 1-7-2009 (LA LEY 115313/2009)

— Litispendencia.

La tramitación de las Medidas Provisionales Previas resulta incompatible con la simultánea tramitación del pleito principal concurriendo la excepción de litispendencia, en virtud del principio de economía procesal es aconsejable su apreciación *ad limine litis*.

2) Auto de la AP de Barcelona, Sec. 13.ª, de 23-7-2010, rec. 596/2009. Pte.: Cremades Morant, Juan Bautista (LA LEY 183923/2010)

— Subsistencia de las medidas provisionales.

Las medidas provisionales subsisten hasta que se dicte sentencia en el procedimiento matrimonial, siendo sustituidas por las medidas definitivas que en ésta se acuerden, siendo éstas las medidas que regirán a partir de ese momento aunque se interponga recurso contra la sentencia.

Así pues, las medidas provisionales se acuerdan en un auto definitivo (art. 207.1), firme (art. 773.3 en relación con el 206.2, 3 y 4, al no ser susceptible de recurso alguno) que es inmediatamente ejecutivo, si bien dicha ejecutividad tiene como límite su sustitución por las medidas definitivas adoptadas en la sentencia.

3) Auto de la AP de Girona, Sec. 2.ª, de 18-1-2010, rec. 620/2009. Pte.: Fernández Font, Joaquim Miquel (LA LEY 97685/2010)

— Las medidas definitivas sustituyen a las provisionales.

La esposa recurre en apelación la sentencia que rehusó la ejecución de auto de medidas provisionales en procedimiento de divorcio respecto de la pensión de alimentos. La AP desestima el recurso al considerar que la resolución que se pretende ejecutar solo tenía eficacia provisional hasta ser sustituida por la sentencia de divorcio, la cual una vez dictada comporta que las medidas provisionales no sean ya exigibles.

V

PROCEDIMIENTO CONSENSUAL

SUMARIO:

1. ESQUEMA
2. ANÁLISIS
3. LEGISLACIÓN PROCESAL
4. JURISPRUDENCIA

1. ESQUEMA

1.º Admitida la solicitud se **citará a las partes** dentro de los tres días siguientes a **una comparecencia** para que se ratifiquen en la petición de separación o divorcio y en el Convenio Regulador aportado.

2.º Intervención del Ministerio Fiscal si existen menores o incapaces.

3.º Posibilidad de acordar prueba.

El Juez puede pedir la documentación complementaria que considere conveniente o practicar la prueba que estime precisa.

4.º Sentencia.

5.º Posibilidad de presentar nuevo Convenio si tras el dictado de la Separación o el Divorcio no se aprueba alguna de sus cláusulas (art. 777.7 LEC).

2. ANÁLISIS

Las peticiones de Separación o Divorcio solicitadas de mutuo acuerdo por ambos cónyuges o por uno con el consentimiento del otro se tramitarán por el procedimiento previsto en el art. 777 de la LEC.

El cauce procedimental establecido en el referido art. 777, no es aplicable a las peticiones de nulidad matrimonial.

El procedimiento de Mutuo Acuerdo se inicia **con una solicitud** (a modo de demanda) a la que además de los requisitos legales exigidos, debe acompañarse un Convenio Regulador firmado por los cónyuges en el que se detallarán todas las medidas que regularán en el futuro sus relaciones y las de ellos con los hijos, dicho requisito es un presupuesto necesario para la admisibilidad de la demanda de separación o divorcio de mutuo acuerdo.

El simple acuerdo entre las partes no permite la Separación o el Divorcio al ser cuestiones que por afectar al orden público escapan al principio de autonomía de la voluntad, por ello se requiere la intervención judicial.

1. Ratificación. Admitida la solicitud se **citará a las partes** dentro de los tres días siguientes para que se ratifiquen en la petición de separación o divorcio y en el Convenio Regulador.

Las partes **deben comparecer** asistidas de Abogado y Procurador si bien se permite que sean asistidas por un solo Abogado y representadas por un solo Procurador.

La ratificación se efectuará por separado, si alguno de los cónyuges no acude a dicha ratificación, o, aun acudiendo, no ratifica la solicitud y el convenio presentados, el procedimiento de mutuo acuerdo será archivado sin ulterior recurso.

La ratificación debe referirse tanto a la petición principal de Separación o Divorcio, como a los términos y cláusulas de la propuesta del Convenio Regulador presentado.

En determinados supuestos es posible la ratificación por representación, siempre que el poder sea especial y contenga el contenido íntegro del Convenio Regulador.

2. Intervención del Ministerio Fiscal si existen menores o incapaces. Si existiesen hijos menores o incapaces se citará al Ministerio Fiscal para que asista a la ratificación o se le remitirán las actuaciones a fin de que emita informe sobre si el acuerdo alcanzado por las partes protege de forma suficiente o no el interés de los menores o incapaces.

3. Prueba. El Juez puede pedir la documentación complementaria que considere conveniente o practicar la prueba que estime precisa.

Es excepcional oír a los menores o practicar informes periciales aunque la Ley permite esta posibilidad.

4. Sentencia. Una vez ratificado el Convenio Regulador o emitido el informe por el Ministerio Fiscal, si resulta favorable y, en su caso, una vez realizadas las modificaciones que respecto del referido Convenio se indiquen, previa ratificación de las mismas, el Juez dictará Sentencia por la que decretará la Separación o el Divorcio de los cónyuges y aprobará o no el contenido del Convenio Regulador presentado.

5. Posibilidad de presentar nuevo Convenio en el plazo de diez días, si tras el dictado de la Sentencia de Separación o Divorcio (art. 777.7 LEC) la misma no aprueba en todo o en parte el Convenio Regulador, transcurrido dicho plazo se haya o no presentado nuevo Convenio el Juez dictará Auto dentro de los tres días siguientes resolviendo lo procedente.

En ningún caso se admitirán cláusulas que sean perjudiciales o que no amparen de forma suficiente los intereses de los menores, de prioritaria protección, ni tampoco que sean lesivas para las partes.

Los acuerdos reflejados en la Sentencia podrán ser modificados judicialmente cuando se alteren sustancialmente las circunstancias bien de forma contenciosa o por la vía del mutuo acuerdo.

Lo indicado anteriormente es extrapolable, en cuanto proceda, a las medidas consensuadas relativas a los hijos menores nacidos de una relación no matrimonial.

Contenido mínimo del Convenio Regulador

El Convenio podrá contener todas aquellas cláusulas que las partes consideren precisas pero necesariamente debe incluir las referidas a los aspectos siguientes:

1) Medidas de carácter personal relativas a los hijos menores: guarda y custodia, patria potestad, régimen de comunicaciones.

2) Medidas de carácter económico: pensión de alimentos a favor de los hijos, sistemas de actualización de la misma y, en su caso, la pensión compensatoria a favor de uno de los cónyuges cuando proceda.

3) Mixtas que comprende la atribución del uso del domicilio familiar y del ajuar doméstico.

Posibilidad de establecer en el Convenio Regulador «pacto alimenticio» entre los ex cónyuges

El Convenio de Separación y Divorcio puede contener pactos voluntarios estableciendo alimentos entre los ex cónyuges. El pacto sobre alimentos tiene naturaleza contractual y a no ser que se limite de forma expresa a la separación, mantiene su eficacia a pesar del divorcio posterior, por lo que el alimentista deberá seguir prestándolos.

La posición jurisprudencial actual entiende que la pensión de alimentos fijada en separación desaparece al decretarse el divorcio y no puede convertirse en pensión compensatoria en sede del mismo toda vez que dichas pensiones obedecen a causas y finalidades distintas, son instituciones diferentes: los alimentos tienen como objetivo solucionar el estado de necesidad de quien los acredita, la pensión compensatoria trata de compensar el desequilibrio que pueda producirse como consecuencia de la ruptura matrimonial, y por tanto es al tiempo de la ruptura cuando habrán de valorarse las circunstancias para determinar si se ha producido o no desequilibrio en alguno de los cónyuges, entendiendo que no solicitada la prestación en fase de separación no existió desequilibrio en el momento de la ruptura matrimonial, y por tanto no va a poder reclamarse pensión compensatoria en el divorcio.

No obstante lo anterior, cuando uno de los cónyuges se reserve el derecho a reclamar la pensión compensatoria en un procedimiento posterior, dicho pacto es válido y se podrá interesar su fijación en el consiguiente de Divorcio siempre que se acredite que el pacto de alimentos obedeció al desequilibrio existente al tiempo de la ruptura matrimonial,; por tanto no es que el desequilibrio se produzca por la pérdida del derecho a los alimentos, sino que existiendo ya en el momento de la separación, había quedado oculto por el pacto de alimentos.

Asimismo los alimentos concedidos en separación pueden mantenerse a pesar del divorcio posterior si el convenio de Separación o el de Divorcio contiene un pacto sobre alimentos y no se ha limitado la eficacia del mismo de forma expresa a la separación.

3. LEGISLACIÓN PROCESAL

— **LEC:** arts. 750, 769, 770.5 y 6, 775.2 y 777.

Artículo 750. *Representación y defensa de las partes.*

1. Fuera de los casos en que, conforme a la Ley, deban ser defendidas por el Ministerio Fiscal, las partes actuarán en los procesos a que se refiere este título con asistencia de Abogado y representadas por Procurador.

2. En los procedimientos de separación o divorcio solicitado de común acuerdo por los cónyuges, éstos podrán valerse de una sola defensa y representación.

(...)

CAPÍTULO IV

De los procesos matrimoniales y de menores

Artículo 769. *Competencia.*

1. Salvo que expresamente se disponga otra cosa, será Tribunal competente para conocer de los procedimientos a que se refiere este capítulo el Juzgado de Primera Instancia del lugar del domicilio conyugal. En el caso de residir los cónyuges en distintos partidos judiciales, será Tribunal competente, a elección del demandante o de los cónyuges que soliciten la separación o el divorcio de mutuo acuerdo, el del último domicilio del matrimonio o el de residencia del demandado.

Los que no tuvieren domicilio ni residencia fijos podrán ser demandados en el lugar en que se hallen o en el de su última residencia, a elección del demandante y, si tampoco pudiere determinarse así la competencia, corresponderá ésta al Tribunal del domicilio del actor.

2. En el procedimiento de separación o divorcio de mutuo acuerdo a que se refiere el art. 777, será competente el Juez del último domicilio común o el del domicilio de cualquiera de los solicitantes.

3. En los procesos que versen exclusivamente sobre guarda y custodia de hijos menores o sobre alimentos reclamados por un progenitor contra el otro en nombre de los hijos menores, será competente el Juzgado de Primera Instancia del lugar del último domicilio común de los progenitores. En el caso de residir los progenitores en distintos partidos judiciales, será Tribunal competente, a elección del demandante, el del domicilio del demandado o el de la residencia del menor.

4. El Tribunal examinará de oficio su competencia.

Son nulos los acuerdos de las partes que se opongan a lo dispuesto en este artículo.

Artículo 770. *Procedimiento.*

Las demandas de separación y divorcio, salvo las previstas en el art. 777, las de nulidad del matrimonio y las demás que se formulen al amparo del título IV del libro I del Código Civil, se sustanciarán por los trámites del juicio verbal, conforme a lo establecido en el capítulo I de este título, y con sujeción, además, a las siguientes reglas:

(...)

5.ª En cualquier momento del proceso, concurriendo los requisitos señalados en el art. 777, las partes podrán solicitar que continúe el procedimiento por los trámites que se establecen en dicho artículo.

6.ª En los procesos que versen exclusivamente sobre guarda y custodia de hijos menores o sobre alimentos reclamados en nombre de los hijos menores, para la adopción de las medidas cautelares que sean adecuadas a dichos procesos se seguirán los trámites establecidos en esta Ley para la adopción de medidas previas, simultáneas o definitivas en los procesos de nulidad, separación o divorcio.

(...)

Artículo 775. *Modificación de las medidas definitivas.*

(...)

2. Estas peticiones se tramitarán conforme a lo dispuesto en el art. 770. No obstante, si la petición se hiciera por ambos cónyuges de común

acuerdo o por uno con el consentimiento del otro y acompañando propuesta de convenio regulador, regirá el procedimiento establecido en el art. 777.

(...)

Artículo 777. *Separación o divorcio solicitados de mutuo acuerdo o por uno de los cónyuges con el consentimiento del otro.*

1. Las peticiones de separación o divorcio presentadas de común acuerdo por ambos cónyuges o por uno con el consentimiento del otro se tramitarán por el procedimiento establecido en el presente artículo.

2. Al escrito por el que se promueva el procedimiento deberá acompañarse la certificación de la inscripción del matrimonio y, en su caso, las de inscripción de nacimiento de los hijos en el Registro Civil, así como la propuesta de convenio regulador conforme a lo establecido en la legislación civil y el documento o documentos en que el cónyuge o cónyuges funden su derecho, incluyendo, en su caso, el acuerdo final alcanzado en el procedimiento de mediación familiar. Si algún hecho relevante no pudiera ser probado mediante documentos, en el mismo escrito se propondrá la prueba de que los cónyuges quieran valerse para acreditarlo.

3. Admitida la solicitud de separación o divorcio, el Secretario judicial citará a los cónyuges, dentro de los tres días siguientes, para que se ratifiquen por separado en su petición. Si ésta no fuera ratificada por alguno de los cónyuges, el Secretario judicial acordará de inmediato el archivo de las actuaciones, quedando a salvo el derecho de los cónyuges a promover la separación o el divorcio conforme a lo dispuesto en el art. 770. Contra esta resolución del Secretario judicial podrá interponerse recurso directo de revisión ante el Tribunal.

4. Ratificada por ambos cónyuges la solicitud, si la documentación aportada fuera insuficiente, el Tribunal concederá mediante providencia a los solicitantes un plazo de diez días para que la completen. Durante este plazo se practicará, en su caso, la prueba que los cónyuges hubieren propuesto y la demás que el Tribunal considere necesaria para acreditar la concurrencia de las circunstancias en cada caso exigidas por el Código Civil y para apreciar la procedencia de aprobar la propuesta de convenio regulador.

5. Si hubiera hijos menores o incapacitados, el Tribunal recabará informe del Ministerio Fiscal sobre los términos del convenio relativos a los hijos y oirá a los menores si tuvieran suficiente juicio cuando se estime necesario de oficio o a petición del Fiscal, partes o miembros del Equipo Técnico Judicial o del propio menor. Estas actuaciones se practicarán durante el plazo a que se refiere el apartado anterior o, si éste no se hubiera abierto, en el plazo de cinco días.

6. Cumplido lo dispuesto en los dos apartados anteriores o, si no fuera necesario, inmediatamente después de la ratificación de los cónyuges, el Tribunal dictará sentencia concediendo o denegando la separación o el divorcio y pronunciándose, en su caso, sobre el convenio regulador.

7. Concedida la separación o el divorcio, si la sentencia no aprobase en todo o en parte el convenio regulador propuesto, se concederá a las partes un plazo de diez días para proponer nuevo convenio, limitado, en su caso, a los puntos que no hayan sido aprobados por el Tribunal. Presentada la propuesta o transcurrido el plazo concedido sin hacerlo, el Tribunal dictará auto dentro del tercer día, resolviendo lo procedente.

8. La sentencia que deniegue la separación o el divorcio y el auto que acuerde alguna medida que se aparte de los términos del convenio propuesto por los cónyuges podrán ser recurridos en apelación. El recurso contra el auto que decida sobre las medidas no suspenderá la eficacia de éstas, ni afectará a la firmeza de la sentencia relativa a la separación o al divorcio.

La sentencia o el auto que aprueben en su totalidad la propuesta de convenio solo podrán ser recurridos, en interés de los hijos menores o incapacitados, por el Ministerio Fiscal.

9. La modificación del convenio regulador o de las medidas acordadas por el Tribunal en los procedimientos a que se refiere este artículo se sustanciará conforme a lo dispuesto en el mismo cuando se solicite por ambos cónyuges de común acuerdo o por uno con el consentimiento del otro y con propuesta de nuevo convenio regulador. En otro caso, se estará a lo dispuesto en el art. 775.

— **CC:** art. 90.

CAPÍTULO IX

De los efectos comunes a la nulidad, separación y divorcio

Artículo 90.

El convenio regulador a que se refieren los arts. 81 y 86 de este Código deberá contener, al menos, los siguientes extremos:

A) El cuidado de los hijos sujetos a la patria potestad de ambos, el ejercicio de ésta y, en su caso, el régimen de comunicación y estancia de los hijos con el progenitor que no viva habitualmente con ellos.

B) Si se considera necesario, el régimen de visitas y comunicación de los nietos con sus abuelos, teniendo en cuenta, siempre, el interés de aquéllos.

C) La atribución del uso de la vivienda y ajuar familiar.

D) La contribución a las cargas del matrimonio y alimentos, así como sus bases de actualización y garantías en su caso.

E) La liquidación, cuando proceda, del régimen económico del matrimonio.

F) La pensión que conforme al art. 97 correspondiere satisfacer, en su caso, a uno de los cónyuges.

Los acuerdos de los cónyuges, adoptados para regular las consecuencias de la nulidad, separación o divorcio serán aprobados por el Juez, salvo si son dañosos para los hijos o gravemente perjudiciales para uno de los cónyuges. Si las partes proponen un régimen de visitas y comunicación de los nietos con los abuelos, el Juez podrá aprobarlo previa audiencia de los abuelos en la que éstos presten su consentimiento. La denegación de los acuerdos habrá de hacerse mediante resolución motivada y en este caso los cónyuges deben someter a la consideración del Juez nueva propuesta para su aprobación, si procede. Desde la aprobación judicial, podrán hacerse efectivos por la vía de apremio.

Las medidas que el Juez adopte en defecto de acuerdo, o las convenidas por los cónyuges, podrán ser modificadas judicialmente o por nuevo convenio cuando se alteren sustancialmente las circunstancias.

El Juez podrá establecer las garantías reales o personales que requiera el cumplimiento del convenio.

4. JURISPRUDENCIA

1) Acuerdo de 20-10-2010, del Secretario de Gobierno del Tribunal Superior de Justicia de Madrid, Don José Palazuelos Morlanés

— Posibilidad de ratificación del Convenio Regulador ante el Secretario Judicial.

La ratificación de los solicitantes en demandas consensuadas de divorcio o separación matrimonial es un acto de documentación procesal y fe pública judicial cuyo ejercicio corresponde desempeñar al Secretario Judicial en exclusiva, ya que esta actuación se encuentra fuera del catálogo de actos necesariamente a practicar ante la presencia judicial que se establecen en el art. 229 de la Ley Orgánica del Poder Judicial en relación con el art. 137, y demás concordantes, de la Ley Procesal Civil, de forma que en este apartado es razonable amparar al Secretario Judicial aludido en la interpretación que hace de la ley y de la aplicación resultante en cumplimiento de la misma. La Magistrado-Juez que discrepa del ejercicio autónomo por parte del Secretario Judicial de esta competencia, tal vez parece confundir el simple acto de ratificación en una solicitud, que es una primera e ineludible fase del procedimiento, según se ha previsto en el apartado 3 del art. 777 de la Ley Procesal Civil, cuya actividad procesal ha sido claramente atribuida al Secretario Judicial, con la posibilidad de intervención del titular jurisdiccional que ha sido prevista para una segunda fase del procedimiento inicial de tramitación de demandas consensuadas de separación y divorcio, ante una posible insuficiencia de la documentación aportada, y con el fin de ser ampliada mediante la presentación de la documentación complementaria que considere procedente, y que deberá llevarse a efecto por parte de los solicitantes; así como también prevé la ley en esta intervención personal del titular jurisdiccional la práctica de la prueba que estime pertinente en cuanto dirigida a justificar la procedencia de aprobar o no el convenio regulador acompañado a la demanda inicial, a cuyos trámites se refiere expresamente el apartado 4 del propio artículo citado. Ambas fases procesales no son simultáneas, sino sucesivas, procediendo acceder a la segunda de ellas solo cuando el Secretario Judicial da cuenta de haberse efectuado la ratificación prevista en la primera, pues en caso contrario éste viene obligado a decretar el archivo de las actuaciones.

2) Sentencia de la AP Cáceres, Sec. 1.ª, de 10-1-2012, rec. 669/2011. Pte.: González Floriano, Antonio María (LA LEY 94/2012)

— Falta de ratificación del convenio.

«Este Tribunal considera que si el Convenio Regulador se confecciona para que surta efectos en un Proceso Matrimonial, como requisito propio del mismo, necesario para su tramitación de mutuo acuerdo, su falta de ratificación a presencia judicial (requisito propio de este Proceso) priva de eficacia a dicho Convenio y nada empecé para que la parte interesada pueda promover el correspondiente Juicio Matrimonial Contencioso; en tanto que el efecto que propugna la parte demandada apelante solo cabría predicarse de aquellos Convenios Matrimoniales pactados entre las partes pero sin el designio de que sea aprobado judicialmente en el correspondiente Proceso Matrimonial; distinción —o diferencia— que —entendemos— recoge la propia Jurisprudencia del Tribunal Supremo, siendo exponente de la misma, a título de ejemplo, la Sentencia del Alto Tribunal de fecha 31 de marzo de 2011, cuando establece que la autonomía de la voluntad de los cónyuges fue ya reconocida en la Sentencia de 22 de Abril de 1997, que pone de relieve que en las situaciones de crisis matrimoniales pueden coincidir tres tipos de acuerdos: "en primer lugar, el convenio, en principio y en abstracto, es un negocio jurídico de derecho de familia; en segundo lugar, el convenio regulador aprobado judicialmente queda integrado en la resolución judicial, con toda la eficacia procesal que ello conlleva; en tercer lugar, el convenio que no ha llegado a ser aprobado judicialmente, tiene la eficacia correspondiente a todo negocio jurídico, tanto más si contiene una parte ajena al contenido mínimo que prevé el art. 90 del Código Civil (LA LEY 1/1889)". Por tanto, como se repite en Sentencias posteriores, los cónyuges, en virtud de la autonomía que se les reconoce, pueden contratar entre sí fuera del convenio, siempre que estos pactos reúnan los requisitos para su validez (Sentencia del Tribunal Supremo de fecha 17 de octubre de 2.007).»

3) Sentencia de la AP Murcia, Sec. 4.ª, de 21-9-2012, rec. 998/2011. Pte.: Jover Coy, Juan Antonio (LA LEY 172073/2012)

— El convenio no ratificado judicialmente tiene la eficacia de un negocio jurídico de derecho de familia.

La AP establece pensión compensatoria a favor de la *ex* esposa demandada, tal y como establece el convenio regulador firmado y no ratificado. El convenio sin ser ratificado judicialmente tiene la eficacia de un negocio jurídico de derecho de familia. En la propuesta de convenio se introdujo respecto del desequilibrio económico, una condición suspensiva. Obligación de pagar el *ex* esposo en el plazo de tres meses una cantidad, como pago de la transmisión de la cuota pro-indiviso que pudiera corresponder a la esposa en la propiedad de la vivienda y vehículo. Al no haber pagado, surge la obligación de pagar la pensión compensatoria hasta que se produzca el abono de dicha cantidad. La fijación de pensión compensatoria es una cuestión de derecho dispositivo y por ello pertenece al ámbito de la autonomía de la voluntad. En este contexto, no procede entrar a analizar si concurren las circunstancias del art. 97 del Código Civil, sino las estipulaciones contenidas en la propuesta de convenio regulador, que aunque no fuera ratificado por las partes, al tratarse de un procedimiento de divorcio contencioso, sí fue firmado el 3 de marzo de 2010 por las partes.

4) Sentencia de la AP Murcia, Sec. 4.ª, de 8-10-2012, rec. 951/2012. Pte.: Moreno Millán, Carlos (LA LEY 172045/2012)

— Falta de Homologación judicial.

Divorcio. Uso de vivienda familiar. Préstamo hipotecario. La AP atribuye el uso de la vivienda familiar al esposo demandado, tal y como lo acordaron en convenio regulador de divorcio aunque no ha sido ratificado ni homologado. Es criterio jurisprudencial, que el convenio regulador no homologado judicialmente, como expresión de la voluntad de las partes, tiene plena validez en cuanto a aquellos acuerdos que tienen carácter dispositivo (FJ 2). El pago del préstamo hipotecario no constituye una carga del matrimonio sino una obligación de quienes lo contrajeron, por lo que tiene que ser abonado por mitad entre los cónyuges, que lo suscribieron en pro-indiviso.

5) Sentencia de la AP Cádiz, Sec. 5.ª, de 27-10-2011, rec. 564/2011. Pte.: Ercilla Labarta, Carlos (LA LEY 235759/2011)

— Validez del Convenio Regulador. Inexistencia de vicios de consentimiento.

Desestima la AP el recurso de apelación interpuesto por el demandante contra la resolución dictada en autos de modificación de medidas. Confirma la Sala el pronunciamiento, mantiene que no puede acogerse la nulidad alegada por el actor del convenio regulador celebrado entre las partes litigantes, puesto que no se aprecia vicio del consentimiento alguno, y siendo la pensión compensatoria, por ser de derecho dispositivo, objeto de renuncia o transacción entre los cónyuges, constituyendo esos acuerdos un negocio bilateral convenido que debe prevaler como expresión del principio de autonomía de la voluntad recogido en el art. 1255 CC y que obliga como negocio jurídico bilateral a los que a él se someten siempre y cuando no vulnere dicho precepto.

6) Sentencia de la AP Valencia, Sec. 10.ª, de 2-2-2011, n.º 93/2011, rec. 933/2010. Pte.: Motta García-España, José Enrique de (LA LEY 37131/2011)

— Inexistencia de vicios de consentimiento.

Confirma la AP el pronunciamiento de la instancia, que desestimó la demanda sobre nulidad del convenio regulador de separación; al desestimar el recurso de apelación interpuesto por el actor. Sostiene la Sala, por aplicación de la doctrina jurisprudencial, que no puede considerarse que el actor, ahora apelante, haya cumplido con la carga de la prueba que le incumbía sobre la concurrencia del vicio de la intimidación alegado en la celebración del convenio regulador, sin que conste prueba alguna de que el ahora apelado formulara manifestación alguna al respecto que, por otra parte, carecía de consistencia al no estar en poder del mismo la decisión sobre las relaciones paterno o materno-filiales y que hubiera podido ser fácilmente despejado el temor mediante la consulta a la letrada que le asesoraba. Tampoco puede considerarse acreditado que fuera inducido con palabras o maquinaciones insidiosas de parte del otro contratante a celebrar el contrato.

7) STS, Sala 1.ª, de 20-4-2012, rec. 2099/2010. Pte.: Roca Trías, Encarnación (LA LEY 56725/2012)

— El convenio regulador como negocio jurídico de derecho de familia.

El TS desestima el recurso extraordinario de infracción procesal y estima el de casación interpuesto contra la sentencia, en la que se confirmó el pronunciamiento de instancia sobre la extinción de la pensión compensatoria que había sido atribuida a la esposa separada. Conforme con las alegaciones de la esposa recurrente, que argumenta que siendo posible pactar libremente la pensión compensatoria, y teniendo el convenio regulador establecido eficacia como contrato, no puede a posteriori decretarse su extinción, señala la Sala que efectivamente el citado convenio es un negocio jurídico de derecho de familia regido por el principio de la autonomía de la voluntad de los implicados que puede contener pactos típicos o atípicos. Es así que la función que perseguía el pacto de autos no era tanto compensar el posible desequilibrio que se derivaría a la esposa tras la separación como acordar el pago de una cantidad, abstracción hecha del mismo y de las circunstancias posteriores en el ámbito económico de la esposa, al margen de la denominación que las partes hayan puesto, así como de la actividad laboral de la acreedora de la pensión.

8) Sentencia de la AP Madrid, Sec. 24.ª, de 28-11-2012, rec. 357/2012. Pte.: Vega Llanes, M.ª José de la (LA LEY 207301/2012)

— Posibilidad de transigir en el Convenio Regulador sobre situaciones económicas del matrimonio.

Acoge la Sala la pretensión de las partes litigantes, determinando que el pago de los gastos extraordinarios deberá ser del 80% el padre y el 20% la madre. Declara la imposibilidad de transigir sobre las cuestiones matrimoniales, si bien la jurisprudencia ha matizado que no cabe incluir en tal prohibición la convención entre los cónyuges referente a la situación económica del matrimonio, que para nada afecta a la sustancia del vínculo ni a los derechos de filiación, que son indisponibles, y por ello no hay obstáculo a su validez como negocio jurídico. Pactado para el abono de los gastos extraordinarios, el porcentaje de proporcionalidad del 80% el padre y el 20% la madre, no aprecia motivo alguno para alterar esta proporción (FJ 1).

9) STS, Sala 1.ª, de 24-5-2012, rec. 1416/2009. Pte.: Roca Trías, Encarnación (LA LEY 65386/2012)

— Incumplimiento del convenio regulador.

El TS desestima el recurso de casación interpuesto por los hijos herederos de la esposa fallecida del ahora recurrente contra la sentencia que, revocando la de instancia, accedió al ejercicio de la acción de división de la vivienda familiar instada por el esposo y padre. Los progenitores de los demandados firmaron un convenio regulador de separación y posteriormente de divorcio, al no haberse llevado a cabo la venta proyectada en el convenio, ninguno de los cónyuges obtuvo su correspondiente mitad. Confirma la Sala el pronunciamiento de la sentencia recurrida en tanto el inmueble se considera pertenece a la sociedad de gananciales y forma parte ahora de una «comunidad postconyugal», lo que permite que pueda accederse a la división para proceder a la liquidación de la comunidad, de acuerdo con las reglas de los gananciales. Señala como el convenio obligaba a ambos cónyuges, propietarios por su sociedad de gananciales a poner a la venta el piso, sin que ninguno de ellos lo hiciera, por lo que dicho convenio resultó incumplido.

10) Sentencia de la AP Jaén, Sec. 3.ª, de 27-1-2012, rec. 290/2011. Pte.: Cáliz Covaleda, José (LA LEY 7251/2012)

— Validez del Convenio regulador no ratificado.

La AP estima en parte el recurso de apelación interpuesto por el esposo divorciado demandado, contra la sentencia de instancia, que estimó en parte la demanda de divorcio, revoca en parte la misma, y en su virtud ambos cónyuges se obligan a no instar la división judicial en un periodo de dos años, tal como pactaron en el acto de la vista al estar conforme con el convenio regulador no ratificado, a excepción de la cláusula que se excluye de la hija, al ser ya mayor de edad. La resolución recurrida ha incurrido en incongruencia omisiva al no recoger lo pactado por las partes. Se desestima el recurso de la actora porque la sentencia contiene limitaciones a la facultad disposición y división de los bienes patrimoniales, tal y como han pactado las partes.

11) STS, Sala 1.ª, de 4-11-2011, rec. 1722/2008. Pte.: Roca Trías, Encarnación (LA LEY 208022/2011)

— Pacto alimenticio convenido entre los cónyuges

«Esta Sala fija la siguiente doctrina: el convenio de separación y el de divorcio pueden contener pactos voluntarios estableciendo alimentos entre los ex cónyuges. El pacto sobre alimentos tiene naturaleza contractual y a no ser que se limite de forma expresa a la separación, mantiene su eficacia a pesar del divorcio posterior, por lo que el alimentista deberá seguir prestándolos.»

VI

OPOSICIÓN A LAS RESOLUCIONES ADMINISTRATIVAS EN MATERIA DE PROTECCIÓN DE MENORES

SUMARIO:

1. ESQUEMA

1.º No es necesaria reclamación previa en vía administrativa para formular oposición, ante los Tribunales, a las resoluciones administrativas en materia de protección de menores.

2.º Presentación de escrito inicial en el que expresará la pretensión y la resolución a que se opone.

3.º Reclamación a la entidad administrativa del expediente completo.

4.º Emplazamiento por 20 días para la presentación de la demanda.

5.º Vista.

2. ANÁLISIS

La vigente Ley de Enjuiciamiento Civil (LEC) dedica un procedimiento especial para esa impugnación, que es el contenido en el art. 780 de la LEC, con la denominación de «oposición a las resoluciones administrativas en materia de protección de menores», redactado conforme a la Ley de Adopción Internacional 54/2007, de 28 de diciembre, y la Ley 13/2009, de 3 de noviembre, de reforma de la legislación procesal para la implantación de la nueva oficina judicial, con el siguiente contenido:

1. No será necesaria la reclamación previa en vía administrativa para formular oposición, ante los Tribunales civiles, a las resoluciones administrativas en materia de protección de menores. La oposición a la resolución administrativa por la que se declare el desamparo de un menor podrá formularse en el plazo de tres meses desde su notificación, y en el plazo de dos meses la oposición a las restantes resoluciones administrativas que se dicten en materia de protección de menores.

2. Quien pretenda oponerse a una resolución administrativa en materia de protección de menores presentará un escrito inicial en el que sucintamente expresará su pretensión y la resolución a que se opone.

3. El Secretario judicial reclamará a la entidad administrativa un testimonio completo del expediente, que deberá ser aportado en el plazo de veinte días.

4. Recibido el testimonio del expediente administrativo, el Secretario judicial emplazará al actor por veinte días para que presente la demanda, que se tramitará con arreglo a lo previsto en el art. 753 LEC.

Es preceptiva para la presentación de la demanda la intervención de Abogado y Procurador.

5. A la vista deben comparecer de forma personal los litigantes debiéndoles indicar en la citación a juicio las mismas prevenciones que en los procedimientos matrimoniales.

3. LEGISLACIÓN PROCESAL

— **LEC:** arts. 753, 779, 780 y 781

Artículo 753. *Tramitación.*

1. Salvo que expresamente se disponga otra cosa, los procesos a que se refiere este título se sustanciarán por los trámites del juicio verbal, pero el Secretario judicial dará traslado de la demanda al Ministerio Fiscal, cuando proceda, y a las demás personas que, conforme a la ley, deban ser parte en el procedimiento, hayan sido o no demandados, emplazándoles para que la contesten en el plazo de veinte días, conforme a lo establecido en el art. 405 de la presente ley.

2. En la celebración de la vista de juicio verbal en estos procesos y de la comparecencia a que se refiere el art. 771 de la presente ley, una vez practicadas las pruebas el Tribunal permitirá a las partes formular oralmente sus conclusiones, siendo de aplicación a tal fin lo establecido en los apartados 2, 3 y 4 del art. 433.

3. Los procesos a los que se refiere este título serán de tramitación preferente siempre que alguno de los interesados en el procedimiento sea menor, incapacitado o esté en situación de ausencia legal.

(...)

CAPÍTULO V

De la oposición a las resoluciones administrativas en materia de protección de menores y del procedimiento para determinar la necesidad de asentimiento en la adopción

Artículo 779. *Carácter preferente del procedimiento. Competencia.*

Los procedimientos en los que se sustancie la oposición a las resoluciones administrativas en materia de protección de menores tendrán carácter preferente.

Será competente para conocer de los mismos el Juzgado de Primera Instancia del domicilio de la entidad protectora y, en su defecto, o en los supuestos de los arts. 179 y 180 del Código Civil, la competencia corresponderá al Tribunal del domicilio del adoptante.

Artículo 780. *Oposición a las resoluciones administrativas en materia de protección de menores.*

1. No será necesaria la reclamación previa en vía administrativa para formular oposición, ante los Tribunales civiles, a las resoluciones administrativas en materia de protección de menores.

La oposición a la resolución administrativa por la que se declare el desamparo de un menor podrá formularse en el plazo de tres meses desde su notificación, y en el plazo de dos meses la oposición a las restantes resoluciones administrativas que se dicten en materia de protección de menores.

2. Quien pretenda oponerse a una resolución administrativa en materia de protección de menores presentará un escrito inicial en el que sucintamente expresará su pretensión y la resolución a que se opone.

3. El Secretario judicial reclamará a la entidad administrativa un testimonio completo del expediente, que deberá ser aportado en el plazo de veinte días.

4. Recibido el testimonio del expediente administrativo, el Secretario judicial emplazará al actor por veinte días para que presente la demanda, que se tramitará con arreglo a lo previsto en el art. 753.

Artículo 781. *Procedimiento para determinar la necesidad de asentimiento en la adopción.*

1. Los padres que pretendan que se reconozca la necesidad de su asentimiento para la adopción podrán comparecer ante el Tribunal que esté conociendo del correspondiente expediente y manifestarlo así. El Secretario judicial, con suspensión del expediente, señalará el plazo que estime necesario para la presentación de la demanda, que no podrá ser superior a veinte días. Presentada la demanda, se tramitará con arreglo a lo previsto en el art. 753.

2. Si no se presentara la demanda en el plazo fijado por el Secretario judicial se dictará decreto dando por finalizado el trámite, decreto que será recurrible directamente en revisión ante el Tribunal. Firme dicha resolución,

no se admitirá ninguna reclamación posterior de los mismos sujetos sobre necesidad de asentimiento para la adopción de que se trate.

— **CC:** art. 172.

CAPÍTULO V

DE LA ADOPCIÓN Y OTRAS FORMAS DE PROTECCIÓN DE MENORES

SECCIÓN PRIMERA

De la guarda y acogimiento de menores

Artículo 172.

1. La entidad pública a la que, en el respectivo territorio, esté encomendada la protección de los menores, cuando constate que un menor se encuentra en situación de desamparo, tiene por ministerio de la Ley la tutela del mismo y deberá adoptar las medidas de protección necesarias para su guarda, poniéndolo en conocimiento del Ministerio Fiscal, y notificando en legal forma a los padres, tutores o guardadores, en un plazo de cuarenta y ocho horas. Siempre que sea posible, en el momento de la notificación se les informará de forma presencial y de modo claro y comprensible de las causas que dieron lugar a la intervención de la Administración y de los posibles efectos de la decisión adoptada.

Se considera como situación de desamparo la que se produce de hecho a causa del incumplimiento, o del imposible o inadecuado ejercicio de los deberes de protección establecidos por las leyes para la guarda de los menores, cuando éstos queden privados de la necesaria asistencia moral o material.

La asunción de la tutela atribuida a la entidad pública lleva consigo la suspensión de la patria potestad o de la tutela ordinaria. No obstante, serán válidos los actos de contenido patrimonial que realicen los padres o tutores en representación del menor y que sean beneficiosos para él.

2. Cuando los padres o tutores, por circunstancias graves, no puedan cuidar al menor, podrán solicitar de la entidad pública competente que ésta asuma su guarda durante el tiempo necesario.

La entrega de la guarda se hará constar por escrito dejando constancia de que los padres o tutores han sido informados de las responsabilidades que siguen manteniendo respecto del hijo, así como de la forma en que dicha guarda va a ejercerse por la Administración.

Cualquier variación posterior de la forma de ejercicio será fundamentada y comunicada a aquéllos y al Ministerio Fiscal.

Asimismo, se asumirá la guarda por la entidad pública cuando así lo acuerde el Juez en los casos en que legalmente proceda.

3. La guarda asumida a solicitud de los padres o tutores o como función de la tutela por ministerio de la ley, se realizará mediante el acogimiento familiar o el acogimiento residencial. El acogimiento familiar se realizará por la persona o personas que determine la Entidad Pública. El acogimiento residencial se ejercerá por el Director del centro donde se ha acogido al menor.

Los padres o tutores del menor podrán oponerse en el plazo de dos meses a la resolución administrativa que disponga el acogimiento cuando consideren que la modalidad acordada no es la más conveniente para el menor o si existieran dentro del círculo familiar otras personas más idóneas a las designadas.

4. Se buscará siempre el interés del menor y se procurará, cuando no sea contrario a ese interés, su reinserción en la propia familia y que la guarda de los hermanos se confíe a una misma institución o persona.

5. Si surgieren problemas graves de convivencia entre el menor y la persona o personas a quien hubiere sido confiado en guarda, aquél o persona interesada podrá solicitar la remoción de ésta.

6. Las resoluciones que aprecien el desamparo y declaren la asunción de la tutela por ministerio de la ley serán recurribles ante la jurisdicción civil en el plazo y condiciones determinados en la Ley de Enjuiciamiento Civil, sin necesidad de reclamación administrativa previa.

7. Durante el plazo de dos años desde la notificación de la resolución administrativa por la que se declare el desamparo, los padres que continúen ostentando la patria potestad pero la tengan suspendida conforme a lo previsto en el número 1 de este artículo, están legitimados para solicitar que cese la suspensión y quede revocada la declaración de desamparo del menor, si por cambio de las circunstancias que la motivaron entienden que se encuentran en condiciones de asumir nuevamente la patria potestad.

Igualmente están legitimados durante el mismo plazo para oponerse a las decisiones que se adopten respecto a la protección del menor.

Pasado dicho plazo decaerá su derecho de solicitud u oposición a las decisiones o medidas que se adopten para la protección del menor. No obstante, podrán facilitar información a la entidad pública y al Ministerio Fiscal sobre cualquier cambio de las circunstancias que dieron lugar a la declaración de desamparo.

8. La entidad pública, de oficio, o a instancia del Ministerio Fiscal o de persona o entidad interesada, podrá en todo momento revocar la declaración de desamparo y decidir la vuelta del menor con su familia si no se encuentra integrado de forma estable en otra familia o si entiende que es lo más adecuado en interés del menor. Dicha decisión se notificará al Ministerio Fiscal.

4. JURISPRUDENCIA

1) STS, Sala 1.ª, de 31-07-09, rec. 247/2007. Pte.: Xiol Ríos, Juan Antonio (LA LEY 184099/2009)

— Requisitos para el cese del Desamparo.

«Es procedente que el juez, al examinar la impugnación de la declaración de desamparo por la Administración interpuesta al amparo del artículo 172.6 CC, contemple el cambio de circunstancias producido con posterioridad al momento en que se produjo la declaración con el fin de determinar si los padres se encuentran en condiciones de asumir nuevamente la patria potestad.»

«Para acordar el retorno del menor desamparado a la familia biológica no basta con una evolución positiva de los padres biológicos, ni con su propósito de desempeñar adecuadamente el rol paterno y materno, sino que es menester que esta evolución, en el plano objetivo y con independencia de las deficiencias personales o de otro tipo que puedan haber determinado el desamparo, sea suficiente para restablecer la unidad familiar en condiciones que supongan la eliminación del riesgo de desamparo del menor y compensen su interés en que se mantenga la situación de acogimiento familiar en que se encuentre teniendo en cuenta, entre otras circunstancias, el tiempo transcurrido en la familia de acogida, si su integración en ella y en el entorno es satisfactoria, si se han desarrollado vínculos afectivos con ella, si obtiene en la familia de acogida los medios necesarios para su desarrollo físico y psíquico, si se mantienen las referencias parentales del menor con la familia biológica y si el retorno al entorno familiar biológico comporta riesgos relevantes de tipo psíquico.»

2) Sentencia de la AP Murcia, Sec. 4.ª, de 27-12-2012, rec. 1091/2012. Pte.: Moreno Millán, Carlos (LA LEY 223709/2012)

— Prescripción de la acción.

«Entiende este Tribunal, tras la revisión de lo actuado en los presentes autos que, si bien asiste razón a la parte recurrente en la cuestión procesal que plantea en relación con la acción ejercitada al amparo de lo dispuesto en el art. 172.8 del Código Civil, sin embargo no cabe afirmar lo mismo con respecto al fondo de la cuestión objeto de esta *litis* en los términos que a continuación se argumentarán, por lo que procede la desestimación de la pretensión tendente a la revocación de la situación de desamparo del menor y a la asunción de su tutela por la Entidad Pública.

Así y con respecto a la **prescripción de la acción ejercitada**, como así se declara en la sentencia de instancia, entendemos que dicha resolución judicial incurre en error de derecho en tal pronunciamiento.

La Ley 54/2007, ha conllevado la reforma de los arts. 172 del Código Civil y 780 y 781 de la LEC, modificando así el sistema de impugnación ante el orden jurisdiccional civil, de las resoluciones administrativas en materia de protección de menores, diferenciando de esta manera, distintas clases de acciones de impugnación, sujetas a su vez también a diversos plazos preclusivos para su ejercicio.

En segundo lugar nos encontramos ante la acción de recuperación del pleno ejercicio de la patria potestad y consiguiente extinción de la tutela legal de la Entidad Pública, por cambio de las circunstancias que en su momento determinaron la asunción de la tutela por dicha Entidad Pública. Esta acción está sujeta al plazo de caducidad de dos años y se regula en el art. 172.7 del Código Civil.

Sobre esta cuestión se ha pronunciado la sentencia del Tribunal Supremo de 14 de noviembre de 2011, afirmando que: 'El párrafo 7 del art. 172 del Código Civil establece que durante un plazo de dos años desde la notificación de la resolución administrativa que declara la situación de desamparo, los titulares de la patria potestad que se haya suspendido pueden solicitar el cese de la suspensión y pedir la revocación de la resolución cuando concurran nuevas circunstancias. 'Igualmente están legitimados durante el mismo plazo para oponerse a las decisiones que se adopten respecto a la protección del menor'. El artículo contiene, por tanto, dos reglas que abarcan dos posibilidades distintas: a) la recuperación de la patria potestad suspendida, por la sobreveniencia de nuevas circunstancias, y b) la oposición a cada una de las medidas que la administración tome en relación a los menores desamparados, sin que ello comporte la recuperación de la patria potestad. Estas dos acciones no son incompatibles porque se refieren a supuestos distintos".»

3) Sentencia de la AP Soria, sec. 1.ª, de 19-11-2012, rec. 129/2012. Pte.: Pérez Flecha Díaz, M.ª Belén (LA LEY 202886/2012)

— Desamparo.

Tutela. Rechaza la AP la pretensión de la actora sobre la revocación de la resolución administrativa que acordaba declarar en situación de desamparo a las menores, asumiendo su tutela la Junta de Castilla y León, adoptando la medida de acogimiento residencial. Confirma la Sala el mantenimiento de la medida al no apreciar error o arbitrariedad alguna en la resolución que decidió la declaración de abandono y asunción de la tutela de las menores, sino una evaluación desfavorable de la actitud de la madre suficientemente fundamentada y que debe ser mantenida (FJ 3).

En conclusión, frente al deseo de la madre de tener a sus hijas con ella, debe prevalecer el interés superior de las menores, a fin de que crezcan en un entorno adecuado, en el que puedan desarrollarse física y emocionalmente con normalidad, algo que según lo antes expuesto, junto a la madre, no puede llevarse a cabo.

4) Sentencia de la AP Burgos, Sec. 2.ª, de 19-10-2012, rec. 400/2011. Pte.: Muñoz Fernández, Mauricio (LA LEY 169425/2012)

— Desamparo. Oposición a la resolución administrativa.

La AP considera que en interés de la menor, lo más conveniente es el mantenimiento de la actual situación de guarda y visitas acordadas. En el nuevo informe psicosocial se pone de manifiesto que la madre tiene una relativa estabilidad económica social. Pero no se puede garantizar la estabilidad de la menor en un futuro, al tener la madre abiertos dos procedimientos penales. Además la relación materna filial es tan absorbente por parte de la madre y presenta carencias afectivas tan importantes, que no permite un adecuado desarrollo afectivo emocional de la menor de manera independiente (FJ3).

5) Sentencia de la AP Madrid, Sec. 22.ª, de 25-9-2012, n.º 624/2012, rec. 98/2012. Pte.: Hijas Fernández, Eduardo (LA LEY 153247/2012)

— Desamparo. Tutela administrativa.

La AP acuerda mantener la tutela administrativa de la menor. Sostiene que para acordar el retorno del menor desamparado a la familia biológica no basta con una evolución positiva de los padres biológicos, ni con su propósito de desempeñar adecuadamente el rol paterno y materno, sino que es menester que esta evolución en el plano objetivo y con independencia de las deficiencias personales o de otro tipo que puedan haber determinado el desamparo, sea suficiente para restablecer la unidad familiar en condiciones que supongan la eliminación del riesgo de desamparo del menor (FJ 2).

6) Sentencia de la AP Madrid, Sec. 22.ª, de 5-6-2012, n.º 410/2012, rec. 1058/2011. Pte.: Hijas Fernández, Eduardo (LA LEY 92703/2012)

— Presunción de minoridad.

La AP desestima el recurso de apelación interpuesto por la comisión de tutela del menor, así como la impugnación del demandante sobre nulidad de actuaciones o violación de derechos fundamentales, y confirma la resolución recurrida. Esta Sala expone que las dudas que subsisten para determinar la edad del inmigrante actor, debieron resolverse en favor de la protección de los intereses de quien no podía afirmarse, de forma categórica, que hubiera superado los dieciocho años de edad, al tiempo de adoptarse, por silencio administrativo, la decisión objeto del presente procedimiento judicial.

7) Sentencia de la AP Santa Cruz de Tenerife, Sec. 1.ª, de 26-6-2012, n.º 301/2012, rec. 722/2011. Pte.: Alfonso Rodríguez, M.ª Elvira (LA LEY 164941/2012)

— Desamparo menor. Declaración de tutela.

La AP rechaza la pretensión de la madre sobre la medida de la declaración provisional de desamparo y asunción de la tutela de menor. Puesto que para acordar el retorno del menor desamparado a la familia biológica no basta con una evolución positiva de los padres biológicos, ni con su propósito de desempeñar adecuadamente el rol paterno y materno, sino que es menester que esta evolución sea suficiente para restablecer la unidad familiar en condiciones que supongan la eliminación del riesgo de desamparo del menor y compensen su interés en que se mantenga la situación de acogimiento familiar en que se encuentre teniendo en cuenta, entre otras circunstancias, el tiempo transcurrido en la familia de acogida, si su integración en ella y en el entorno es satisfactoria, si se han desarrollado vínculos afectivos con ella, si obtiene en la familia de acogida los medios necesarios para su desarrollo físico y psíquico, si se mantienen las referencias parentales del menor con la familia biológica y si el retorno al entorno familiar biológico comporta riesgos relevantes de tipo psíquico (FJ 3).

VII

LA PRUEBA EN GENERAL

SUMARIO:

1. DELIMITACIÓN DE LA PRUEBA

Nos gustaría ofrecer unas breves pinceladas acerca de la prueba en general, y ello porque en la práctica del «día a día» en los juzgados se observa que, por inercia, se solicita mucha más prueba de la necesaria y en ocasiones con poca fortuna para el solicitante (más de una vez se ha vuelto en contra de sus propios intereses). Por consiguiente, cuando propongamos prueba lo primero que tenemos que delimitar y tener muy claro es el **objeto** de la misma, sobre qué puntos concretos de la controversia se va a practicar. De este modo desecharemos solicitar prueba sobre todos aquellos hechos en los que existe conformidad y también respecto de los hechos notorios o que por su condición no precisan de prueba alguna. Por tanto solo serán objeto de prueba los hechos que, debamos calificar como «hechos controvertidos».

En consecuencia con lo anterior, el art. 281.1 de la LEC establece que solo **los hechos controvertidos** que guarden relación con la tutela jurídica solicitada podrán ser objeto de prueba, circunstancia sobre la que ya insistimos al tratar de la fijación de los hechos controvertidos en el acto del juicio. Así pues la práctica de prueba quedará reducida a los hechos fijados como controvertidos (**hechos esenciales**) y a los relacionados con éstos (**hechos accesorios**) y que puedan ayudar a esclarecer la controversia.

Por consiguiente, y como ya hemos dicho, deberán quedar excluidos de la práctica de la prueba aquellos hechos sobre los que las partes hayan mostrado su conformidad (**hechos**

admitidos) siempre y cuando versen sobre materias respecto de las cuales las partes puedan disponer libremente, toda vez que, los procesos matrimoniales afectan al interés general y al orden público y por tanto la conformidad entre las partes no vincula al Tribunal respecto de las materias en las que deba pronunciarse de oficio ni podrá decidir la cuestión litigiosa basándola exclusivamente en dicha conformidad (art. 752 LEC).

Asimismo también están exentos de prueba aquellos hechos que gozan de un reconocimiento generalizado por su carácter absoluto y general (hechos notorios —art. 281 LEC—).

Respecto de los documentos públicos extranjeros el art. 323 de la LEC nos indica que se consideran documentos públicos los documentos extranjeros a los que, en virtud de Tratados y Convenios internacionales, o de leyes especiales, se les atribuye la fuerza probatoria prevista en el art. 319 de la referida Ley. Así, si lo que pretendemos hacer valer en Sala es «derecho extranjero», no debemos olvidar que el art. 281 de la LEC le otorga tratamiento de «hecho» a los efectos de su prueba. Si el Juez considera que la parte que lo invoca no lo prueba suficientemente o si probado atenta al orden público español, aplicará el Derecho español.

El derecho extranjero invocado lo podemos probar por distintos medios: dictámenes de peritos jurisconsultos, aportación a los autos de las ediciones legislativas oficiales del país en cuestión, certificado de la Secretaría General Técnica del Ministerio de Justicia y, por supuesto, las certificaciones de los agentes diplomáticos acreditados en nuestro país o españoles acreditados en el extranjero.

Tanto **la anticipación como el aseguramiento de la prueba** (art. 293 LEC) poseen una finalidad común: evitar la frustración de la actividad probatoria. Así, la diferencia estriba en que la prueba anticipada adelanta el momento de su realización y el aseguramiento de la prueba implica la adopción de medidas que tiendan a la conservación y custodia de las fuentes de prueba, pero no se practica la misma con anterioridad al momento procesal previsto, como ocurre con la «anticipación».

En cualquier momento podemos solicitar la práctica anticipada de una prueba o el aseguramiento de la misma. Nuestras leyes no nos exigen necesariamente la aportación de documentos o pruebas que fundamenten tal solicitud; ahora bien, la simple argumentación del peligro de frustración de la prueba puede resultar insuficiente si no existe ningún modo de comprobar la veracidad de su fundamentación. Por ese motivo es aconsejable aportar, junto a la solicitud, cualquier documento o constancia que apoyen la necesidad de la petición.

La resolución se hará por Providencia si se acuerda su práctica, que no será susceptible de recurso alguno. Deberá adoptar la forma de Auto si se deniega y contra el mismo cabrá interponer recurso de reposición.

Debemos tener en cuenta que quedan fuera del ámbito del aseguramiento de la prueba las de índole personal (interrogatorio de las partes o declaraciones de testigos) y ello en base a lo prevenido en el art. 297 LEC que circunscribe su ámbito a la conservación de estados de cosas o objetos materiales, pero no es posible respecto a la actuación de personas.

2. MEDIOS DE PRUEBA

Los medios de prueba que podemos proponer se encuentran expresamente recogidos en los dos primeros apartados del art. 299 de la LEC, que aquí tan solo reseñamos porque son analizados en capítulos separados.

Son los siguientes:

1.º Interrogatorio (página 221)

2.º Documentos públicos y privados (página 195)

3.º Dictamen de peritos (página 245)

4.º Reconocimiento judicial (página 331)

5.º Declaración de testigos (página 291)

6.º Medios de reproducción de la palabra, el sonido y la imagen y otros instrumentos que permiten archivar, conocer o reproducir datos, cifras u operaciones matemáticas (página 359).

No obstante lo anterior el apartado tercero de dicho precepto encierra en si mismo el principio de *númerus apertus*, dejando la puerta abierta a la proposición de otros medios probatorios no reseñados en el mismo, pues autoriza el empleo de los medios de prueba que se puedan generar en el futuro, siempre que, a través de los mismos, se pueda obtener la certeza de los hechos relevantes.

A los anteriores medios de prueba cabe añadir como propios de los procesos de familia la exploración de los menores (página 345) y la prueba psicosocial (página 269) (art. 770.4 LEC y 92 CC).

3. VIOLACIÓN DE DERECHOS FUNDAMENTALES O DE CUALQUIER OTRA NORMA

Nuestra legislación contempla la imposibilidad de que el Juez pueda valorar pruebas en cuya obtención se haya vulnerado cualquier norma o se hayan violentado derechos fundamentales (arts. 283 y 287 LEC) derecho a la intimidad, secreto de las comunicaciones o vida privada, intervención telefónica ilegal interceptación de correos electrónicos etc. Si se da esta circunstancia, la parte a la que perjudique podrá alegar lo dispuesto en el art. 11 de la LOPJ y solicitar que el Juez declare la nulidad de la prueba.

Por consiguiente planteada esta cuestión, el Juez resolverá acudiendo al trámite procesal establecido en el art. 287 de la LEC, que implica el cumplimiento de una serie de requisitos:

1.º Debe denunciarse la ilicitud en la obtención de la prueba antes de dar comienzo la práctica de la misma, ya oralmente en el acto del juicio, o bien con anterioridad, mediante la aportación de un escrito. La doctrina y la jurisprudencia son unánimes al considerar que dicho trámite es preclusivo.

2.º Una vez planteada la cuestión, el Juez concederá la palabra a la parte que propuso la prueba para que alegue lo que a su derecho convenga. Si se planteó por escrito y existe tiempo material antes de la celebración del juicio, el Juez podrá dar traslado del escrito y solicitar, también por escrito, las alegaciones de la parte contraria.

3.º Una vez que el Juez ha oído a todas las partes, volverá a concederles la palabra con la finalidad de que puedan proponer prueba sobre el extremo de la ilicitud. Prueba que se admitirá, en su caso, y se llevará a la práctica en el mismo acto del juicio.

Contra la resolución que al respecto de dicte solo cabrá recurso de reposición, que se interpondrá, sustanciará y resolverá en el mismo acto del juicio o vista, quedando a salvo el derecho de las partes a reproducir la impugnación de la prueba ilícita en la apelación contra la sentencia definitiva.

4. ADMISIÓN DE PRUEBA

Una vez delimitado el objeto de la prueba, toda aquella que propongamos sobre hechos no contradictorios o ajenos al procedimiento deberá ser inadmitida por el Juez, que la declarará impertinente o inútil.

La proposición de una prueba podrá ser inadmitida por **impertinente** cuando verse sobre hechos que no guardan relación con la tutela judicial pretendida; hechos sin controversia o sin influencia para la estimación o desestimación de las pretensiones deducidas o las excepciones opuestas.

Dicha proposición de prueba podrá ser también inadmitida por **inútil** cuando no sea adecuada para acreditar el hecho sobre el que gravita o cuando se pretenda acreditar hechos que resultan probados por otros medios de prueba ya propuestos y admitidos.

Debemos recordar la posibilidad de interponer Recurso de Reposición cuando se inadmita una prueba que pueda afectar al derecho de defensa de nuestro cliente. Ello será posible siempre en la Audiencia Previa del Juicio Ordinario; sin embargo en los juicios verbales la regla general será la imposibilidad de recurrir y de formular únicamente «protesta» a solos efectos de poder reproducir la solicitud de la prueba en la segunda instancia. Decimos «en general» porque sí existen juzgados en los que se ha admitido el Recurso de Reposición en la vista de un juicio verbal. Por ese motivo no estaría de más consultar con el Procurador o el Secretario del juzgado cuál es el criterio que se sigue en ese juzgado y actuar en consecuencia. Pues lo que no podemos permitir es no hacer uso del Recurso si en ese juzgado concreto nos lo van a admitir.

En relación con las vistas en los juicios de familia la admisión o inadmisión de una prueba sigue la misma regla general que en las vistas o juicios que se desarrollan aplicando la legislación común. De tal modo que se denegará la práctica de una prueba cuando ésta sea inútil o impertinente. En cuanto a la posibilidad de interponer Recurso de Reposición en la vista contra las pruebas inadmitidas, como ya se ha indicado en el apartado correspondiente (proposición y admisión de prueba del Capítulo III) hay juzgados que únicamente admiten protesta por entender que se trata de juicios verbales mientras que otros admiten el Recurso de Reposición y subsidiariamente protesta al entender que se trata de un procedimiento que participa de la regulación del procedimiento Ordinario.

5. COMPLEMENTACIÓN DE LA PRUEBA

El Juez podrá poner de manifiesto a las partes la insuficiencia de la prueba propuesta (art. 443 LEC en relación con lo dispuesto en el apartado 1 del art. 429 del mismo texto legal) indicando las que considere conveniente y permitirá que las partes completen, adicionen o modifiquen sus proposiciones de prueba.

Es cierto que el art. 282 LEC deja la iniciativa probatoria en manos de las partes, de tal modo que será a su instancia cuando se podrá proceder a la proposición y, en su caso, admisión de una prueba concreta. Sin embargo, el art. 429.1 (segundo párrafo) y el 443 de la LEC, por remisión, permiten al Juez poner de manifiesto qué hechos controvertidos no van a quedar suficientemente acreditados, en virtud de la pruebas propuestas por las partes, y podrá indicar qué prueba o pruebas a su juicio deberían proponerse con el fin de dilucidar con mayor fundamento alguna de las controversias objeto del juicio, sobre todo aquellas principales y que vayan a provocar la estimación o desestimación de la demanda.

A tenor de la práctica en los juzgados nuestra experiencia nos dice que el Juez no hace uso «nunca» de esta facultad y espera que cada una de las partes tome la iniciativa a la hora de proponer su prueba. Hacer uso de esa facultad implica, obviamente, asumir unos poderes que en base a su imparcialidad y objetividad el Juez no suele estar dispuesto a aceptar. Pues la práctica de una prueba concreta siempre va a beneficiar a una parte y perjudicar a otra, aunque sea tan solo por la entrada en juego del principio de la «carga de la prueba» del 217 de la LEC.

Sin embargo, en los procesos de Familia la regla indicada experimenta modificaciones (art. 752), de manera que la LEC, tanto para el caso del procedimiento contencioso (art. 770), como en el consensual (art. 777.4) autoriza al Tribunal a practicar de oficio toda clase de pruebas tendentes a determinar las medidas a adoptar en los procesos de nulidad, separación o divorcio, siendo frecuente que el Tribunal o bien indique a las partes qué pruebas se consideran precisas para resolver sobre determinadas medidas o bien acuerda de oficio la práctica de las mismas (prueba psicosocial, exploración de menores, remisión de informes, etc.).

6. LEGISLACIÓN PROCESAL

— DE LA PRUEBA: Disposiciones específicas: LEC (arts. 753, 770.4, 771.3, 774.1 y 2, 777.4 y 5 y 778).

Artículo 753. *Tramitación.*

1. Salvo que expresamente se disponga otra cosa, los procesos a que se refiere este título se sustanciarán por los trámites del juicio verbal, pero el Secretario judicial dará traslado de la demanda al Ministerio Fiscal, cuando proceda, y a las demás personas que, conforme a la ley, deban ser parte en el procedimiento, hayan sido o no demandados, emplazándoles para que la contesten en el plazo de veinte días, conforme a lo establecido en el art. 405 de la presente ley.

2. En la celebración de la vista de juicio verbal en estos procesos y de la comparecencia a que se refiere el art. 771 de la presente ley, una vez practicadas las pruebas el Tribunal permitirá a las partes formular oralmente sus conclusiones, siendo de aplicación a tal fin lo establecido en los apartados 2, 3 y 4 del art. 433.

3. Los procesos a los que se refiere este título serán de tramitación preferente siempre que alguno de los interesados en el procedimiento sea menor, incapacitado o esté en situación de ausencia legal.

(...)

Artículo 770. *Procedimiento.*

Las demandas de separación y divorcio, salvo las previstas en el art. 777, las de nulidad del matrimonio y las demás que se formulen al amparo del título IV del libro I del Código Civil, se sustanciarán por los trámites del juicio verbal, conforme a lo establecido en el capítulo I de este título, y con sujeción, además, a las siguientes reglas:

(...)

4.ª

Las pruebas que no puedan practicarse en el acto de la vista se practicarán dentro del plazo que el Tribunal señale, que no podrá exceder de treinta días.

Durante este plazo, el Tribunal podrá acordar de oficio las pruebas que estime necesarias para comprobar la concurrencia de las circunstancias en cada caso exigidas por el Código Civil para decretar la nulidad, separación o divorcio, así como las que se refieran a hechos de los que dependan los pronunciamientos sobre medidas que afecten a los hijos menores o incapacitados, de acuerdo con la legislación civil aplicable. Si el procedimiento fuere contencioso y se estime necesario de oficio o a petición del fiscal, partes o miembros del equipo técnico judicial o del propio menor, se oirá a los hijos menores o incapacitados si tuviesen suficiente juicio y, en todo caso, a los mayores de doce años.

En las exploraciones de menores en los procedimientos civiles se garantizará por el Juez que el menor pueda ser oído en condiciones idóneas para la salvaguarda de sus intereses, sin interferencias de otras personas y, recabando excepcionalmente el auxilio de especialistas cuando ello sea necesario.

Artículo 771. *Medidas provisionales previas a la demanda de nulidad, separación o divorcio. Solicitud, comparecencia y resolución.*

(...)

3. En el acto de la comparecencia a que se refiere el apartado anterior, si no hubiere acuerdo de los cónyuges sobre las medidas a adoptar o si dicho acuerdo, oído, en su caso, el Ministerio Fiscal, no fuera aprobado en todo o en parte por el Tribunal, se oirán las alegaciones de los concurrentes y se practicará la prueba que éstos propongan y que no sea inútil o impertinente, así como la que el Tribunal acuerde de oficio. Si alguna prueba no pudiera practicarse en la comparecencia, el Secretario judicial señalará fecha para su práctica, en unidad de acto, dentro de los diez días siguientes.

La falta de asistencia, sin causa justificada, de alguno de los cónyuges a la comparecencia podrá determinar que se consideren admitidos los hechos alegados por el cónyuge presente para fundamentar sus peticiones sobre medidas provisionales de carácter patrimonial.

(...)

Artículo 774. *Medidas definitivas.*

1. En la vista del juicio, si no lo hubieren hecho antes, conforme a lo dispuesto en los artículos anteriores, los cónyuges podrán someter

al Tribunal los acuerdos a que hubieren llegado para regular las consecuencias de la nulidad, separación o divorcio y proponer la prueba que consideren conveniente para justificar su procedencia.

2. A falta de acuerdo, se practicará la prueba útil y pertinente que los cónyuges o el Ministerio Fiscal propongan y la que el Tribunal acuerde de oficio sobre los hechos que sean relevantes para la decisión sobre las medidas a adoptar.

(...)

Artículo 777. *Separación o divorcio solicitados de mutuo acuerdo o por uno de los cónyuges con el consentimiento del otro.*

(...)

4. Ratificada por ambos cónyuges la solicitud, si la documentación aportada fuera insuficiente, el Tribunal concederá mediante providencia a los solicitantes un plazo de diez días para que la completen. Durante este plazo se practicará, en su caso, la prueba que los cónyuges hubieren propuesto y la demás que el Tribunal considere necesaria para acreditar la concurrencia de las circunstancias en cada caso exigidas por el Código Civil y para apreciar la procedencia de aprobar la propuesta de convenio regulador.

5. Si hubiera hijos menores o incapacitados, el Tribunal recabará informe del Ministerio Fiscal sobre los términos del convenio relativos a los hijos y oirá a los menores si tuvieran suficiente juicio cuando se estime necesario de oficio o a petición del Fiscal, partes o miembros del Equipo Técnico Judicial o del propio menor. Estas actuaciones se practicarán durante el plazo a que se refiere el apartado anterior o, si éste no se hubiera abierto, en el plazo de cinco días.

(...)

Artículo 778. *Eficacia civil de resoluciones de los Tribunales eclesiásticos o de decisiones pontificias sobre matrimonio rato y no consumado.*

1. En las demandas en solicitud de la eficacia civil de las resoluciones dictadas por los Tribunales eclesiásticos sobre nulidad del matrimonio canónico o las decisiones pontificias sobre matrimonio rato y no consumado, si no se pidiera la adopción o modificación de medidas, el Tribunal dará audiencia por plazo de diez días al otro cónyuge y al Ministerio Fiscal y resolverá por medio de auto lo que resulte procedente sobre la eficacia en el orden civil de la resolución o decisión eclesiástica.

2. Cuando en la demanda se hubiere solicitado la adopción o modificación de medidas, se sustanciará la petición de eficacia civil de la resolución

o decisión canónica conjuntamente con la relativa a las medidas, siguiendo el procedimiento que corresponda con arreglo a lo dispuesto en el art. 770.

— En su defecto las normas de carácter general contenidas en los arts. 281 a 300 LEC.

CAPÍTULO V

De la prueba: disposiciones generales

SECCIÓN 1.ª

DEL OBJETO, NECESIDAD E INICIATIVA DE LA PRUEBA

Artículo 281. *Objeto y necesidad de la prueba.*

1. La prueba tendrá como objeto los hechos que guarden relación con la tutela judicial que se pretenda obtener en el proceso.

2. También serán objeto de prueba la costumbre y el derecho extranjero. La prueba de la costumbre no será necesaria si las partes estuviesen conformes en su existencia y contenido y sus normas no afectasen al orden público. El derecho extranjero deberá ser probado en lo que respecta a su contenido y vigencia, pudiendo valerse el Tribunal de cuantos medios de averiguación estime necesarios para su aplicación.

3. Están exentos de prueba los hechos sobre los que exista plena conformidad de las partes, salvo en los casos en que la materia objeto del proceso esté fuera del poder de disposición de los litigantes.

4. No será necesario probar los hechos que gocen de notoriedad absoluta y general.

Artículo 282.

Las pruebas se practicarán a instancia de parte. Sin embargo, el Tribunal podrá acordar, de oficio, que se practiquen determinadas pruebas o que se aporten documentos, dictámenes u otros medios e instrumentos probatorios, cuando así lo establezca la ley.

Artículo 283. *Impertinencia o inutilidad de la actividad probatoria.*

1. No deberá admitirse ninguna prueba que, por no guardar relación con lo que sea objeto del proceso, haya de considerarse impertinente.

2. Tampoco deben admitirse, por inútiles, aquellas pruebas que, según reglas y criterios razonables y seguros, en ningún caso puedan contribuir a esclarecer los hechos controvertidos.

3. Nunca se admitirá como prueba cualquier actividad prohibida por la ley.

SECCIÓN 2.ª

DE LA PROPOSICIÓN Y ADMISIÓN

Artículo 284. *Forma de proposición de la prueba.*

La proposición de los distintos medios de prueba se hará expresándolos con separación. Se consignará, asimismo, el domicilio o residencia de las personas que hayan de ser citadas, en su caso, para la práctica de cada medio de prueba.

Cuando, en el juicio ordinario, las partes no dispusieren de algunos datos relativos a dichas personas al proponer la prueba, podrán aportarlos al Tribunal dentro de los cinco días siguientes.

Artículo 285. *Resolución sobre la admisibilidad de las pruebas propuestas.*

1. El Tribunal resolverá sobre la admisión de cada una de las pruebas que hayan sido propuestas.

2. Contra esa resolución solo cabrá recurso de reposición, que se sustanciará y resolverá en el acto, y si se desestimare, la parte podrá formular protesta al efecto de hacer valer sus derechos en la segunda instancia.

Artículo 286. *Hechos nuevos o de nueva noticia. Prueba.*

1. Si precluidos los actos de alegación previstos en esta Ley y antes de comenzar a transcurrir el plazo para dictar sentencia, ocurriese o se conociese algún hecho de relevancia para la decisión del pleito, las partes podrán hacer valer ese hecho, alegándolo de inmediato por medio de escrito, que se llamará de ampliación de hechos, salvo que la alegación pudiera hacerse en el acto del juicio o vista. En tal caso, se llevará a cabo en dichos actos cuanto se prevé en los apartados siguientes.

2. Del escrito de ampliación de hechos el Secretario judicial dará traslado a la parte contraria, para que, dentro del quinto día, manifieste si reconoce como cierto el hecho alegado o lo niega. En este caso, podrá aducir cuanto aclare o desvirtúe el hecho que se afirme en el escrito de ampliación.

3. Si el hecho nuevo o de nueva noticia no fuese reconocido como cierto, se propondrá y se practicará la prueba pertinente y útil del modo previsto en esta Ley según la clase de procedimiento cuando fuere posible por el estado de las actuaciones. En otro caso, en el juicio ordinario, se estará a lo dispuesto sobre las diligencias finales.

4. El Tribunal rechazará, mediante providencia, la alegación de hecho acaecido con posterioridad a los actos de alegación si esta circunstancia no se acreditase cumplidamente al tiempo de formular la alegación. Y cuando se alegase un hecho una vez precluidos aquellos actos pretendiendo haberlo conocido con posterioridad, el Tribunal podrá acordar, mediante providencia, la improcedencia de tomarlo en consideración si, a la vista de las circunstancias y de las alegaciones de las demás partes, no apareciese justificado que el hecho no se pudo alegar en los momentos procesales ordinariamente previstos.

En este último caso, si el Tribunal apreciare ánimo dilatorio o mala fe procesal en la alegación, podrá imponer al responsable una multa de 120 a 600 euros.

Artículo 287. *Ilicitud de la prueba.*

1. Cuando alguna de las partes entendiera que en la obtención u origen de alguna prueba admitida se han vulnerado derechos fundamentales habrá de alegarlo de inmediato, con traslado, en su caso, a las demás partes.

Sobre esta cuestión, que también podrá ser suscitada de oficio por el Tribunal, se resolverá en el acto del juicio o, si se tratase de juicios verbales, al comienzo de la vista, antes de que dé comienzo la práctica de la prueba.

A tal efecto, se oirá a las partes y, en su caso, se practicarán las pruebas pertinentes y útiles que se propongan en el acto sobre el concreto extremo de la referida ilicitud.

2. Contra la resolución a que se refiere el apartado anterior solo cabrá recurso de reposición, que se interpondrá, sustanciará y resolverá en el mismo acto del juicio o vista, quedando a salvo el derecho de las partes a reproducir la impugnación de la prueba ilícita en la apelación contra la sentencia definitiva.

Artículo 288. *Sanciones por no ejecución de la prueba en el tiempo previsto.*

1. El litigante por cuya causa no se ejecutare temporáneamente una prueba admitida será sancionado por el Tribunal con multa que no podrá ser inferior a 60 euros ni exceder de 600 euros, salvo que

acreditase falta de culpa o desistiese de practicar dicha prueba si él la hubiese propuesto.

2. La multa prevista en el apartado anterior se impondrá en el acto del juicio o en la vista, previa audiencia de las partes.

SECCIÓN 3.ª

DE OTRAS DISPOSICIONES GENERALES SOBRE PRÁCTICA DE LA PRUEBA

Artículo 289. *Forma de practicarse las pruebas.*

1. Las pruebas se practicarán contradictoriamente en vista pública, o con publicidad y documentación similares si no se llevasen a efecto en la sede del Tribunal.

2. Será inexcusable la presencia judicial en el interrogatorio de las partes y de testigos, en el reconocimiento de lugares, objetos o personas, en la reproducción de palabras, sonidos, imágenes y, en su caso, cifras y datos, así como en las explicaciones impugnaciones, rectificaciones o ampliaciones de los dictámenes periciales.

3. Se llevarán a cabo ante el Secretario judicial la presentación de documentos originales o copias auténticas, la aportación de otros medios o instrumentos probatorios, el reconocimiento de la autenticidad de un documento privado, la formación de cuerpos de escritura para el cotejo de letras y la mera ratificación de la autoría del dictamen pericial, siempre que tengan lugar fuera de la vista pública o el Secretario judicial estuviera presente en el acto. Pero el Tribunal habrá de examinar por sí mismo la prueba documental, los informes y dictámenes escritos y cualesquiera otros medios o instrumentos que se aportaren.

Artículo 290. *Señalamiento para actos de prueba que se practiquen separadamente.*

Todas las pruebas se practicarán en unidad de acto. Excepcionalmente, el Tribunal podrá acordar, mediante providencia, que determinadas pruebas se celebren fuera del acto de juicio o vista; en estos casos, el Secretario judicial señalará, con al menos cinco días de antelación, el día y la hora en que hayan de practicarse los actos de prueba que no sea posible llevar a cabo en el juicio o vista. Si, excepcionalmente, la prueba no se practicare en la sede del Tribunal, se determinará y notificará el lugar de que se trate.

Estas pruebas se practicarán en todo caso antes del juicio o vista.

Artículo 291. *Citación y posible intervención de las partes en la práctica de las pruebas fuera del juicio.*

Aunque no sean sujetos u objetos de la prueba, las partes serán citadas con antelación suficiente, que será de al menos cuarenta y ocho horas, para la práctica de todas las pruebas que hayan de practicarse fuera del juicio o vista.

Las partes y sus Abogados tendrán en las actuaciones de prueba la intervención que autorice la Ley según el medio de prueba de que se trate.

Artículo 292. *Obligatoriedad de comparecer a la audiencia. Multas.*

1. Los testigos y los peritos citados tendrán el deber de comparecer en el juicio o vista que finalmente se hubiese señalado. La infracción de este deber se sancionará por el Tribunal, previa audiencia por cinco días, con multa de ciento ochenta a seiscientos euros.

2. Al tiempo de imponer la multa a que se refiere el apartado anterior, el Tribunal requerirá, mediante providencia, al multado para que comparezca cuando se le cite de nuevo por el Secretario judicial, bajo apercibimiento de proceder contra él por desobediencia a la autoridad.

3. Cuando, sin mediar previa excusa, un testigo o perito no compareciere al juicio o vista, el Tribunal, oyendo a las partes que hubiesen comparecido, decidirá, mediante providencia, si la audiencia ha de suspenderse o debe continuar.

4. Cuando, también sin mediar previa excusa, no compareciere un litigante que hubiese sido citado para responder a interrogatorio, se estará a lo dispuesto en el art. 304 y se impondrá a aquél la multa prevista en el apartado 1 de este artículo.

SECCIÓN 4.ª

DE LA ANTICIPACIÓN Y DEL ASEGURAMIENTO DE LA PRUEBA

Artículo 293. *Casos y causas de anticipación de la prueba. Competencia.*

1. Previamente a la iniciación de cualquier proceso, el que pretenda incoarlo, o cualquiera de las partes durante el curso del mismo, podrá solicitar del Tribunal la práctica anticipada de algún acto de prueba, cuando exista el temor fundado de que, por causa de las personas o por el estado de las cosas, dichos actos no puedan realizarse en el momento procesal generalmente previsto.

2. La petición de actuaciones anticipadas de prueba, que se formule antes de la iniciación del proceso, se dirigirá al Tribunal que se considere competente para el asunto principal. Este Tribunal vigilará de oficio su jurisdicción y competencia objetiva, así como la territorial que se fundase en normas imperativas, sin que sea admisible la declinatoria.

Iniciado el proceso, la petición de prueba anticipada se dirigirá al Tribunal que esté conociendo del asunto.

Artículo 294. *Proposición de prueba anticipada, admisión, tiempo y recursos.*

1. La proposición de pruebas anticipadas se realizará conforme a lo dispuesto en esta Ley para cada una de ellas, exponiendo las razones en que se apoye la petición.

2. Si el Tribunal estimare fundada la petición, accederá a ella, disponiendo, por medio de providencia, que las actuaciones se practiquen cuando se considere necesario, siempre con anterioridad a la celebración del juicio o vista, realizándose por el Secretario judicial el oportuno señalamiento.

Artículo 295. *Práctica contradictoria de la prueba anticipada.*

1. Cuando la prueba anticipada se solicite y se acuerde practicar antes del inicio del proceso, el que la haya solicitado designará la persona o personas a las que se proponga demandar en su día y serán citadas, con al menos cinco días de antelación, para que puedan tener en la práctica de la actuación probatoria la intervención que esta Ley autorice según el medio de prueba de que se trate.

2. Si estuviese ya pendiente el proceso al tiempo de practicar prueba anticipada, las partes podrán intervenir en ella según lo dispuesto en esta Ley para cada medio de prueba.

3. En los casos en que se practique prueba al amparo del apartado 1 de este artículo, no se otorgará valor probatorio a lo actuado si la demanda no se interpusiere en el plazo de dos meses desde que la prueba anticipada se practicó, salvo que se acreditare que, por fuerza mayor u otra causa de análoga entidad, no pudo iniciarse el proceso dentro de dicho plazo.

4. La prueba practicada anticipadamente podrá realizarse de nuevo si, en el momento de proposición de la prueba, fuera posible llevarla a cabo y alguna de las partes así lo solicitara. En tal caso, el Tribunal admitirá que se practique la prueba de que se trate y valorará según las reglas de la sana crítica tanto la realizada anticipadamente como la efectuada con posterioridad.

Artículo 296. *Custodia de los materiales de las actuaciones de prueba anticipada.*

1. Los documentos y demás piezas de convicción en que consistan las pruebas anticipadas o que se obtengan como consecuencia de su práctica, así como los materiales que puedan reflejar fielmente las actuaciones probatorias realizadas y sus resultados, quedarán bajo la custodia del Secretario del Tribunal que hubiere acordado la prueba hasta que se interponga la demanda, a la que se unirán, o hasta que llegue el momento procesal de conocerlos y valorarlos.

2. Si de la demanda hubiese de conocer en definitiva un Tribunal distinto del que acordó o practicó la prueba anticipada, reclamará de éste, a instancia de parte, la remisión, por conducto oficial, de las actas, documentos y demás materiales de las actuaciones.

Artículo 297. *Medidas de aseguramiento de la prueba.*

1. Antes de la iniciación de cualquier proceso, el que pretenda incoarlo o cualquiera de los litigantes durante el curso del mismo, podrá pedir del Tribunal la adopción, mediante providencia, de medidas de aseguramiento útiles para evitar que, por conductas humanas o acontecimientos naturales, que puedan destruir o alterar objetos materiales o estados de cosas, resulte imposible en su momento practicar una prueba relevante o incluso carezca de sentido proponerla.

2. Las medidas consistirán en las disposiciones que, a juicio del Tribunal, permitan conservar cosas o situaciones o hacer constar fehacientemente su realidad y características. Para los fines de aseguramiento de la prueba, podrán también dirigirse mandatos de hacer o no hacer, bajo apercibimiento de proceder, en caso de infringirlos, por desobediencia a la autoridad.

En los casos de infracción de los derechos de propiedad industrial y de propiedad intelectual, una vez el solicitante de las medidas haya presentado aquellas pruebas de la infracción razonablemente disponibles, tales medidas podrán consistir en especial en la descripción detallada, con o sin toma de muestras, o la incautación efectiva de las mercancías y objetos litigiosos, así como de los materiales e instrumentos utilizados en la producción o la distribución de estas mercancías y de los documentos relacionados con ellas.

3. En cuanto a la jurisdicción y a la competencia para el aseguramiento de la prueba, se estará a lo dispuesto sobre prueba anticipada.

4. Cuando las medidas de aseguramiento de la prueba se hubiesen acordado antes del inicio del proceso, quedarán sin efecto si el solicitante no presenta su demanda en el plazo de veinte días siguientes a la fecha

de la efectiva adopción de las medidas de aseguramiento acordadas. El Tribunal, de oficio, acordará mediante auto que se alcen o revoquen los actos de cumplimiento que hubieran sido realizados, condenará al solicitante en las costas y declarará que es responsable de los daños y perjuicios que haya producido al sujeto respecto del cual se adoptaron las medidas.

Artículo 298. *Requisitos. Procedimiento para la adopción de las medidas de aseguramiento de la prueba. Contracautelas.*

1. El Tribunal acordará adoptar, mediante providencia, las medidas oportunas en cada caso si se cumplen los siguientes requisitos:

1.º Que la prueba que se pretende asegurar sea posible, pertinente y útil al tiempo de proponer su aseguramiento.

2.º Que haya razones o motivos para temer que, de no adoptarse las medidas de aseguramiento, puede resultar imposible en el futuro la práctica de dicha prueba.

3.º Que la medida de aseguramiento que se propone, u otra distinta que con la misma finalidad estime preferible el Tribunal, pueda reputarse conducente y llevarse a cabo dentro de un tiempo breve y sin causar perjuicios graves y desproporcionados a las personas implicadas o a terceros.

2. Para decidir sobre la adopción de las medidas de aseguramiento de una prueba, el Tribunal deberá tomar en consideración y podrá aceptar el eventual ofrecimiento que el solicitante de la medida haga de prestar garantía de los daños y perjuicios que la medida pueda irrogar.

3. También podrá el Tribunal acordar, mediante providencia, en lugar de la medida de aseguramiento, la aceptación del ofrecimiento que haga la persona que habría de soportar la medida de prestar, en la forma prevista en el párrafo segundo del apartado 2 del art. 64, caución bastante para responder de la práctica de la prueba cuyo aseguramiento se pretenda.

4. Las medidas de aseguramiento de la prueba se adoptarán previa audiencia de la persona que haya de soportarla. Si se solicitasen una vez iniciado el proceso, también se oirá al demandado. Sólo quien fuera a ser demandado o ya lo hubiera sido podrá aducir, al oponerse a su adopción, la imposibilidad, impertinencia o inutilidad de la prueba.

5. No obstante lo dispuesto en el apartado anterior, cuando sea probable que el retraso derivado de la audiencia previa ocasione daños irreparables al derecho del solicitante de la medida o cuando exista un riesgo demostrable de que se destruyan pruebas o se imposibilite de otro modo

su práctica si así se solicita, el Tribunal podrá acordar la medida sin más trámites, mediante providencia. La providencia precisará, separadamente, los requisitos que la han exigido y las razones que han conducido a acordarla sin audiencia del demandado o de quien vaya a ser demandado. Esta providencia es irrecurrible y será notificada a las partes y a quien hubiera de soportarla sin dilación y, de no ser posible antes, inmediatamente después de la ejecución de las medidas.

6. Si la medida de aseguramiento se hubiera adoptado sin audiencia previa, quien fuera a ser demandado o ya lo hubiera sido o quien hubiera de soportarla podrán formular oposición en el plazo de veinte días, desde la notificación de la providencia que la acordó.

7. La oposición a la medida podrá fundarse en la inexistencia de riesgos de daños irreparables en el derecho para la futura práctica de la prueba, así como en la posibilidad de acordar otras medidas igualmente conducentes que resulten menos gravosas. También podrá sustituirse por la caución prevista en el apartado 3. Sólo quien fuera a ser demandado o ya lo hubiese sido podrá aducir la imposibilidad, impertinencia o inutilidad de la prueba.

8. Del escrito de oposición se dará traslado al solicitante y, en su caso, al ya demandado o a quien hubiera de soportar la medida. Todos ellos serán citados a una vista, en el plazo de cinco días, tras cuya celebración se decidirá sobre la oposición, en el plazo de tres días, por medio de un auto que es irrecurrible.

CAPÍTULO VI

De los medios de prueba y las presunciones

Artículo 299. *Medios de prueba.*

1. Los medios de prueba de que se podrá hacer uso en juicio son:

1.º Interrogatorio de las partes.

2.º Documentos públicos.

3.º Documentos privados.

4.º Dictamen de peritos.

5.º Reconocimiento judicial.

6.º Interrogatorio de testigos.

2. También se admitirán, conforme a lo dispuesto en esta Ley, los medios de reproducción de la palabra, el sonido y la imagen, así como

los instrumentos que permiten archivar y conocer o reproducir palabras, datos, cifras y operaciones matemáticas llevadas a cabo con fines contables o de otra clase, relevantes para el proceso.

3. Cuando por cualquier otro medio no expresamente previsto en los apartados anteriores de este artículo pudiera obtenerse certeza sobre hechos relevantes, el Tribunal, a instancia de parte, lo admitirá como prueba, adoptando las medidas que en cada caso resulten necesarias.

Artículo 300. *Orden de práctica de los medios de prueba.*

1. Salvo que el Tribunal, de oficio o a instancia de parte, acuerde otro distinto, las pruebas se practicarán en el juicio o vista por el orden siguiente:

1.º Interrogatorio de las partes.

2.º Interrogatorio de testigos.

3.º Declaraciones de peritos sobre sus dictámenes o presentación de éstos, cuando excepcionalmente se hayan de admitir en ese momento.

4.º Reconocimiento judicial, cuando no se haya de llevar a cabo fuera de la sede del Tribunal.

5.º Reproducción ante el Tribunal de palabras, imágenes y sonidos captados mediante instrumentos de filmación, grabación y otros semejantes.

2. Cuando alguna de las pruebas admitidas no pueda practicarse en la audiencia, continuará ésta para la práctica de las restantes, por el orden que proceda.

7. JURISPRUDENCIA

1) STC, Sec. 2.ª, Auto de 27 de enero de 2010.

— La falta de práctica de la prueba testifical no tiene relevancia.

El TC ampara la Sentencia que desestimo el cambio de custodia dado que la circunstancia de no practicarse unas pruebas testificales propuestas no tiene relevancia constitucional.

2) STS, Sala 1.ª, de 8-3-2012, n.º 120/2012, rec. 523/2009. Pte.: Roca Trías, Encarnación (LA LEY 24555/2012)

— Carga de la prueba.

«El Art. 217 LEC regula la carga de la prueba, no su valoración, que aparece sistematizada en la normativa referida a cada una de las pruebas. La recurrente debería haber examinado las distintas pruebas practicadas y exponer qué razones llevaban a considerar que la prueba había sido valorada incorrectamente, pero no puede alegarse el Art. 217 LEC por las razones antes expuestas.»

— Presunciones judiciales.

«La recurrente pretende introducir el criterio de la valoración de la prueba, pero este motivo incurre en un vicio casacional importante, porque es doctrina de esta Sala, recogida en numerosas sentencias de las que citaremos solo la STS 872/2007, de 18 julio (LA LEY 79287/2007), que no es posible la infracción del art. 386 LEC en aquellos casos en que el Tribunal se ha limitado a obtener las conclusiones de hecho que ha estimado más adecuadas con arreglo a elementos probatorios que le han sido brindados en el proceso sin incurrir en una manifiesta incoherencia lógica. Por tanto, no es posible alegar la infracción de la prueba de presunciones cuando el Tribunal no ha basado su resolución en ellas, como ha ocurrido en este caso concreto.»

3) Auto de la AP Madrid, Sec. 22.ª, de 27-5-2011, n.º 177/2011, rec. 919/2010. Pte.: Chamorro Valdés, José Ángel (LA LEY 102425/2011)

— Carga de la prueba.

«Bajo tales exigencias legales, y dado que en el caso examinado ambos cónyuges ostentan la nacionalidad ecuatoriana, se impone, en principio, que la resolución judicial acerca del divorcio solicitado por la demandante se fundamente en legalidad sustantiva de su país de origen, incumbiendo a las partes la acreditación de su contenido y vigencia, según previene el art. 281 de la vigente Ley de Enjuiciamiento Civil, pero también puede ser acreditada de oficio por el propio órgano *a quo* de conformidad con el art. 281.2 de la LEC.

El Tribunal Constitucional, sobre la base del art. 24 C.E. habla de "la obligación del órgano judicial de prestar a las partes en el proceso judicial de que conozca una efectiva tutela de sus derechos e intereses legítimos, en particular cuando la aplicación del derecho extranjero resulta debida por imposición del propio ordenamiento jurídico español", para añadir que "la acreditación del derecho extranjero y la intervención del órgano judicial en su prueba puede trascender de la mera valoración de la prueba de un hecho alegado por la parte en apoyo de sus pretensiones" (STC 17-1-2000). Por su parte el Tribunal Supremo declara que "si el Juzgador, con la aportación de las partes no se considera suficientemente ilustrado, debe y puede actuar de oficio e investigar la norma aplicable" (S. 3-3-97).»

4) STS, Sala Primera, de lo Civil, núm. 233/2012, de 20 de abril de 2012. Pte.: Encarnación Roca; rec. 2099/2010 (LA LEY 56725/2012)

— Denegación de la prueba.

«"(...) en **ningún caso** *podrá considerarse menoscabado este derecho cuando la inadmisión de una prueba se haya producido debidamente,* *como sucede en este caso, en aplicación estricta de normas legales, cuya legitimidad constitucional no pueda ponerse en duda".*

En este caso, la denegación de la prueba en la segunda instancia debe considerarse correcta porque las pruebas pedidas en primera instancia y no practicadas por causa no imputable a quien las solicitó (Art. 460, 2, 2 LEC) no son definitivas para determinar la extinción de la pensión compensatoria, de acuerdo con lo establecido en el art. 101 CC, porque la prueba debía referirse a la fijación de la causa que motivó la pensión y no la constituye la prueba de los ingresos del marido deudor. En definitiva, no se trataba de discutir si había o no participación en los ingresos, sino si había desequilibrio. Tal como se argumentará en el examen del recurso de casación, la pensión que aquí se discute no era en puridad una pensión compensatoria, porque tiene que ver con la liquidación de los bienes gananciales, por lo que la prueba pedida no hubiera añadido ningún elemento nuevo que permitiera la alteración del resultado probatorio, en cuyo caso sí hubiera producido indefensión.»

5) Sentencia de la AP Madrid, Sec. 22.ª, de 19-10-2012, rec. 1364/2011. Pte.: Hernández Hernández, Rosario (LA LEY 179821/2012)

— Carga de la prueba.

«La progenitora recurrente, en quien recae el *onus probandi* o carga de la prueba (art. 217 de la LEC), no acredita de manera rigurosa y seria alteración de circunstancias que justifiquen un cambio en la alternativa de guarda del menor.»

6) Sentencia de la AP Madrid, Sec. 25.ª, de 11-5-2012, rec. 502/2011. Pte.: Delgado Rodríguez, Fernando (LA LEY 65408/2012)

— Valor probatorio de las grabaciones.

«Por lo tanto, en primer lugar, y respecto de las conversaciones grabadas por la demandante no pueden considerarse como ilegalmente obtenidas, desde el momento en el que penalmente los hechos no tiene relevancia alguna al haberse declarado por el TS. que la grabación y posterior divulgación de una conversación por uno de los contertulios no atenta a la intimidad de las personas, en consecuencia no hay ilicitud, y civilmente tampoco atenta al derecho al honor o intimidad personal tal acción; ahora bien, el hecho de que no sea ilícita la conducta de la demandada, no implica que tal conversación pueda, ni deba producir plenos efectos probatorios de lo allí declarado, máxime cuando precisamente se ha practicado la prueba testifical de dicho contertulio; en tal sentido hay que considerar que la tal grabación no puede producir el efecto pretendido por la demandada, al manifestar que su contenido no es fiel reflejo de lo hablado con la demandada puesto que no recoge toda la conversación y que la misma fue realizada con engaño; evidentemente, no ya es que dicha prueba sea ilegal, sino que desde el momento en el que uno de los interlocutores niega la veracidad de la conversación, por lo menos en su globalidad, hay que llegar a la conclusión de que tal medio probatorio no puede producir el efecto pretendido y no es demostrativo, por si solo de la tesis adora; en definitiva, es preferible la prueba testifical practicada con todas las garantías procesales, a una prueba que aunque no se puede tachar de ilegal, lo que no puede negarse es que se haya obtenido clandestinamente. En consecuencia, la sentencia recurrida debe ser ajustada a dicha doctrina, considerando meramente indiciario el resultado de tales grabaciones, pudiendo prescindirse de su contenido, salvo en cuanto haya sido ratificado, o al menos no sea desmentido, mediante otros medios probatorios.»

VIII

LA PRUEBA DOCUMENTAL

SUMARIO:

1. IMPORTANCIA DE LA PRUEBA DOCUMENTAL
2. ADMISIÓN DE NUEVA DOCUMENTAL
3. DOCUMENTOS PÚBLICOS Y PRIVADOS
4. IMPUGNACIÓN DE LOS DOCUMENTOS
5. VALOR PROBATORIO DE LOS DOCUMENTOS
6. LEGISLACIÓN PROCESAL
7. JURISPRUDENCIA

1. IMPORTANCIA DE LA PRUEBA DOCUMENTAL

La prueba documental suele ser clave en la resolución de numerosos litigios, de ahí que rara vez exista pleito sin la aportación de documentos por alguna de las partes. En los procedimientos matrimoniales esta prueba adquiere una importancia especial.

Aquellos documentos innecesarios que se aportan con la demanda o con la contestación no podrán ser inadmitidos por el Juez, es decir, devueltos a la parte, sin perjuicio de su nula valoración a efectos probatorios. Así, nuestra legislación procesal establece que los Tribunales no pueden inadmitir documento alguno (ya sea original o fotocopia) aportado al proceso, pues ello atentaría al derecho a la obtención de tutela judicial, y la LEC tan solo confiere distinto valor probatorio dependiendo de la forma de aportación y su reconocimiento o impugnación, pero no permite su inadmisión cuando el documento se encuentra incorporado en los escritos alegatorios.

Conviene recordar que además de lo prevenido en el art. 265 LEC, de forma específica el art. 770 del mismo cuerpo legal obliga a presentar con la demanda de Separación, Divorcio y Nulidad la documental en la que intentemos fundamentar nuestro derecho; la falta de aportación, en unos casos, da lugar a la inadmisión de la demanda si requerida la parte no lo verifica en el plazo que se le indica y en otros que no se permita su aportación en momento posterior.

A las demandas de separación o divorcio deberán acompañarse la certificación del matrimonio y, en su caso, las de inscripción de nacimiento de los hijos en el Registro Civil así como los demás documentos en que el cónyuge funde su derecho. Si se solicitaran medidas de carácter patrimonial, el actor deberá aportar los documentos que permitan evaluar la situación económica de los cónyuges y, en su caso, de los hijos, tales como declaraciones tributarias, nóminas, certificaciones bancarias, títulos de propiedad o certificaciones registrales.

No obstante la literalidad del precepto anteriormente indicado hay Juzgados que admiten la demanda si a la misma se acompaña el **Libro de Familia**, en el que conste la existencia del matrimonio, asimilando dicha aportación a la certificación del matrimonio al no exigirse por la Ley que la misma sea literal.

2. ADMISIÓN DE NUEVA DOCUMENTAL

El art. 265.3 LEC permite la presentación de documentos relativos al fondo del asunto en un momento posterior al inicial, cuando su interés se haya puesto de manifiesto a consecuencia de alegaciones efectuadas por el demandado al contestar a la demanda o cuando nos encontremos en alguno de los supuestos que recoge el art. 270 LEC.

Cuando en el acto del juicio se pretenda la aportación de documentos, en primer lugar deberá ser valorada su admisión por el Juez: en caso de inadmisión, la parte a quien perjudique podrá recurrir en reposición, y formular posterior protesta en caso de desestimación o directamente formular protesta si no se admite la reposición (téngase en cuenta que algunos juzgados únicamente admiten la protesta). Si la nueva documental se admite, se dará traslado a la parte contraria para que se pronuncie acerca de su admisión, y pueda, en su caso, recurrir la resolución en reposición y una vez desestimado el recurso podrá la parte reconocer o impugnar el documento.

Para que el Juez pueda admitir cualquier documento es imprescindible que entre otros, cumpla con el requisito de la temporalidad, si no se cumple nos podemos encontrar que el documento tenga que admitirse porque se halla en alguno de los supuestos que contempla el art. 270 LEC, circunstancia que deberá acreditarse.

Si la vista o juicio ya se hubiere celebrado habrá de estarse a lo prevenido en el art. 271 de la LEC y, en consecuencia, solo se admitirá si cumple con el requisito que el punto 2 de dicho artículo establece.

Si se pretende de forma injustificada la aportación de un documento con posterioridad a los momentos procesales establecidos en la LEC, deberá de oficio o a instancia de parte, por medio de Providencia, inadmitirlo el Juez, mandando devolverlo a quien lo hubiere presentado (art. 272 LEC), resolución contra la que no cabe recurso alguno sin perjuicio de hacerse valer en la segunda instancia.

3. DOCUMENTOS PÚBLICOS Y PRIVADOS

La ley procesal nos diferencia los documentos públicos de los privados y dice que los primeros son, única y exclusivamente, los enumerados en el art. 317 LEC. Respecto a los documentos que denomina judiciales podemos señalar los siguientes: las Providencias, los Autos y las Sentencias (arts. 206 LEC y 245 LOPJ), además de los Decretos y las Diligencias del Secretario, ya sean de constancia, de ordenación, comunicación o ejecución (art. 280.2 LOPJ).

El segundo apartado del art. 317 LEC se refiere a los documentos notariales (instrumentos públicos), que, de acuerdo con el art. 144 del Reglamento Notarial (RN), son las escrituras públicas, las actas y, en general, todo documento que autorice el notario. Debemos tener en cuenta que, respecto a este tipo de documentos (los notariales), su aportación a los autos será suficiente mediante copia simple (lo más rápido y económico de obtener en una notaría, siempre que estemos legitimados para solicitarla, claro está), ello sin perjuicio de que pueda ser objeto de impugnación por la parte contraria, previniendo esta posibilidad, lo correcto será dejar citado en las actuaciones el número de protocolo y el nombre del notario autorizante para poder cotejar la copia o solicitar, en su caso, una copia auténtica (firmada y rubricada por el notario y, además, con el sello de la notaría).

Por exclusión, todos aquellos documentos que no se encuentren contenidos en el citado art. 317 LEC tendrán la consideración, a efectos procesales, de documentos privados.

4. IMPUGNACIÓN DE LOS DOCUMENTOS

Serán objeto de impugnación aquellos documentos a los que consideremos no «auténticos», es decir, cuando pueda existir discordancia entre la realidad y la apariencia: cuando dudemos de que sea verdadero o falso, cuestión que nunca debe confundirse con el valor probatorio que podamos otorgarle.

Públicos: Así, la impugnación (por su autenticidad) de un documento público no es jurídicamente posible, lo único que se puede alegar es su falsedad, lo que requerirá el cotejo con su original donde quiera que se encuentren (matriz o ratificación del funcionario que lo otorgó, lo cual podrá derivar, en su caso, en un proceso prejudicial penal).

En la práctica forense, cuando un documento público es objeto de «impugnación» provoca la apertura del trámite de cotejo previsto en el art. 320 de la LEC. La comprobación de la autenticidad del documento será llevada a cabo por la comisión judicial, encabezada por el Secretario judicial, quien se personará en el lugar en el que se halle el archivo o local donde se halle el original o matriz, con citación de las partes.

El art. 322 de la LEC excepciona de su cotejo las escrituras públicas antiguas que carezcan de protocolo y todas aquellas cuyo protocolo o matriz hubiese desaparecido y sea imposible su cotejo. El apartado 3.º del art. 320 del mismo texto legal es imperativo y actúa de forma automática, de tal modo que el impugnante de cualquier documento que resulte auténtico deberá correr con todos los ***gastos que haya provocado su***

cotejo. Además, si a juicio del Tribunal se considera la existencia de temeridad en su impugnación, al impugnante le podrá ser impuesta la multa correspondiente; dicha sanción intenta evitar la mala fe procesal, es decir, el retraso injustificado y la impugnación automática y «temeraria» de todo tipo de documentos, lo que implica graves consecuencias económicas y temporales para la parte que la sufre, que no tiene por qué asumirlas si se prueba que estas han sido planteadas de forma injustificada.

Por consiguiente, observamos una norma específica relativa a las costas y la posibilidad de imponer una multa al que impugna temerariamente, lo que implica que el legislador ha querido establecer normas disuasorias de la impugnación; por ese motivo la impugnación de la autenticidad de un documento ha pasado de ser una práctica rutinaria con la antigua LEC a un hecho absolutamente excepcional.

De igual manera, los documentos públicos ***extranjeros*** "a efectos procesales" se considerarán documentos públicos a los que en virtud de tratados o convenios internacionales o de leyes especiales, haya de atribuírseles la fuerza probatoria prevista en el art. 319 LEC o cuando no sea aplicable ningún tratado o convenio internacional ni ley especial, tendrán la consideración de públicos cuando reúnan dos requisitos:

a) que en el otorgamiento o confección del documento se hayan observado los requisitos legales que se exijan en el país donde se hayan otorgado para que el documento pueda ser así considerado;

b) que el documento contenga la legalización o apostilla y los demás requisitos necesarios para su autenticidad en España, bien entendido que deberá aportarse al proceso traducido al español o a la lengua oficial de la Comunidad Autónoma, por mandato del art. 144.1 de la LEC.

En los **procesos de Familia** si se trata de documentos aportados con la demanda, la impugnación, en su caso, deberá efectuarse en la contestación, sin perjuicio de que deba ser reiterada de nuevo en el acto de la vista. Si se aportan en el acto del juicio habrán de ser impugnados en ese momento procesal. Los aportados con la contestación se impugnarán necesariamente, en su caso, en la vista.

Ante la impugnación de contrario, el proponente del documento podrá, interesar en el acto de la vista prueba acerca de su autenticidad (cotejo u otro medio de prueba) y de no poderse practicar en el acto, se solicitará poder aportar dichas pruebas en una sesión posterior. En este caso, por lo general, el Juez deberá *interrumpir la vista* y señalar, lo más cerca posible, su continuación; ello si se ha impugnado un documento privado, ya que si el documento es público el cotejo se acuerda de oficio por el Juez conforme al art. 320 LEC, al que ya hemos hecho referencia (que por cierto en su punto 2.º sigue refiriéndose a «corredores de comercio» cuando hace ya años que estos no existen y son ahora notarios).

A tenor de lo previsto en el art. 326.2 y 350.4 de la LEC, cuando no se consiga probar la autenticidad del documento o no hubiese documentos indubitados y fuese imposible el cotejo con un cuerpo de escritura por fallecimiento o ausencia de quien debiera formarlo, el Tribunal apreciará el valor del documento conforme a las reglas de la sana crítica. Si el requerido a formar cuerpo de escritura se negare, el documento impugnado se considerará reconocido (art. 350.3 LEC).

La prueba de *exhibición de documentos* deberá solicitarse solo cuando la parte no pueda disponer al presentar la demanda o la contestación de los documentos, medios o instrumentos a los que se refiere el art. 770.1, 777.2 y 265, 1.2 y 3 LEC, entendiendo que si lo que se pretende aportar al proceso se encuentra en un archivo, protocolo, expediente o registro del que se puedan pedir y obtener copias fehacientes, se entenderá que las partes disponen de ellos y deberá acompañarse a la demanda o en su caso contestación sin que pueda limitarse a efectuar la designación del archivo, protocolo o lugar en que se encuentren, pues no olvidemos que el juzgado no es nuestra «gestoría». Frente a la resolución judicial (Auto) que se adopte acerca de la exhibición cabe interponer recurso de reposición (art. 285 LEC) y posterior protesta en caso de desestimación.

5. VALOR PROBATORIO DE LOS DOCUMENTOS

Públicos: a efectos probatorios la jurisprudencia y la doctrina coinciden en que la intervención del fedatario público (notario u otro funcionario que tenga la potestad de dar fe) garantiza la autenticidad del mismo. Ahora bien, debemos tener en cuenta que esa «autenticidad» no se refiere al contenido de todo el documento sino a las manifestaciones de los comparecientes y a la fecha en que las realizaron. Obviamente, la autenticidad no puede alcanzar a su veracidad intrínseca ni a la intención o propósito que guió a los intervinientes a otorgar el documento, ni al contenido del negocio que se realiza; es decir, una cosa es la veracidad de lo que se ha declarado en dicho documento y otra muy distinta que sea verdad real lo que se ha hecho constar, aspecto este que no queda protegido por la fe pública notarial.

No todos los documentos públicos vinculan al juzgador en cuanto a otorgar a su contenido una eficacia plena ni pueden considerarse que sean prueba tasada ni que hagan prueba frente a terceros (ya que ello dependerá de su inscripción en el Registro de la Propiedad), pues siempre el órgano jurisdiccional podrá, conforme a las reglas que impone la sana crítica y a la valoración conjunta y objetiva de la prueba, valorar su resultado y llegar a una conclusión distinta de la que deriva del propio documento, aunque este no haya sido impugnado. La única consecuencia de otorgarle un valor probatorio nulo o contrario a lo que contiene dicho documento es que el Juez deberá razonar y justificar con mayor ahínco su resolución.

Privados: respecto de los documentos privados debemos diferenciar aquellos que contienen una declaración de voluntad de una de las partes (unilateral) o de ambas partes (bilateral) de los que contienen una declaración de conocimiento, bien de la parte (confesorio) o de terceros (testimoniales).

Después de la entrada en vigor de la nueva Ley procesal, el art. 268 LEC permite que la simple copia tenga los mismos efectos probatorios que el original siempre que la coincidencia entre ambos no sea cuestionada por los litigantes. Y además el art. 334 LEC expresamente admite el valor probatorio de las fotocopias, a las que denomina «copias reprográficas».

Corresponde a quien aporta el documento privado proponer prueba de la autenticidad si la contraparte la cuestiona (art. 326.2 LEC).

Existe una cuestión en la que no hay unanimidad entre la doctrina, y es la *disconformidad con el valor probatorio* que la parte otorga al documento y si esta se debe hacer constar por vía de pronunciamiento sobre los documentos en la vista o bien es en las conclusiones el momento en el que debe reseñarse. En nuestra opinión, podemos realizarlo en las dos fases: en el acto del juicio, simplemente «anunciando» nuestra disconformidad con el valor probatorio que le otorga la otra parte, y además en las conclusiones, aportando la fundamentación jurídica del porqué le negamos el valor probatorio pretendido de contrario.

Venimos haciendo mucho hincapié en que la no impugnación de la autoría de un documento hace prueba plena, según el art. 326. LEC, de su autenticidad formal, pero no presupone conformidad con el contenido material del documento. Así, como hemos señalado anteriormente, al posicionarnos sobre los documentos aportados de contrario podemos hacer constar que lo que se impugna es su contenido, su eficacia, en definitiva su valor probatorio, aunque la palabra «impugnar» es preferible usarla solo para cuestionar la autenticidad, y para el resto es mejor decir: «No se reconoce el valor probatorio de...».

No obstante lo anterior, en los **procesos matrimoniales,** en las materias respecto de las que el Tribunal pueda pronunciarse de oficio no está vinculado por las disposiciones legales en materia de fuerza probatoria del interrogatorio de las partes ni de los documentos públicos y privados reconocidos (art. 752 LEC) sí respecto de las materias sobre las que las partes pueden disponer libremente.

Rige, por tanto, en los procesos matrimoniales el principio de libre valoración de la prueba no siendo de aplicación los efectos previstos en las disposiciones generales de la Ley.

6. LEGISLACIÓN PROCESAL

— **LEC:** arts. 752, 770.1, 771,3, 777.1 y 2

Artículo 752. *Prueba.*

1. Los procesos a que se refiere este Título se decidirán con arreglo a los hechos que hayan sido objeto de debate y resulten probados, con independencia del momento en que hubieren sido alegados o introducidos de otra manera en el procedimiento.

Sin perjuicio de las pruebas que se practiquen a instancia del Ministerio Fiscal y de las demás partes, el Tribunal podrá decretar de oficio cuantas estime pertinentes.

2. La conformidad de las partes sobre los hechos no vinculará al Tribunal, ni podrá éste decidir la cuestión litigiosa basándose exclusivamente en dicha conformidad o en el silencio o respuestas evasivas sobre los hechos alegados por la parte contraria. Tampoco estará el Tribunal vinculado, en los procesos a que se refiere este título, a las disposiciones de esta Ley en materia de fuerza probatoria del interrogatorio de las partes, de los documentos públicos y de los documentos privados reconocidos.

3. Lo dispuesto en los apartados anteriores será aplicable asimismo a la segunda instancia.

4. Respecto de las pretensiones que se formulen en los procesos a que se refieren este título, y que tengan por objeto materias sobre las que las partes pueden disponer libremente según la legislación civil aplicable, no serán de aplicación las especialidades contenidas en los apartados anteriores.

(...)

Artículo 770. *Procedimiento.*

Las demandas de separación y divorcio, salvo las previstas en el art. 777, las de nulidad del matrimonio y las demás que se formulen al amparo del título IV del libro I del Código Civil, se sustanciarán por los trámites del juicio verbal, conforme a lo establecido en el capítulo I de este título, y con sujeción, además, a las siguientes reglas:

1.ª A la demanda deberá acompañarse la certificación de la inscripción del matrimonio y, en su caso, las de inscripción de nacimiento de los hijos en el Registro Civil, así como los documentos en que el cónyuge funde su derecho. Si se solicitaran medidas de carácter patrimonial, el actor deberá aportar los documentos de que disponga que permitan evaluar la situación económica de los cónyuges y, en su caso, de los hijos, tales como declaraciones tributarias, nóminas, certificaciones bancarias, títulos de propiedad o certificaciones registrales.

(...)

Artículo 771. *Medidas provisionales previas a la demanda de nulidad, separación o divorcio. Solicitud, comparecencia y resolución.*

(...)

3. En el acto de la comparecencia a que se refiere el apartado anterior, si no hubiere acuerdo de los cónyuges sobre las medidas a adoptar o si dicho acuerdo, oído, en su caso, el Ministerio Fiscal, no fuera aprobado en todo o en parte por el Tribunal, se oirán las alegaciones de los concurrentes y se practicará la prueba que éstos propongan y que no sea inútil o impertinente, así como la que el Tribunal acuerde de oficio. Si alguna prueba no pudiera practicarse en la comparecencia, el Secretario judicial señalará fecha para su práctica, en unidad de acto, dentro de los diez días siguientes.

La falta de asistencia, sin causa justificada, de alguno de los cónyuges a la comparecencia podrá determinar que se consideren admitidos los hechos alegados por el cónyuge presente para fundamentar sus peticiones sobre medidas provisionales de carácter patrimonial.

(...)

Artículo 777. *Separación o divorcio solicitados de mutuo acuerdo o por uno de los cónyuges con el consentimiento del otro.*

1. Las peticiones de separación o divorcio presentadas de común acuerdo por ambos cónyuges o por uno con el consentimiento del otro se tramitarán por el procedimiento establecido en el presente artículo.

2. Al escrito por el que se promueva el procedimiento deberá acompañarse la certificación de la inscripción del matrimonio y, en su caso, las de inscripción de nacimiento de los hijos en el Registro Civil, así como la propuesta de convenio regulador conforme a lo establecido en la legislación civil y el documento o documentos en que el cónyuge o cónyuges funden su derecho, incluyendo, en su caso, el acuerdo final alcanzado en el procedimiento de mediación familiar. Si algún hecho relevante no pudiera ser probado mediante documentos, en el mismo escrito se propondrá la prueba de que los cónyuges quieran valerse para acreditarlo.

(...)

— **LEC:** arts. 264 a 280 y 317 a 334.

CAPÍTULO III

De la presentación de documentos, dictámenes, informes y otros medios e instrumentos

Artículo 264. *Documentos procesales.*

Con la demanda, la contestación o, en su caso, al comparecer a la vista de juicio verbal, habrán de presentarse:

1.º El poder notarial conferido al Procurador siempre que éste intervenga y la representación no se otorgue *apud acta*.

2.º Los documentos que acrediten la representación que el litigante se atribuya.

3.º Los documentos o dictámenes que acrediten el valor de la cosa litigiosa, a efectos de competencia y procedimiento.

Artículo 265. *Documentos y otros escritos y objetos relativos al fondo del asunto.*

1. A toda demanda o contestación habrán de acompañarse:

1.º Los documentos en que las partes funden su derecho a la tutela judicial que pretenden.

2.º Los medios e instrumentos a que se refiere el apartado 2 del art. 299, si en ellos se fundaran las pretensiones de tutela formuladas por las partes.

3.º Las certificaciones y notas sobre cualesquiera asientos registrales o sobre el contenido de libros registro, actuaciones o expedientes de cualquier clase.

4.º Los dictámenes periciales en que las partes apoyen sus pretensiones, sin perjuicio de lo dispuesto en los arts. 337 y 339 de esta Ley. En el caso de que alguna de las partes sea titular del derecho de asistencia jurídica gratuita no tendrá que aportar con la demanda o con la contestación el dictamen, sino simplemente anunciarlo de acuerdo con lo que prevé el apartado 1 del art. 339.

5.º Los informes, elaborados por profesionales de la investigación privada legalmente habilitados, sobre hechos relevantes en que aquéllas apoyen sus pretensiones. Sobre estos hechos, si no fueren reconocidos como ciertos, se practicará prueba testifical.

2. Sólo cuando las partes, al presentar su demanda o contestación, no puedan disponer de los documentos, medios e instrumentos a que se refieren los tres primeros números del apartado anterior, podrán designar el archivo, protocolo o lugar en que se encuentren, o el registro, libro registro, actuaciones o expediente del que se pretenda obtener una certificación.

Si lo que pretenda aportarse al proceso se encontrara en archivo, protocolo, expediente o registro del que se puedan pedir y obtener copias fehacientes, se entenderá que el actor dispone de ello y deberá acompañarlo a la demanda, sin que pueda limitarse a efectuar la designación a que se refiere el párrafo anterior.

3. No obstante lo dispuesto en los apartados anteriores, el actor podrá presentar en la audiencia previa al juicio los documentos, medios, instrumentos, dictámenes e informes, relativos al fondo del asunto, cuyo interés o relevancia solo se ponga de manifiesto a consecuencia de alegaciones efectuadas por el demandado en la contestación a la demanda.

4. En los juicios verbales, el demandado aportará los documentos, medios, instrumentos, dictámenes e informes a que se refiere el apartado 1 en el acto de la vista.

Artículo 266. *Documentos exigidos en casos especiales.*

Se habrán de acompañar a la demanda:

1.º Las certificaciones y testimonios que acrediten haber terminado el proceso y haberse en él reclamado o recurrido cuando se interponga demanda de responsabilidad civil contra Jueces y Magistrados por daños y perjuicios causados en el ejercicio de sus funciones, con dolo, culpa o ignorancia inexcusable.

2.º Los documentos que justifiquen cumplidamente el título en cuya virtud se piden alimentos, cuando éste sea el objeto de la demanda.

3.º Los documentos que constituyan un principio de prueba del título en que se funden las demandas de retracto y, cuando la consignación del precio se exija por ley o por contrato, el documento que acredite haber consignado, si fuere conocido, el precio de la cosa objeto de retracto o haberse constituido caución que garantice la consignación en cuanto el precio se conociere.

4.º El documento en que conste fehacientemente la sucesión *mortis causa* en favor del demandante, así como la relación de los testigos que puedan declarar sobre la ausencia de poseedor a título de dueño o usufructuario, cuando se pretenda que el Tribunal ponga al demandante en posesión de unos bienes que se afirme haber adquirido en virtud de aquella sucesión.

5.º Aquellos otros documentos que esta u otra Ley exija expresamente para la admisión de la demanda.

Artículo 267. *Forma de presentación de los documentos públicos.*

Cuando sean públicos los documentos que hayan de aportarse conforme a lo dispuesto en el art. 265, podrán presentarse por copia simple, ya sea en soporte papel o, en su caso, en soporte electrónico a través de imagen digitalizada incorporada como anexo que habrá de ir firmado mediante firma electrónica reconocida y, si se impugnara su autenticidad, podrá llevarse a los autos original, copia o certificación del documento con los requisitos necesarios para que surta sus efectos probatorios.

Artículo 268. *Forma de presentación de los documentos privados.*

1. Los documentos privados que hayan de aportarse se presentarán en original o mediante copia autenticada por el fedatario público competente y se unirán a los autos o se dejará testimonio de ellos, con devolución de los originales o copias fehacientes presentadas, si así lo solicitan los interesados. Estos documentos podrán ser también presentados mediante imágenes digitalizadas, incorporadas a anexos firmados electrónicamente.

2. Si la parte solo posee copia simple del documento privado, podrá presentar ésta, ya sea en soporte papel o mediante imagen digitalizada en la forma descrita en el apartado anterior, que surtirá los mismos efectos que el original, siempre que la conformidad de aquélla con éste no sea cuestionada por cualquiera de las demás partes.

3. En el caso de que el original del documento privado se encuentre en un expediente, protocolo, archivo o registro público, se presentará

copia auténtica o se designará el archivo, protocolo o registro, según lo dispuesto en el apartado 2 del art. 265.

Artículo 269. *Consecuencias de la falta de presentación inicial. Casos especiales.*

1. Cuando con la demanda, la contestación o, en su caso, en la audiencia previa al juicio, no se presentara alguno de los documentos, medios, instrumentos, dictámenes e informes que, según los preceptos de esta Ley, han de aportarse en esos momentos o no se designara el lugar en que el documento se encuentre, si no se dispusiese de él, no podrá ya la parte presentar el documento posteriormente, ni solicitar que se traiga a los autos, excepto en los casos previstos en el artículo siguiente.

2. No se admitirán las demandas a las que no se acompañen los documentos a que se refiere el art. 266.

Artículo 270. *Presentación de documentos en momento no inicial del proceso.*

1. El Tribunal después de la demanda y la contestación, o, cuando proceda, de la audiencia previa al juicio, solo admitirá al actor o al demandado los documentos, medios e instrumentos relativos al fondo del asunto cuando se hallen en alguno de los casos siguientes:

1.º Ser de fecha posterior a la demanda o a la contestación o, en su caso, a la audiencia previa al juicio, siempre que no se hubiesen podido confeccionar ni obtener con anterioridad a dichos momentos procesales.

2.º Tratarse de documentos, medios o instrumentos anteriores a la demanda o contestación o, en su caso, a la audiencia previa al juicio, cuando la parte que los presente justifique no haber tenido antes conocimiento de su existencia.

3.º No haber sido posible obtener con anterioridad los documentos, medios o instrumentos, por causas que no sean imputables a la parte, siempre que haya hecho oportunamente la designación a que se refiere el apartado 2 del art. 265, o en su caso, el anuncio al que se refiere el número 4.º del apartado primero del art. 265 de la presente Ley.

2. Cuando un documento, medio o instrumento sobre hechos relativos al fondo del asunto, se presentase una vez precluidos los actos a que se refiere el apartado anterior, las demás partes podrán alegar en el juicio o en la vista la improcedencia de tomarlo en consideración, por no encontrarse en ninguno de los casos a que se refiere el apartado anterior. El Tribunal resolverá en el acto y, si apreciare ánimo dilatorio o mala fe procesal en la presentación del documento, podrá, además, imponer al responsable una multa de 180 a 1.200 euros.

Artículo 271. *Preclusión definitiva de la presentación y excepciones a la regla.*

1. No se admitirá a las partes ningún documento, instrumento, medio, informe o dictamen que se presente después de la vista o juicio, sin perjuicio de lo previsto en la regla tercera del art. 435, sobre diligencias finales en el juicio ordinario.

2. Se exceptúan de lo dispuesto en el apartado anterior, las sentencias o resoluciones judiciales o de autoridad administrativa, dictadas o notificadas en fecha no anterior al momento de formular las conclusiones, siempre que pudieran resultar condicionantes o decisivas para resolver en primera instancia o en cualquier recurso.

Estas resoluciones se podrán presentar incluso dentro del plazo previsto para dictar sentencia, dándose traslado por diligencia de ordenación a las demás partes, para que, en el plazo común de cinco días, puedan alegar y pedir lo que estimen conveniente, con suspensión del plazo para dictar sentencia.

El Tribunal resolverá sobre la admisión y alcance del documento en la misma sentencia.

Artículo 272. *Inadmisión de documento presentado injustificadamente en momento no inicial del proceso.*

Cuando se presente un documento con posterioridad a los momentos procesales establecidos en esta Ley, según los distintos casos y circunstancias, el Tribunal, por medio de providencia, lo inadmitirá, de oficio o a instancia de parte, mandando devolverlo a quien lo hubiere presentado.

Contra la resolución que acuerde la inadmisión no cabrá recurso alguno, sin perjuicio de hacerse valer en la segunda instancia.

CAPÍTULO IV

De las copias de los escritos y documentos y su traslado

Artículo 273. *Presentación de copias de escritos y documentos.*

De todo escrito y de cualquier documento que se aporte o presente en los juicios se acompañarán tantas copias literales cuantas sean las otras partes.

Artículo 274. *Traslado por el Tribunal de las copias a las otras partes interesadas, cuando no intervengan Procuradores.*

Cuando las partes no actúen representadas por Procurador, firmarán las copias de los escritos y documentos que presenten, respondiendo de su exactitud, y dichas copias se entregarán por el Secretario Judicial a la parte o partes contrarias.

La presentación y el traslado de las copias podrán realizarse por los medios y con el resguardo acreditativo de su recepción a que se refiere el apartado 5 del art. 135 de esta Ley, cuando se cumplan los presupuestos y requisitos que establece.

Artículo 275. *Efectos de la no presentación de copias.*

En los casos a que se refiere el artículo anterior, la omisión de la presentación de copias de los escritos y documentos no será motivo para dejar de admitir unos y otros.

Dicha omisión se hará notar por el Secretario judicial a la parte, que habrá de subsanarla en el plazo de cinco días. Cuando la omisión no se remediare dentro de dicho plazo, el Secretario judicial expedirá las copias de los escritos y documentos a costa de la parte que hubiese dejado de presentarlas, salvo que se trate de los escritos de demanda o contestación, o de los documentos que deban acompañarles, en cuyo caso se tendrán aquéllos por no presentados o éstos por no aportados, a todos los efectos.

Artículo 276. *Traslado de copias de escritos y documentos cuando intervenga Procurador. Traslado por el Secretario Judicial del escrito de demanda y análogos.*

1. Cuando las partes estuvieren representadas por Procurador, cada uno de éstos deberá trasladar con carácter previo a los Procuradores de las restantes partes las copias de los escritos y documentos que vaya a presentar al Tribunal.

2. El Procurador efectuará el traslado entregando al servicio de recepción de notificaciones a que alude el apartado 3 del art. 28, la copia o copias de los escritos y documentos, que irán destinadas a los Procuradores de las restantes partes y litisconsortes. El encargado del servicio recibirá las copias presentadas, que fechará y sellará, debiendo además entregar al presentante un justificante de que se ha realizado el traslado. Dicho justificante deberá entregarse junto con los escritos y documentos que se presenten al Tribunal.

Cuando se utilicen los medios técnicos a que se refieren los apartados 5 y 6 del art. 135 de esta ley, el traslado de copias se hará de forma simultánea a la presentación telemática del escrito y documentos de que se trate y se entenderá efectuado en la fecha y hora que conste en el resguardo acreditativo de su presentación. En caso de que el traslado tenga lugar en día y hora inhábil a efectos procesales conforme a la ley se entenderá efectuado el primer día y hora hábil siguiente.

3. Lo dispuesto en los apartados anteriores de este artículo no será de aplicación cuando se trate del traslado de la demanda o de cualquier otro escrito que pueda originar la primera comparecencia en juicio. En tales casos, el Procurador habrá de acompañar copias de dichos escritos y de los documentos que a ellos se acompañen y el Secretario Judicial efectuará el traslado conforme a lo dispuesto en los arts. 273 y 274 de esta Ley. Si el Procurador omitiere la presentación de estas copias, se tendrá a los escritos por no presentados o a los documentos por no aportados, a todos los efectos.

Artículo 277. *Efectos de la omisión del traslado mediante Procurador.*

Cuando sean de aplicación los dos primeros apartados del artículo anterior el Secretario judicial no admitirá la presentación de escritos y documentos si no consta que se ha realizado el traslado de las copias correspondientes a las demás partes personadas.

Artículo 278. *Efectos del traslado respecto del curso y cómputo de plazos.*

Cuando el acto del que se haya dado traslado en la forma establecida en el art. 276 determine, según la ley, la apertura de un plazo para llevar a cabo una actuación procesal, el plazo comenzará su curso sin intervención del Tribunal y deberá computarse desde el día siguiente al de la fecha que se haya hecho constar en las copias entregadas o al de la fecha en que se entienda efectuado el traslado cuando se utilicen los medios técnicos a que se refieren los apartados 5 y 6 del art. 135 de esta Ley.

Artículo 279. *Función de las copias.*

1. Las pretensiones de las partes se deducirán en vista de las copias de los escritos, de los documentos y de las resoluciones del Tribunal o Secretario judicial, que cada litigante habrá de conservar en su poder.

2. No se entregarán a las partes los autos originales, sin perjuicio de que puedan obtener, a su costa, copias de algún escrito o documento.

Artículo 280. *Denuncia de inexactitud de una copia y efectos.*

Si se denunciare que la copia entregada a un litigante no se corresponde con el original, el Tribunal, oídas las demás partes, declarará la nulidad de lo actuado a partir de la entrega de la copia si su inexactitud hubiera podido afectar a la defensa de la parte, sin perjuicio de la responsabilidad en que incurra quien presentare la copia inexacta.

El Tribunal, al declarar la nulidad, dispondrá la entrega de copia conforme al original, a los efectos que procedan en cada caso.

(...)

SECCIÓN 2.ª

DE LOS DOCUMENTOS PÚBLICOS

Artículo 317. *Clases de documentos públicos.*

A efectos de prueba en el proceso, se consideran documentos públicos:

1.º Las resoluciones y diligencias de actuaciones judiciales de toda especie y los testimonios que de las mismas expidan los Secretarios Judiciales.

2.º Los autorizados por notario con arreglo a derecho.

3.º Los intervenidos por Corredores de Comercio Colegiados y las certificaciones de las operaciones en que hubiesen intervenido, expedidas por ellos con referencia al Libro Registro que deben llevar conforme a derecho.

4.º Las certificaciones que expidan los Registradores de la Propiedad y Mercantiles de los asientos registrales.

5.º Los expedidos por funcionarios públicos legalmente facultados para dar fe en lo que se refiere al ejercicio de sus funciones.

6.º Los que, con referencia a archivos y registros de órganos del Estado, de las Administraciones públicas o de otras entidades de Derecho público, sean expedidos por funcionarios facultados para dar fe de disposiciones y actuaciones de aquellos órganos, Administraciones o entidades.

Artículo 318. *Modo de producción de la prueba por documentos públicos.*

Los documentos públicos tendrán la fuerza probatoria establecida en el art. 319 si se aportaren al proceso en original o por copia o certificación fehaciente, ya sean presentadas éstos en soporte papel o mediante documento electrónico, o si, habiendo sido aportado por copia simple, en soporte papel o imagen digitalizada, conforme a lo previsto en el art. 267, no se hubiere impugnado su autenticidad.

Artículo 319. *Fuerza probatoria de los documentos públicos.*

1. Con los requisitos y en los casos de los artículos siguientes, los documentos públicos comprendidos en los números 1.º a 6.º del art. 317 harán prueba plena del hecho, acto o estado de cosas que documenten, de la fecha en que se produce esa documentación y de la identidad de los fedatarios y demás personas que, en su caso, intervengan en ella.

2. La fuerza probatoria de los documentos administrativos no comprendidos en los números 5.º y 6.º del art. 317 a los que las leyes otorguen el

carácter de públicos, será la que establezcan las leyes que les reconozca tal carácter. En defecto de disposición expresa en tales leyes, los hechos, actos o estados de cosas que consten en los referidos documentos se tendrán por ciertos, a los efectos de la sentencia que se dicte, salvo que otros medios de prueba desvirtúen la certeza de lo documentado.

3. En materia de usura, los Tribunales resolverán en cada caso formando libremente su convicción sin vinculación a lo establecido en el apartado primero de este artículo.

Artículo 320. *Impugnación del valor probatorio del documento público. Cotejo o comprobación.*

1. Si se impugnase la autenticidad de un documento público, para que pueda hacer prueba plena se procederá de la forma siguiente:

1.º Las copias, certificaciones o testimonios fehacientes se cotejarán o comprobarán con los originales, dondequiera que se encuentren.

2.º Las pólizas intervenidas por corredor de comercio colegiado se comprobarán con los asientos de su Libro Registro.

2. El cotejo o comprobación de los documentos públicos con sus originales se practicará por el Secretario Judicial, constituyéndose al efecto en el archivo o local donde se halle el original o matriz, a presencia, si concurrieren, de las partes y de sus defensores, que serán citados al efecto.

3. Cuando de un cotejo o comprobación resulte la autenticidad o exactitud de la copia o testimonio impugnados, las costas, gastos y derechos que origine el cotejo o comprobación serán exclusivamente de cargo de quien hubiese formulado la impugnación. Si, a juicio del Tribunal, la impugnación hubiese sido temeraria, podrá imponerle, además, una multa de 120 a 600 euros.

Artículo 321. *Testimonio o certificación incompletos.*

El testimonio o certificación fehacientes de solo una parte de un documento no hará prueba plena mientras no se complete con las adiciones que solicite el litigante a quien pueda perjudicarle.

Artículo 322. *Documentos públicos no susceptibles de cotejo o comprobación.*

1. Harán prueba plena en juicio, sin necesidad de comprobación o cotejo y salvo prueba en contrario y la facultad de solicitar el cotejo de letras cuando sea posible:

1.º Las escrituras públicas antiguas que carezcan de protocolo y todas aquellas cuyo protocolo o matriz hubiese desaparecido.

2.º Cualquier otro documento público que, por su índole, carezca de original o registro con el que pueda cotejarse o comprobarse.

2. En los casos de desaparición del protocolo, la matriz o los expedientes originales, se estará a lo dispuesto en el art. 1221 del Código Civil.

Artículo 323. *Documentos públicos extranjeros.*

1. A efectos procesales, se considerarán documentos públicos los documentos extranjeros a los que, en virtud de tratados o convenios internacionales o de leyes especiales, haya de atribuírseles la fuerza probatoria prevista en el art. 319 de esta Ley.

2. Cuando no sea aplicable ningún tratado o convenio internacional ni ley especial, se considerarán documentos públicos los que reúnan los siguientes requisitos:

1.º Que en el otorgamiento o confección del documento se hayan observado los requisitos que se exijan en el país donde se hayan otorgado para que el documento haga prueba plena en juicio.

2.º Que el documento contenga la legalización o apostilla y los demás requisitos necesarios para su autenticidad en España.

3. Cuando los documentos extranjeros a que se refieren los apartados anteriores de este artículo incorporen declaraciones de voluntad, la existencia de éstas se tendrá por probada, pero su eficacia será la que determinen las normas españolas y extranjeras aplicables en materia de capacidad, objeto y forma de los negocios jurídicos.

SECCIÓN 3.ª

DE LOS DOCUMENTOS PRIVADOS

Artículo 324. *Clases de documentos privados.*

Se consideran documentos privados, a efectos de prueba en el proceso, aquellos que no se hallen en ninguno de los casos del art. 317.

Artículo 325. *Modo de producción de la prueba.*

Los documentos privados se presentarán del modo establecido en el art. 268 de esta Ley.

Artículo 326. *Fuerza probatoria de los documentos privados.*

1. Los documentos privados harán prueba plena en el proceso, en los términos del art. 319, cuando su autenticidad no sea impugnada por la parte a quien perjudiquen.

2. Cuando se impugnare la autenticidad de un documento privado, el que lo haya presentado podrá pedir el cotejo pericial de letras o proponer cualquier otro medio de prueba que resulte útil y pertinente al efecto.

Si del cotejo o de otro medio de prueba se desprendiere la autenticidad del documento, se procederá conforme a lo previsto en el apartado tercero del art. 320. Cuando no se pudiere deducir su autenticidad o no se hubiere propuesto prueba alguna, el Tribunal lo valorará conforme a las reglas de la sana crítica.

3. Cuando la parte a quien interese la eficacia de un documento electrónico lo pida o se impugne su autenticidad, se procederá con arreglo a lo establecido en el art. 3 de la Ley de Firma Electrónica.

Artículo 327. *Libros de los comerciantes.*

Cuando hayan de utilizarse como medio de prueba los libros de los comerciantes se estará a lo dispuesto en las leyes mercantiles. De manera motivada, y con carácter excepcional, el Tribunal podrá reclamar que se presenten ante él los libros o su soporte informático, siempre que se especifiquen los asientos que deben ser examinados.

SECCIÓN 4.ª

DE LAS DISPOSICIONES COMUNES A LAS DOS SECCIONES ANTERIORES

Artículo 328. *Deber de exhibición documental entre partes.*

1. Cada parte podrá solicitar de las demás la exhibición de documentos que no se hallen a disposición de ella y que se refieran al objeto del proceso o a la eficacia de los medios de prueba.

2. A la solicitud de exhibición deberá acompañarse copia simple del documento y, si no existiere o no se dispusiere de ella, se indicará en los términos más exactos posibles el contenido de aquél.

3. En los procesos seguidos por infracción de un derecho de propiedad industrial o de un derecho de propiedad intelectual, cometida a escala comercial, la solicitud de exhibición podrá extenderse, en particular, a los

documentos bancarios, financieros, comerciales o aduaneros producidos en un determinado período de tiempo y que se presuman en poder del demandado. La solicitud deberá acompañarse de un principio de prueba que podrá consistir en la presentación de una muestra de los ejemplares, mercancías o productos en los que se hubiere materializado la infracción. A instancia de cualquier interesado, el Tribunal podrá atribuir carácter reservado a las actuaciones, para garantizar la protección de los datos e información que tuvieran carácter confidencial.

Artículo 329. *Efectos de la negativa a la exhibición.*

1. En caso de negativa injustificada a la exhibición del artículo anterior, el Tribunal, tomando en consideración las restantes pruebas, podrá atribuir valor probatorio a la copia simple presentada por el solicitante de la exhibición o a la versión que del contenido del documento hubiese dado.

2. En el caso de negativa injustificada a que se refiere el apartado anterior, el Tribunal, en lugar de lo que en dicho apartado se dispone, podrá formular requerimiento, mediante providencia, para que los documentos cuya exhibición se solicitó sean aportados al proceso, cuando así lo aconsejen las características de dichos documentos, las restantes pruebas aportadas, el contenido de las pretensiones formuladas por la parte solicitante y lo alegado para fundamentarlas.

Artículo 330. *Exhibición de documentos por terceros.*

1. Salvo lo dispuesto en esta Ley en materia de diligencias preliminares, solo se requerirá a los terceros no litigantes la exhibición de documentos de su propiedad cuando, pedida por una de las partes, el Tribunal entienda que su conocimiento resulta trascendente a los fines de dictar sentencia.

En tales casos el Tribunal ordenará, mediante providencia, la comparecencia personal de aquel en cuyo poder se hallen y, tras oírle, resolverá lo procedente. Dicha resolución no será susceptible de recurso alguno, pero la parte a quien interese podrá reproducir su petición en la segunda instancia.

Cuando estuvieren dispuestos a exhibirlos voluntariamente, no se les obligará a que los presenten en la Oficina judicial, sino que, si así lo exigieren, irá el Secretario judicial a su domicilio para testimoniarlos.

2. A los efectos del apartado anterior, no se considerarán terceros los titulares de la relación jurídica controvertida o de las que sean causa de ella, aunque no figuren como partes en el juicio.

Artículo 331. *Testimonio de documentos exhibidos.*

Si la persona de la que se requiera la exhibición según lo dispuesto en los artículos anteriores no estuviere dispuesta a desprenderse del documento para su incorporación a los autos, se extenderá testimonio de éste por el Secretario Judicial en la sede del Tribunal, si así lo solicitare el exhibiente.

Artículo 332. *Deber de exhibición de entidades oficiales.*

1. Las dependencias del Estado, Comunidades Autónomas, provincias, Entidades locales y demás entidades de Derecho público no podrán negarse a expedir las certificaciones y testimonios que sean solicitados por los Tribunales ni oponerse a exhibir los documentos que obren en sus dependencias y archivos, excepto cuando se trate de documentación legalmente declarada o clasificada como de carácter reservado o secreto. En este caso, se dirigirá al Tribunal exposición razonada sobre dicho carácter.

2. Salvo que exista un especial deber legal de secreto o reserva, las entidades y empresas que realicen servicios públicos o estén encargadas de actividades del Estado, de las Comunidades Autónomas, de las provincias, de los municipios y demás Entidades locales, estarán también sujetas a la obligación de exhibición, así como a expedir certificaciones y testimonios, en los términos del apartado anterior.

Artículo 333. *Extracción de copias de documentos que no sean escritos.*

Cuando se trate de dibujos, fotografías, croquis, planos, mapas y otros documentos que no incorporen predominantemente textos escritos, si solo existiese el original, la parte podrá solicitar que en la exhibición se obtenga copia, a presencia del Secretario Judicial, que dará fe de ser fiel y exacta reproducción del original.

Artículo 334. *Valor probatorio de las copias reprográficas y cotejo.*

1. Si la parte a quien perjudique el documento presentado por copia reprográfica impugnare la exactitud de la reproducción, se cotejará con el original, si fuere posible y, no siendo así, se determinará su valor probatorio según las reglas de la sana crítica, teniendo en cuenta el resultado de las demás pruebas.

2. Lo dispuesto en el apartado anterior de este artículo también será de aplicación a los dibujos, fotografías, pinturas, croquis, planos, mapas y documentos semejantes.

3. El cotejo a que el presente artículo se refiere se verificará por el Secretario Judicial, salvo el derecho de las partes a proponer prueba pericial.

7. JURISPRUDENCIA

1) STS, Sala 1.ª, de 4-12-2012; rec. 691/2010. Pte.: Xiol Ríos, Juan Antonio (LA LEY 203466/2012)

— Regla especial sobre prueba.

«Constituye doctrina consolidada [SSTS de 2 de noviembre de 2011 (LA LEY 205982/2011), RC n.º 1003/2010; 5 de octubre de 2011 (LA LEY 186210/2011), RC n.º 185/2009; 13 de junio de 2011, RCIP n.º 1255/2009 y 25 de abril de 2011 (LA LEY 52197/2011), RC n.º 646/2008] que el art. 752 LEC es una norma especial en materia de prueba, que excepciona la aplicación de reglas generales sobre esta materia (como las recogidas en los arts. 271.1 LEC y 460 LEC) en los procedimientos sobre capacidad, filiación, matrimonio y menores, dada la naturaleza del objeto de estos procesos. En concreto, el art. 752.1 LEC contiene dos reglas sobre la prueba, de naturaleza diversa a las que rigen en los procesos generales: a) la posibilidad de alegar e introducir prueba a lo largo del procedimiento, y b) la posibilidad de que el Tribunal decrete de oficio cuantas pruebas estime pertinentes.»

2) Sentencia de la AP Albacete, Sec. 1.ª, de 29-2-2012, n.º 32/2012; rec. 272/2011. Pte.: Mateos Rodríguez, Manuel (LA LEY 21350/2012)

— Fuerza probatoria de los documentos.

La AP estima el recurso de apelación interpuesto por la esposa divorciada demandante, y en su virtud estima la demanda y procede la adición al activo, del inventario de la liquidación de la sociedad de gananciales de las partes, de las participaciones sociales de la entidad, de la que dicha sociedad de gananciales era titular y cuya inclusión se omitió en la liquidación practicada. El demandado alega que dicha omisión ha sido voluntaria, dicho indicio queda desvirtuado por el documento público en el que consta que dichas participaciones tienen carácter ganancial. Por otra parte, si los litigantes tenían la intención de que dichas participaciones sean privativas del demandado, lo más lógico es que lo hubieran plasmado en el documento de liquidación de la sociedad de gananciales, y al no hacerlo surte efectos el documento público.

3) Sentencia de la AP León, Sec. 1.ª, de 15-7-2009, rec. 41/2009. Pte.: Ser López, Ana del (LA LEY 134885/2009)

— Extemporaneidad de la prueba.

Desestima la Sala el recurso de apelación interpuesto por el actor contra la sentencia de instancia, señalando que la prueba documental aportada en el acto del juicio era extemporánea debiendo de haberse aportado con la demanda, confirmando en cuanto al fondo el pronunciamiento impugnado relativo a la desestimación de su pretensión de reducción de la pensión alimenticia acordada en sentencia anterior, considerando la Sala, tras analizar las distintas corrientes doctrinales, que en el caso de autos el nacimiento de un nuevo hijo con otra relación no justifica la reducción solicitada.

4) Auto de la AP Madrid, Sec. 22.ª, de 5-6-2009, n.º 186/2009, rec. 201/2009. Pte.: Hijas Fernández, Eduardo (LA LEY 258957/2009)

— Falta de aportación de documentos con la demanda.

Estima la AP el recurso de apelación contra el auto que no admitió a trámite la demanda de divorcio al no haberse aportado con la misma la certificación de la inscripción de matrimonio en el Registro Civil. La Sala indica que el demandante presentó, junto con la demanda, el Libro de Familia, en el que constaba haber contraído matrimonio con la demandada, implicando tal aportación documental el cumplimiento de las exigencias contenidas en la Ley de Enjuiciamiento Civil, que no exige certificación literal, por lo que la demanda ha de ser admitida a trámite.

5) Sentencia de la AP Madrid, Sec. 14.ª, de 27-9-2012, n.º 415/2012, rec. 345/2012. Pte.: Camazón Linacero, Amparo (LA LEY 159939/2012)

— Valor probatorio de los documentos privados reconocidos.

Unión *more uxorio*. Acción declarativa de dominio. División cosa común. La AP confirma que la vivienda corresponde a ambas partes por partes iguales y procede la división de la cosa común. La conviviente demandada reconoce en documento privado que la propiedad es de ambos a partes iguales a cambio del pago por el actor de la mitad del préstamo hipotecario (FJ 5). La apelante no ha acreditado haber firmado ese documento bajo coacción y amenazas (FJ 3). El actor ha seguido abonando el cincuenta por ciento del préstamo hipotecario después de la ruptura *more uxorio* (FJ 6).

6) Sentencia de la AP Madrid, Sec. 10.ª, de 18-7-2012; rec. 555/2012. Pte.: Illescas Rus, Ángel Vicente (LA LEY 126331/2012)

— Valoración de los documentos privados.

«En el régimen de la LEC 1/2000, la fuerza probatoria de los documentos privados será la misma del documento público, si no hay impugnación (art. 326,1). Si media impugnación, el que lo presentó podrá pedir cotejo de letras, o proponer cualquier otro medio útil y pertinente al efecto. Naturalmente, si de la prueba resulta la autenticidad, hará prueba plena. Y si el resultado del cotejo es la autenticidad, las costas, gastos y derechos que origine el cotejo serán de cargo del impugnante. En cambio, si la impugnación hubiere sido temeraria, el Tribunal tiene facultades para imponerle una multa. Cuando no resulte posible concluir la autenticidad, o no se hubiere propuesto prueba alguna, el Tribunal lo valorará conforme a las reglas de la sana crítica (libre valoración).»

IX

EL INTERROGATORIO DE PARTE

SUMARIO:

1. NECESIDAD DE SU PRÁCTICA

Lo primero que debemos preguntarnos antes de proponer esta prueba es si realmente resulta necesaria su práctica. La experiencia nos enseña que en la mayoría de las ocasiones solo servirá, en el mejor de los casos, para que la parte contraria pueda afianzar aún más sus argumentos. De modo que propondremos esta prueba solo cuando consideremos (analizando el pleito con seriedad y profundidad) que es realmente precisa.

Una vez que hayamos valorado la necesidad de su práctica, recordar que no podemos solicitar el interrogatorio de nuestro cliente, tal y como señala el art. 301 de la LEC, tan solo el de la parte contraria, si bien la ley permite que el letrado interrogue a su propio cliente con ocasión del interrogatorio formulado por la contraria, el Ministerio Fiscal (en los supuestos en los que intervenga) por su posición en el proceso puede interesar el interrogatorio de uno o de ambos litigantes.

2. CARACTERÍSTICAS DE LA CITACIÓN A JUICIO

En primer lugar, la citación a juicio, con carácter general, tiene que llevarse a cabo con el apercibimiento que señala el art. 440.1 de la LEC, es decir, con la prevención de que si no asistiere la parte y se propusiere y admitiere su declaración, podrán considerarse como admitidos los hechos del interrogatorio, conforme a lo dispuesto en el art. 304 de dicha Ley; en caso contrario, a falta de citación en estos términos, no será posible aplicar la *ficta confessio*, que señala el referido artículo.

Asimismo en los **procesos matrimoniales** en la citación se apercibirá a los litigantes del contenido del art. 770.3.ª de la LEC: «A la vista deberán concurrir las partes por sí mismas, con apercibimiento de que su incomparecencia sin causa justificada podrá determinar que se consideren admitidos los hechos alegados por la parte que comparezca para fundamentar sus peticiones sobre medidas de carácter patrimonial».

No debemos olvidar que el interrogatorio de parte es un acto personalísimo que no admite representación (no se podrán otorgar poderes a nadie para que declare por nuestro cliente). Ahora bien, la parte respecto de la que se solicita podrá expresar su deseo de que alguna pregunta concreta conteste otra persona por tener ésta y no aquella conocimiento de ese hecho objeto de controversia (art. 308 LEC); en este caso no estaría de más que dicha persona acudiera al acto del juicio. Si la parte contraria muestra su conformidad, declarará en calidad de «parte»; en caso contrario, deberá ser propuesto como testigo.

Dada la literalidad del art. 440.1 LEC que establece que «La citación indicará también a las partes que, en el plazo de los tres días siguientes a la recepción de la citación, deben indicar las personas que por no poderlas presentar ellas mismas, han de ser citadas por el Secretario Judicial a la vista para que declaren en calidad de partes o de testigos», para evitar cualquier indefensión o en su caso dilación del procedimiento es conveniente que dentro del plazo indicado se solicite la citación a todas las personas que puedan tener la cualidad de partes y respecto a las que se va a interesar el interrogatorio.

En segundo lugar, trataremos de las posibles consecuencias de la incomparecencia a juicio de la parte que deba ser interrogada, de la negativa a contestar y de las respuestas evasivas o inconcluyentes.

Con carácter general si no comparece la parte que debe ser interrogada a la vista, sin justa causa que se lo impida, la parte que propuso el interrogatorio deberá leer las preguntas que iba a formularle con objeto de que pueda ser de aplicación lo prevenido en el art. 304 de la LEC, también puede interesarse la aportación por escrito de las referidas preguntas.

De forma específica para los procesos matrimoniales se establece que la incomparecencia de las partes sin causa justificada podrá determinar que se consideren admitidos los hechos alegados por la parte que comparezca para fundamentar sus pretensiones (art. 770.3 LEC).

La incomparecencia injustificada no implica una *ficta confessio* automática, sino que la norma confiere al Tribunal la facultad de poder considerar reconocidos los hechos en los que la parte haya intervenido personalmente. En todo caso, si el Juez no lo aplica, no podrá apreciarse vulneración procesal alguna, puesto que tal y como indica el propio artículo constituye una facultad para el Juzgador pero no le vincula, máxime si se tiene en cuenta que en los procedimientos de familia el Juez no se encuentra vinculado por las disposiciones referidas a la fuerza probatoria del interrogatorio (art. 752.2 LEC).

Además aún para el caso que el Juez considere de aplicación la *ficta confessio* no podrá basar toda la prueba en esta única circunstancia, el Juez por tanto tendrá que ponderarla junto con el resultado del restante material probatorio.

Respecto a la negativa a declarar el art. 307.1 de la LEC señala que si la persona llamada a declarar se negara a hacerlo, el Tribunal le apercibirá en el acto de que, salvo que concurra una obligación legal de guardar secreto, puede considerar reconocidos como ciertos los hechos a que se refieren las preguntas, siempre que el interrogado hubiese intervenido personalmente en ellos y su fijación como ciertos le resultare perjudicial en todo o en parte; en el caso de que el interrogado dé respuestas evasivas o inconcluyentes se le hará el mismo apercibimiento (art. 307.2 LEC).

3. CÓMO DEBEN FORMULARSE LAS PREGUNTAS

He aquí algunas pautas acerca del interrogatorio de la parte contraria:

1.ª Las preguntas se formularán oralmente.

2.ª Si queremos atraer la atención del juzgador deberemos realizar *pocas* preguntas, *claras y concisas, no se admitirán las preguntas vagas e imprecisas.*

Será la única forma de que las preguntas y respuestas no se conviertan en una repetición de la demanda y de la contestación, que se hace innecesaria y deberá provocar su declaración de improcedencia o inutilidad por parte del Juez.

3.ª Intentaremos formularlas en sentido afirmativo para que el interrogado pueda contestar sí o no.

4.ª No incluiremos en ellas valoraciones (apreciaciones subjetivas) ni calificaciones ni conceptos jurídicos (el Juez las deberá tener por no realizadas, en su caso).

5.ª Deben referirse a hechos objeto del procedimiento y se formularán dirigidas a un solo hecho o afirmación, sin que se incluyan varios en la misma pregunta.

6.ª No se podrán plantear al interrogado preguntas generales y técnicas acerca de determinados hechos que no sean los concretos de la controversia que estemos ventilando, y que, por otro lado, serían más propias de un perito.

El art. 301.1 de la LEC, en principio, no pone límites a la posibilidad de llamar a declarar a varias personas (en caso de litisconsorcio, ej: cuando se demanda también a los hijos en el supuesto de modificación de medidas patrimoniales). Será imprescindible que el Juez atienda a los criterios generales de pertinencia y utilidad tanto en el momento de proponer la prueba (art. 283 LEC), denegándola en su caso, como en el momento de su práctica. Para ello el Juez deberá haberse estudiado detenidamente el procedimiento y la documental incorporada, pues solo de este modo tendrá criterio suficiente para declarar improcedentes (no pertinentes ni útiles) aquellas preguntas que no sean relevantes para el esclarecimiento de los hechos o que no tengan relación directa con el objeto de la demanda.

Como ya hemos dicho, el art. 302.1 de la LEC establece que las preguntas se formularán oralmente en sentido afirmativo, y así intentaremos hacerlas; sin embargo, la mayoría de los Jueces no son muy rigurosos en este extremo, aunque siempre deberemos cuidar que el interrogado pueda responder con un monosílabo y, si ello es imposible, que pueda hacerlo de forma clara y precisa (art. 305.2 LEC).

La ley exige que las preguntas se formulen con ***claridad y precisión*** y sin incluir valoraciones. Cuando el Abogado no las realice de esta forma el contrario podrá impugnar en el acto la admisibilidad de las preguntas y hacer notar las valoraciones y calificaciones que, contenidas en las preguntas, sean, en su criterio, improcedentes y deban tenerse por no realizadas, pero no podrá recurrir, ya que no cabe interponer recurso ni contra la inadmisión ni contra la admisión de las preguntas.

Aplicando al interrogatorio lo preceptuado en el art. 231 de la LEC, si el Abogado ha realizado una pregunta que ha sido declarada improcedente, la podrá subsanar y, por tanto, si el Juez no se lo permite, podrá alegar dicho artículo solicitando la posibilidad de formular la misma pregunta de forma distinta.

4. CÓMO DEBE RESPONDER EL INTERROGADO

1.º No podrá consultar documento alguno, a excepción de lo preceptuado en el art. 305.1 (para auxiliar la memoria).

2.º Las respuestas serán afirmativas o negativas y de no ser ello posible según el tenor de las preguntas serán precisas y concretas y, en su caso, el declarante podrá agregar las explicaciones que estime convenientes y que guarden relación con las cuestiones planteadas (art. 305.2 LEC).

3.º Si el interrogado se niega a declarar argumentando secreto por razón de estado o profesión, y el Juez resuelve admitirlo y consideramos que no está justificado, entiende la mayoría de la doctrina que se podrá recurrir en reposición.

4.º Las respuestas que evidencien un claro intento de evadir la pregunta o las que no establezcan una posición clara del declarante sobre el objeto de la cuestión formulada, podrán ser consideradas como evasivas o inconcluyentes. En este caso el Tribunal de oficio o a instancia de parte, le apercibirá que pueden considerarse reconocidos como ciertos los hechos a los que se refieran las preguntas (art. 307 de la LEC).

Todo ello teniendo muy presente que al interrogado no se le va a tomar juramento o promesa de decir verdad (caso distinto de los testigos) y, por tanto, *le está permitido faltar a la verdad;* de ahí que cuestionemos en otro apartado de este capítulo la utilidad de la práctica de este medio probatorio en algunos casos.

El art. 310 de la LEC establece la posibilidad de *incomunicación de los declarantes* cuando sobre unos mismos hechos controvertidos hayan de declarar dos o más partes para evitar que puedan comunicarse y conocer previamente el contenido de las preguntas y de las respuestas, el Tribunal deberá velar por su cumplimiento; en caso de que no se lleve a cabo, el Abogado podrá pedir que salgan de la sala los declarantes a los que posteriormente se les va a tomar declaración. En caso contrario no podrá solicitarse la nulidad de la prueba (a menos que se haya causado indefensión), pero sí denunciar en la instancia su infracción (en las conclusiones o en el momento de su práctica) y solicitar nueva práctica en la apelación.

El interrogatorio en ningún caso puede traspasar el límite de la intimidad personal ni familiar (art. 18 de la CE).

Por último indicar que generalmente el interrogatorio se efectúa en el acto del juicio y ante el Juez que va a dictar la Sentencia, si bien, con carácter excepcional se prevén dos supuestos en los que se altera lo anterior.

a) Interrogatorio de un litigante en su propio domicilio.

En caso de que por enfermedad que lo impida o por otras circunstancia especiales de la persona que haya de contestar a la preguntas no pudiera ésta comparecer en la sede del Tribunal, de oficio o a instancia de parte, el interrogatorio se podrá prestar en el domicilio del declarante (art. 311 LEC).

A dicho interrogatorio podrán acudir la contraparte y su Abogado siempre que las circunstancias lo permitan, pero si ello no fuere posible se celebrará el interrogatorio a presencia del Tribunal asistido del Secretario Judicial pudiendo presentar la parte proponente de la prueba un pliego de preguntas para que, previa declaración de pertinencia, sean formuladas por el Juez.

b) Interrogatorio de un litigante que tiene su domicilio fuera del partido judicial del Tribunal.

Aunque no es práctica frecuente en los procesos de familia que la declaración se practique fuera de la sede del juzgado que está conociendo del asunto, porque ello impediría el intento de acuerdo y en consecuencia la imposibilidad de alcanzarlo, sin embargo en aquellos supuestos en los que en atención a la distancia, dificultad de desplazamiento, circunstancias personales de la parte o por cualquiera otra causa de análogas características resulte imposible o muy gravosa la comparecencia de la persona a interrogar en la sede del Juzgado, se podrá solicitar el auxilio judicial para la práctica de dicha prueba (arts. 313 y 169.4 LEC).

En estos supuestos la parte proponente de la prueba presentará una relación de preguntas a fin de que el Juez que conoce del asunto declare, en su caso, la pertinencia.

Las partes así como los letrados pueden estar presentes en la práctica del interrogatorio sin que pueda el proponente adicionar nuevas preguntas al ser el Juez que conoce del asunto el único competente para declarar su pertinencia (art. 313 LEC).

Siempre que sea posible, cuando la parte a interrogar no pueda comparecer en la sede del Juzgado que conoce del procedimiento, se le recibirá declaración por video conferencia.

5. VALORACIÓN DEL INTERROGATORIO

En la Sentencia se deberán considerar como ciertos los hechos que la parte haya reconocido si en ellos intervino personalmente (art. 316 LEC). El Tribunal Supremo (TS) establece que esa prueba no es superior a las demás, a pesar de hacer prueba contra su autor (STS de 17 de febrero de 1987). Así, tanto la doctrina como la jurisprudencia han venido estableciendo la valoración libre de la prueba por parte del Juez, teniendo en cuenta la prueba en su conjunto.

La valoración de esta prueba es una facultad de los Tribunales de instancia, sustraída a los litigantes, y que tan solo podrá ser revisada en instancia superior cuando las conclusiones que de ella se deriven devenguen claramente incongruentes, lo que es complicado apreciar en el interrogatorio de parte. Por consiguiente, dicha prueba será valorada por el Juez libremente, sujeto tan solo a las reglas de la sana crítica.

El TS tiene declarado que el interrogatorio de parte hace prueba contra su autor y que no puede ser considerada una prueba superior a las demás (STS de 2 de diciembre de 1986). En este sentido no debemos olvidar el principio de indivisibilidad, es decir, la obligatoriedad de valorar la prueba de interrogatorio dentro del conjunto de toda la prueba practicada y no acudir a una respuesta concreta y precisa del interrogado para fundamentar la resolución, a no ser que, además, esta respuesta pueda sustentarse en otros medios de prueba.

No obstante lo anterior, en los procesos matrimoniales en las cuestiones respecto de las que el Tribunal pueda pronunciarse de oficio por referirse a materias sobre las que las partes no pueden disponer no está vinculado por las disposiciones legales en materia de fuerza probatoria del interrogatorio de las partes ni de los documentos públicos y privados reconocidos (art. 752 LEC), sí respecto de las materias sobre las que las partes pueden disponer libremente.

6. LEGISLACIÓN PROCESAL

— **LEC:** arts. 752, 753, 770.3, 771.3, 779, 780, 781 y 301 a 316.

Artículo 752. *Prueba.*

1. Los procesos a que se refiere este Título se decidirán con arreglo a los hechos que hayan sido objeto de debate y resulten probados, con independencia del momento en que hubieren sido alegados o introducidos de otra manera en el procedimiento.

Sin perjuicio de las pruebas que se practiquen a instancia del Ministerio Fiscal y de las demás partes, el Tribunal podrá decretar de oficio cuantas estime pertinentes.

2. La conformidad de las partes sobre los hechos no vinculará al Tribunal, ni podrá éste decidir la cuestión litigiosa basándose exclusivamente en dicha conformidad o en el silencio o respuestas evasivas sobre los hechos alegados por la parte contraria. Tampoco estará el Tribunal vinculado, en los procesos a que se refiere este título, a las disposiciones de esta Ley en materia de fuerza probatoria del interrogatorio de las partes, de los documentos públicos y de los documentos privados reconocidos.

3. Lo dispuesto en los apartados anteriores será aplicable asimismo a la segunda instancia.

4. Respecto de las pretensiones que se formulen en los procesos a que se refieren este título, y que tengan por objeto materias sobre las que las partes pueden disponer libremente según la legislación civil aplicable, no serán de aplicación las especialidades contenidas en los apartados anteriores.

Artículo 753. *Tramitación.*

1. Salvo que expresamente se disponga otra cosa, los procesos a que se refiere este título se sustanciarán por los trámites del juicio verbal, pero el Secretario judicial dará traslado de la demanda al Ministerio Fiscal, cuando proceda, y a las demás personas que, conforme a la ley, deban ser parte en el procedimiento, hayan sido o no demandados, emplazándoles para que la contesten en el plazo de veinte días, conforme a lo establecido en el art. 405 de la presente ley.

2. En la celebración de la vista de juicio verbal en estos procesos y de la comparecencia a que se refiere el art. 771 de la presente ley, una vez practicadas las pruebas el Tribunal permitirá a las partes formular oralmente sus conclusiones, siendo de aplicación a tal fin lo establecido en los apartados 2, 3 y 4 del art. 433.

3. Los procesos a los que se refiere este título serán de tramitación preferente siempre que alguno de los interesados en el procedimiento sea menor, incapacitado o esté en situación de ausencia legal.

(...)

Artículo 770. *Procedimiento.*

Las demandas de separación y divorcio, salvo las previstas en el art. 777, las de nulidad del matrimonio y las demás que se formulen al amparo del título IV del libro I del Código Civil, se sustanciarán por los trámites del juicio verbal, conforme a lo establecido en el capítulo I de este título, y con sujeción, además, a las siguientes reglas:

(...)

3.ª

A la vista deberán concurrir las partes por sí mismas, con apercibimiento de que su incomparecencia sin causa justificada podrá determinar que se consideren admitidos los hechos alegados por la parte que comparezca para fundamentar sus peticiones sobre medidas definitivas de carácter patrimonial. También será obligatoria la presencia de los Abogados respectivos.

(...)

Artículo 771. *Medidas provisionales previas a la demanda de nulidad, separación o divorcio. Solicitud, comparecencia y resolución.*

(...)

3. En el acto de la comparecencia a que se refiere el apartado anterior, si no hubiere acuerdo de los cónyuges sobre las medidas a adoptar o si dicho acuerdo, oído, en su caso, el Ministerio Fiscal, no fuera aprobado en todo o en parte por el Tribunal, se oirán las alegaciones de los concurrentes y se practicará la prueba que éstos propongan y que no sea inútil o impertinente, así como la que el Tribunal acuerde de oficio. Si alguna prueba no pudiera practicarse en la comparecencia, el Secretario judicial señalará fecha para su práctica, en unidad de acto, dentro de los diez días siguientes.

La falta de asistencia, sin causa justificada, de alguno de los cónyuges a la comparecencia podrá determinar que se consideren admitidos los hechos alegados por el cónyuge presente para fundamentar sus peticiones sobre medidas provisionales de carácter patrimonial.

(...)

SECCIÓN 1.ª

DEL INTERROGATORIO DE LAS PARTES

Artículo 301. *Concepto y sujetos del interrogatorio de las partes.*

1. Cada parte podrá solicitar del Tribunal el interrogatorio de las demás sobre hechos y circunstancias de los que tengan noticia y que guarden relación con el objeto del juicio. Un colitigante podrá solicitar el interrogatorio de otro colitigante siempre y cuando exista en el proceso oposición o conflicto de intereses entre ambos.

2. Cuando la parte legitimada, actuante en el juicio, no sea el sujeto de la relación jurídica controvertida o el titular del derecho en cuya virtud se acciona, se podrá solicitar el interrogatorio de dicho sujeto o titular.

Artículo 302. *Contenido del interrogatorio y admisión de las preguntas.*

1. Las preguntas del interrogatorio se formularán oralmente en sentido afirmativo, y con la debida claridad y precisión. No habrán de incluir valoraciones ni calificaciones, y si éstas se incorporaren se tendrán por no realizadas.

2. El Tribunal comprobará que las preguntas corresponden a los hechos sobre los que el interrogatorio se hubiera admitido, y decidirá sobre la admisibilidad de las preguntas en el mismo acto en que se lleve a cabo el interrogatorio.

Artículo 303. *Impugnación de las preguntas que se formulen.*

La parte que haya de responder al interrogatorio, así como su Abogado, en su caso, podrán impugnar en el acto la admisibilidad de las preguntas y hacer notar las valoraciones y calificaciones que, contenidas en las preguntas, sean, en su criterio, improcedentes y deban tenerse por no realizadas.

Artículo 304. *Incomparecencia y admisión tácita de los hechos.*

Si la parte citada para el interrogatorio no compareciere al juicio, el Tribunal podrá considerar reconocidos los hechos en que dicha parte hubiese intervenido personalmente y cuya fijación como ciertos le sea enteramente perjudicial, además de imponerle la multa a que se refiere el apartado cuarto del art. 292 de la presente Ley.

En la citación se apercibirá al interesado que, en caso de incomparecencia injustificada, se producirá el efecto señalado en el párrafo anterior.

Artículo 305. *Modo de responder al interrogatorio.*

1. La parte interrogada responderá por sí misma, sin valerse de ningún borrador de respuestas; pero se le permitirá consultar en el acto documentos y notas o apuntes, cuando a juicio del Tribunal sean convenientes para auxiliar a la memoria.

2. Las respuestas habrán de ser afirmativas o negativas y, de no ser ello posible según el tenor de las preguntas, serán precisas y concretas. El declarante podrá agregar, en todo caso, las explicaciones que estime convenientes y que guarden relación con las cuestiones planteadas.

Artículo 306. *Facultades del Tribunal e intervención de Abogados. Interrogatorio cruzado.*

1. Una vez respondidas las preguntas formuladas por el Abogado de quien solicitó la prueba, los Abogados de las demás partes y el de aquella que declarare podrán, por este orden, formular al declarante nuevas preguntas que reputen conducentes para determinar los hechos. El Tribunal deberá repeler las preguntas que sean impertinentes o inútiles.

Con la finalidad de obtener aclaraciones y adiciones, también podrá el Tribunal interrogar a la parte llamada a declarar.

2. Cuando no sea preceptiva la intervención de Abogado, las partes, con la venia del Tribunal, que cuidará de que no se atraviesen la palabra ni se interrumpan, podrán hacerse recíprocamente las preguntas y observaciones que sean convenientes para la determinación de los hechos

relevantes en el proceso. El Tribunal deberá repeler las intervenciones que sean impertinentes o inútiles, y podrá interrogar a la parte llamada a declarar.

3. El declarante y su Abogado podrán impugnar en el acto las preguntas a que se refieren los anteriores apartados de este precepto. Podrán, asimismo, formular las observaciones previstas en el art. 303. El Tribunal resolverá lo que proceda antes de otorgar la palabra para responder.

Artículo 307. *Negativa a declarar, respuestas evasivas o inconcluyentes y admisión de hechos personales.*

1. Si la parte llamada a declarar se negare a hacerlo, el Tribunal la apercibirá en el acto de que, salvo que concurra una obligación legal de guardar secreto, puede considerar reconocidos como ciertos los hechos a que se refieran las preguntas, siempre que el interrogado hubiese intervenido en ellos personalmente y su fijación como ciertos le resultare perjudicial en todo o en parte.

2. Cuando las respuestas que diere el declarante fuesen evasivas o inconcluyentes, el Tribunal, de oficio o a instancia de parte, le hará el apercibimiento previsto en el apartado anterior.

Artículo 308. *Declaración sobre hechos no personales del interrogado.*

Cuando alguna pregunta se refiera a hechos que no sean personales del declarante éste habrá de responder según sus conocimientos, dando razón del origen de éstos, pero podrá proponer que conteste también a la pregunta un tercero que tenga conocimiento personal de los hechos, por sus relaciones con el asunto, aceptando las consecuencias de la declaración.

Para que se admita esta sustitución deberá ser aceptada por la parte que hubiese propuesto la prueba. De no producirse tal aceptación, el declarante podrá solicitar que la persona mencionada sea interrogada en calidad de testigo, decidiendo el Tribunal lo que estime procedente.

Artículo 309. *Interrogatorio de persona jurídica o de entidad sin personalidad jurídica.*

1. Cuando la parte declarante sea una persona jurídica o ente sin personalidad, y su representante en juicio no hubiera intervenido en los hechos controvertidos en el proceso, habrá de alegar tal circunstancia en la audiencia previa al juicio, y deberá facilitar la identidad de la persona que intervino en nombre de la persona jurídica o entidad interrogada, para que sea citada al juicio.

El representante podrá solicitar que la persona identificada sea citada en calidad de testigo si ya no formara parte de la persona jurídica o ente sin personalidad.

2. Cuando alguna pregunta se refiera a hechos en que no hubiese intervenido el representante de la persona jurídica o ente sin personalidad, habrá, no obstante, de responder según sus conocimientos, dando razón de su origen y habrá de identificar a la persona que, en nombre de la parte, hubiere intervenido en aquellos hechos. El Tribunal citará a dicha persona para ser interrogada fuera del juicio como diligencia final, conforme a lo dispuesto en la regla segunda del apartado 1 del art. 435.

3. En los casos previstos en los apartados anteriores, si por la representación de la persona jurídica o entidad sin personalidad se manifestase desconocer la persona interviniente en los hechos, el Tribunal considerará tal manifestación como respuesta evasiva o resistencia a declarar, con los efectos previstos en los apartados 1 y 2 del art. 307.

Artículo 310. *Incomunicación de declarantes.*

Cuando sobre unos mismos hechos controvertidos hayan de declarar dos o más partes o personas asimiladas a ellas según el apartado segundo del art. 301, se adoptarán las medidas necesarias para evitar que puedan comunicarse y conocer previamente el contenido de las preguntas y de las respuestas.

Igual prevención se adoptará cuando deban ser interrogados varios litisconsortes.

Artículo 311. *Interrogatorio domiciliario.*

1. En el caso de que por enfermedad que lo impida o por otras circunstancias especiales de la persona que haya de contestar a las preguntas no pudiera ésta comparecer en la sede del Tribunal, a instancia de parte o de oficio, la declaración se podrá prestar en el domicilio o residencia del declarante ante el Juez o el miembro del Tribunal que corresponda, en presencia del Secretario Judicial.

2. Si las circunstancias no lo hicieran imposible o sumamente inconveniente, al interrogatorio domiciliario podrán concurrir las demás partes y sus Abogados. Pero si, a juicio del Tribunal, la concurrencia de éstos y aquéllas no resultare procedente teniendo en cuenta las circunstancias de la persona y del lugar, se celebrará el interrogatorio a presencia del Tribunal y del Secretario Judicial, pudiendo presentar la parte proponente un pliego de preguntas para que, de ser consideradas pertinentes, sean formuladas por el Tribunal.

Artículo 312. *Constancia en acta del interrogatorio domiciliario.*

En los casos del artículo anterior, el Secretario Judicial extenderá acta suficientemente circunstanciada de las preguntas y de las respuestas, que podrá leer por sí misma la persona que haya declarado. Si no supiere o no quisiere hacerlo, le será leída por el Secretario Judicial y el Tribunal preguntará al interrogado si tiene algo que agregar o variar, extendiéndose a continuación lo que manifestare. Seguidamente, firmará el declarante y los demás asistentes, bajo la fe del Secretario Judicial.

Artículo 313. *Interrogatorio domiciliario por vía de auxilio judicial.*

Cuando la parte que hubiese de responder a interrogatorio resida fuera de la demarcación judicial del Tribunal, y exista alguna de las circunstancias a que se refiere el párrafo segundo del apartado cuarto del art. 169, aquélla podrá ser examinada por vía de auxilio judicial.

En tales casos, se acompañará al despacho una relación de preguntas formuladas por la parte proponente del interrogatorio, si ésta así lo hubiera solicitado por no poder concurrir al acto del interrogatorio. Las preguntas deberán ser declaradas pertinentes por el Tribunal que conozca del asunto.

Artículo 314. *Prohibición de reiterar el interrogatorio de las partes.*

No procederá interrogatorio de las partes o personas a que se refiere el apartado 2 del art. 301 sobre los mismos hechos que ya hayan sido objeto de declaración por esas partes o personas.

Artículo 315. *Interrogatorio en casos especiales.*

1. Cuando sean parte en un proceso el Estado, una Comunidad Autónoma, una Entidad local y otro organismo público, y el Tribunal admita su declaración, se les remitirá, sin esperar al juicio o a la vista, una lista con las preguntas que, presentadas por la parte proponente en el momento en que se admita la prueba, el Tribunal declare pertinentes, para que sean respondidas por escrito y entregada la respuesta al Tribunal antes de la fecha señalada para aquellos actos.

2. Leídas en el acto del juicio o en la vista las respuestas escritas, se entenderán con la representación procesal de la parte que las hubiera remitido las preguntas complementarias que el Tribunal estime pertinentes y útiles, y si dicha representación justificase cumplidamente no poder ofrecer las respuestas que se requieran, se procederá a remitir nuevo interrogatorio por escrito como diligencia final.

3. Será de aplicación a la declaración prevista en este artículo lo dispuesto en el art. 307.

Artículo 316. *Valoración del interrogatorio de las partes.*

1. Si no lo contradice el resultado de las demás pruebas, en la sentencia se considerarán ciertos los hechos que una parte haya reconocido como tales si en ellos intervino personalmente y su fijación como ciertos le es enteramente perjudicial.

2. En todo lo demás, los Tribunales valorarán las declaraciones de las partes y de las personas a que se refiere el apartado 2 del art. 301 según las reglas de la sana crítica, sin perjuicio de lo que se dispone en los arts. 304 y 307.

7. JURISPRUDENCIA

1) Sentencia de la AP Madrid, Sec. 12.ª, de 1-6-2011, rec. 126/2010. Pte.: Herrero de Egaña y Octavio de Toledo, Fernando (LA LEY 150325/2011)

— Valoración del interrogatorio.

La sentencia recurrida declara que los bienes adquiridos durante el matrimonio son de carácter común, pese a figurar a nombre de la actora, pues del interrogatorio de la actora se desprende que son adquiridos con fondos provenientes de ambos esposos.

2) Sentencia de la AP Santa Cruz de Tenerife, Sec. 1.ª, de 18-6-2012, rec. 77/2011. Pte.: Fernández del Viso Blanco, Modesto Valentín Adolfo (LA LEY 164897/2012)

— Valoración del interrogatorio junto con otros medios probatorios.

> «No obstante, después del estudio de lo actuado en el procedimiento, debe reputarse correcta la apreciación de la prueba efectuada por la sentencia apelada a propósito de la distribución del cargo de los gastos extraordinarios, que compartimos por su corrección, respecto de la comparación de los medios económicos de los progenitores. Esencialmente, como resulta de la prolija documental aportada al procedimiento, e incluso del interrogatorio de las partes, la principal fuente de ingresos del demandado provienen de su trabajo como médico forense, más los

ingresos que percibe por el trabajo que realiza para dos funerarias, y que ha de sufragar renta mensual por alquiler de vivienda.»

3) Sentencia de la AP Madrid, Sec. 10.ª, de 18-7-2012, rec. 555/2012. Pte.: Illescas Rus, Ángel Vicente (LA LEY 126331/2012)

— Valoración del interrogatorio con otros medios probatorios.

«Recuérdese que el resultado del interrogatorio es la declaración que efectúa una persona contra sí misma acerca de la veracidad de un hecho, de ahí que el art. 316, apdo. 1 LEC, establezca que se valorarán como ciertos el reconocimiento en lo que "le es enteramente perjudicial", recogiendo así lo mencionado en el derogado art. 1232 del Código Civil, el cual establecía que la confesión hace prueba contra su autor. No obstante, y como viene reiterando la jurisprudencia [SSTS, Sala Primera, de 18 de junio de 2010 (ROJ: STS 3270/2010), 23 de febrero de 2010 (ROJ: STS 988/2010), 5 de enero de 2010, 24 de julio de 2008, 28 de enero de 1997, 2 de julio de 1996, 6 de mayo de 1996 y 12 de mayo de 1995], la fuerza probatoria del interrogatorio no es superior a la de los demás elementos de prueba, y debe apreciarse en combinación con ellas. El interrogatorio de parte, cuando se refiere a hechos personales y perjudiciales, solo constituye prueba legal o tasada "si no lo contradice el resultado de las demás pruebas", pues en otro caso queda sujeto al régimen de libre apreciación o reglas de la sana crítica. Resulta vinculante cuando categóricamente se admite un hecho perjudicial para el declarante y beneficioso para la contraparte.»

4) Sentencia de la AP Madrid, Sec. 10.ª, de 18-7-2012, rec. 555/2012. Pte.: Illescas Rus, Ángel Vicente (LA LEY 126331/2012)

— Valoración del interrogatorio.

«No es lícito aceptar la declaración en lo que perjudica al interrogado y rechazarla en lo demás, sino que ha de apreciarse conjuntamente. Y sobre todo, se insiste, para que se aplique el perjuicio es preciso que se trate de reconocimientos claros, precisos y sin ambigüedades de hechos perjudiciales (SSTS de 1 de julio de 2008, 28 de diciembre de 2006, 12 de abril de 2004, 23 de noviembre de 1999, 26 de mayo de 1999 y 28 de abril de 1997, entre otras).»

5) Sentencia de la AP Madrid, Sec. 10.ª, de 15-12-2004, n.º 1119/2004, rec. 826/2003. Pte.: Illescas Rus, Ángel Vicente (LA LEY 263882/2004)

— Imposibilidad de interesar el interrogatorio de la propia parte.

> «Efectivamente, el art. 301 de la Ley procesal, recoge que cada parte podrá solicitar del Tribunal el interrogatorio de las demás, permitiendo únicamente el interrogatorio de otro colitigante siempre y cuando exista oposición o conflicto de intereses entre ambos. Con la redacción de dicho artículo no cabe la menor duda sobre la imposibilidad de las partes de solicitar el interrogatorio de su propio representado, por lo que la admisión y práctica del interrogatorio del Dr. Guillermo solicitado por su propio letrado, infringe notoriamente el referido artículo.»

X

DICTAMEN DE PERITOS

SUMARIO:

1. FUNCIÓN DEL PERITO
2. ADMISIÓN DEL INFORME PERICIAL
3. APORTACIÓN DE DICTAMEN DE PARTE Y SOLICITUD DE PERITO JUDICIAL
4. IMPUGNACIÓN DE INFORME PERICIAL POR EXTEMPORÁNEO
5. VALORACIÓN DEL INFORME PERICIAL
6. INTERVENCIÓN DEL PERITO EN EL ACTO DEL JUICIO
7. LEGISLACIÓN PROCESAL
8. JURISPRUDENCIA

1. FUNCIÓN DEL PERITO

El perito es un tercero ajeno al proceso que posee unos *especiales conocimientos* (técnicos, científicos o artísticos) que el Juez no posee y que va a necesitar para resolver, con mayor fundamento, la controversia. La posesión de esos conocimientos será patente, generalmente, por estar acreditado con un título oficial relacionado directamente con la materia sobre la que informa. En consecuencia, este tercero va a introducir en el proceso elementos objetivos (científicos) fundados en su conocimiento y que van a permitir al Juez conocer o profundizar en el origen, la causa o las consecuencias de un hecho relevante que resulta controvertido.

De ahí que no sea posible, como a veces se pretende, incorporar «dictámenes periciales jurídicos», pues, como ya hemos dicho, la finalidad de la prueba pericial es únicamente proporcionar al Juez conocimientos técnicos sobre una materia de los que él carece, y parece evidente que en esa materia (la jurídica) el Juez se encuentra suficientemente instruido.

La sanción penal que se impone al perito por el incumplimiento de la obligación de decir verdad y de ser objetivo se encuentra en los arts. 459 y 460 del Código Penal (CP), que los Tribunales no aplican con el rigor que sería deseable.

2. ADMISIÓN DEL INFORME PERICIAL

No todo documento que se autodenomine «informe pericial» podrá ser considerado como tal, sino que este deberá revestir las características que impone la ley para que pueda ser considerado de este modo. Últimamente han proliferado los llamados «gabinetes periciales» (o similares), que se dedican a realizar lo que denominan «informes periciales» (de cualquier índole) y que las partes lo aportan como tal; sin embargo, en muchas ocasiones en modo alguno puede considerarse un informe pericial y no pasa de mera documental que incorpora «opiniones» y que ni siquiera se sabe muy bien quién es el autor de las mismas. Es frecuente la aportación de dictámenes periciales suscritos por personas jurídicas legalmente habilitadas para tal función; sin embargo, para que sea posible su admisión como tal deberá estar suscrito por el perito que lo haya confeccionado, debiendo constar en él los requisitos legales pertinentes (art. 335 LEC).

Así, un informe se podría *inadmitir* si los conocimientos que ofrece se corresponden con los de una persona común con unos conocimientos similares a los que posee el Juez en esa materia. Por ese motivo el art. 340 de la LEC, entre las condiciones de los peritos, exige una especialidad o que el perito se encuentre integrado en organismos concretos objeto de la materia que se va a tratar.

Por consiguiente, el perito deberá acreditar estar en posesión de un título oficial que se corresponda con el que sea propio de la materia y naturaleza del dictamen.

3. APORTACIÓN DE DICTAMEN DE PARTE Y SOLICITUD DE PERITO JUDICIAL

Existe una fuerte controversia interpretativa en la doctrina y en la jurisprudencia a la luz de la conjunción disyuntiva «o» que contiene el art. 335.1 de la LEC, ya que, gramaticalmente hablando, implica exclusión o incompatibilidad entre las palabras o frases que separa. Por ese motivo encontramos autores y resoluciones judiciales que se muestran contrarios a que la parte que ha incorporado un informe pericial a su documental pueda, posteriormente, solicitar un dictamen judicial.

Sin embargo y pese a las numerosas opiniones doctrinales contrarias, son bastantes los juzgados que admiten la práctica de la pericial judicial a pesar de haberse aportado pericial de parte; el argumento es que en numerosas ocasiones el Juez sigue precisando la opinión de un experto independiente nombrado por el juzgado (en teoría —al menos eso opinan muchos juzgadores— más fiable que el de parte, aunque en puridad no debería serlo).

Este será un tema a estudiar por el Abogado director de la causa. Puede que sea de su interés aportar un informe pericial de parte y no intentar la solicitud del judicial, o bien pedir informe judicial en la demanda y no aportar ninguno; o intentar, en su caso, la solicitud de los dos. Solución esta última, que si se analiza con objetividad resulta un tanto absurda, innecesariamente costosa y, en ocasiones, contraproducente, sobre todo si el dictamen judicial contradice al aportado por la parte.

La prueba pericial en los **procesos de familia** también puede acordarse de oficio cuando la pericia sea pertinente y necesaria (art. 339.5 de la LEC) bien en el acto del juicio, o bien como diligencia final, si concurren los presupuestos para ello (art. 435.2).

4. IMPUGNACIÓN DE INFORME PERICIAL POR EXTEMPORÁNEO

En los procedimientos de familia, las partes podrán aportar con la demanda o con la contestación los dictámenes elaborados por peritos por ellas designados sin perjuicio de lo dispuesto en el art. 337 de la LEC (art. 336 LEC).

En concreto en los procesos matrimoniales los informes periciales de parte generalmente tienen escaso valor al ser normalmente elaborados sin la intervención de la parte contraria y emitidos teniendo en cuenta solo los datos facilitados por uno de los litigantes, el que aporta el informe.

El demandante o el demandado, también podrán solicitar en sus respectivos escritos iniciales que se proceda a la realización de informe pericial judicial si entienden conveniente o necesario para sus intereses la emisión de dicho informe.

5. VALORACIÓN DEL INFORME PERICIAL

Todos los dictámenes periciales que obren en las actuaciones se valorarán según las reglas de la sana crítica (art. 348 LEC), es decir, en función de sus contenidos, de la solidez de sus conclusiones y de su contraste con el método científico.

Al valorarse un dictamen pericial el Juez tendrá en cuenta, entre otras cuestiones, la cualificación de quien prestó el informe y su mayor o menor fundamentación o razón de ciencia. Además, si existen varios informes contradictorios se deberá dar preferencia al emitido por el perito designado por el juzgado, pues la jurisprudencia de nuestro alto Tribunal le otorga una presunción de mayor objetividad.

Todo ello sin olvidar los criterios lógico-valorativos derivados de la ponderación de todos los factores a tener en cuenta a la hora de fundamentar la resolución en uno u otro informe de los que obran en las actuaciones.

6. INTERVENCIÓN DEL PERITO EN EL ACTO DEL JUICIO

Las partes pueden solicitar la intervención del perito en el acto del juicio siempre que se considere necesario y hayan fundamentado tal petición con criterios claros de utilidad y pertinencia, no siendo suficiente con la solicitud «generalizada» de intervención del perito para que «conteste, explique, aclare (...) todo aquello que se le pregunte», sino que deberá ajustarse a lo que establecen los **arts. 337.2 y 347 de la LEC.**

De este modo, el Juez deberá declarar inútil o impertinente aquella solicitud de intervención de perito que no se encuentre suficientemente fundamentada o la que pretenda que el perito amplíe el objeto de la pericia, reitere lo que ya consta en el dictamen o intente que el perito se manifieste de forma contraria a las conclusiones que ya constan en su informe.

Así, observamos que el art. 347 de la LEC enumera las diversas peticiones que pueden realizar las partes, de las que, obviamente, no se expresa el contenido concreto, pues ello dependerá de cada caso específico. Podemos afirmar que, al igual que en la solicitud de la prueba testifical, en la cual se hace necesario conocer el motivo por el que se solicita que una persona concreta venga a declarar, también en la intervención de los peritos en los actos del juicio o de la vista se hace necesario saber, antes de admitir o denegar la prueba, el motivo concreto y preciso de su intervención. Si esta se solicita con una finalidad, por ejemplo, aclaratoria, deberá expresarse de forma clara y precisa el punto a aclarar, y así sucesivamente en cada solicitud de intervención.

Cuestión distinta es que de la propia intervención, solicitada y admitida, se deriven posteriormente cuestiones conexas y relacionadas sobre las que las partes o el propio Juez soliciten alguna puntualización. De este modo el perito, una vez que esté presente en el acto o vista, deberá responder a todo aquello que se le pregunte y el Juez considere pertinente y útil.

A pesar de ello es importante subrayar que con la nueva normativa se permite a las partes que insten a sus peritos a la crítica sobre el dictamen de la parte contraria, circunstancia que no estaba contemplada con anterioridad en la normativa derogada. De este modo se establece un sistema mucho más aperturista en cuanto al alcance de la intervención de las partes en la contradicción a la que puede ser sometido el dictamen pericial, con una mayor participación de las direcciones letradas de las partes, pero ello no significa que sea posible solicitar la intervención del perito para criticar (en general y sin especificar) el informe del contrario y pueda ser sometido a todo tipo de preguntas como si de un testigo más se tratara.

El Juez debe impedir por todos los medios que la intervención del perito en el acto del juicio se convierta en una «pérdida de tiempo para todos» y no deberá consentir la celebración de juicios en los que el perito de parte esté horas contestando a preguntas que le formula la propia parte que le ha encargado el dictamen (parece inverosímil pero es cierto) y que, si se analizan con detenimiento y minuciosidad, en su gran mayoría son inútiles e impertinentes.

Asimismo, cuando el Juez considere necesaria la intervención del perito en el acto del juicio para valorar o comprender mejor el dictamen aportado, podrá acordarla de oficio. Bien entendido que el Juez podrá en cualquier momento formular preguntas a los peritos y requerir de ellos las explicaciones que considere necesarias.

No debe confundirse al perito con el perito-testigo que regula el art. 370 de la LEC y que es un caso concreto y específico en el que un testigo de la causa resulta, además, con conocimientos científicos del tema controvertido. El testigo tiene una relación histórica con el pleito, el perito es un tercero ajeno al pleito y llamado para una concreta valoración técnica.

Es de destacar, en los **procesos de familia**, la importancia y conveniencia de la prueba pericial, especialmente la pericial médica, para diagnosticar y en consecuencia conocer si algún progenitor padece alguna patología, trastorno de conducta, dependencia o cualquier otra circunstancia que desde el punto de vista médico pueda influir en orden a la atribución de la guarda y custodia de los hijos menores o para el establecimiento del régimen de comunicaciones.

También pueden acordarse con finalidad similar análisis toxicológico o capilar a practicar por el Instituto Nacional de Toxicología o la intervención del SAJIAD para detectar si existe consumo de drogas.

7. LEGISLACIÓN PROCESAL

— LEC: arts. 335 a 352 y 370.

SECCIÓN 5.ª

DEL DICTAMEN DE PERITOS

Artículo 335. *Objeto y finalidad del dictamen de peritos. Juramento o promesa de actuar con objetividad.*

1. Cuando sean necesarios conocimientos científicos, artísticos, técnicos o prácticos para valorar hechos o circunstancias relevantes en el asunto o adquirir certeza sobre ellos, las partes podrán aportar al proceso el dictamen de peritos que posean los conocimientos correspondientes o solicitar, en los casos previstos en esta ley, que se emita dictamen por perito designado por el Tribunal.

2. Al emitir el dictamen, todo perito deberá manifestar, bajo juramento o promesa de decir verdad, que ha actuado y, en su caso, actuará con la mayor objetividad posible, tomando en consideración tanto lo que pueda favorecer como lo que sea susceptible de causar perjuicio a cualquiera de las partes, y que conoce las sanciones penales en las que podría incurrir si incumpliere su deber como perito.

3. Salvo acuerdo en contrario de las partes, no se podrá solicitar dictamen a un perito que hubiera intervenido en una mediación o arbitraje relacionados con el mismo asunto.

Artículo 336. *Aportación con la demanda y la contestación de dictámenes elaborados por peritos designados por las partes.*

1. Los dictámenes de que los litigantes dispongan, elaborados por peritos por ellos designados, y que estimen necesarios o convenientes

para la defensa de sus derechos, habrán de aportarlos con la demanda o con la contestación, si ésta hubiere de realizarse en forma escrita, sin perjuicio de lo dispuesto en el art. 337 de la presente Ley.

2. Los dictámenes se formularán por escrito, acompañados, en su caso, de los demás documentos, instrumentos o materiales adecuados para exponer el parecer del perito sobre lo que haya sido objeto de la pericia. Si no fuese posible o conveniente aportar estos materiales e instrumentos, el escrito de dictamen contendrá sobre ellos las indicaciones suficientes. Podrán, asimismo, acompañarse al dictamen los documentos que se estimen adecuados para su más acertada valoración.

3. Se entenderá que al demandante le es posible aportar con la demanda dictámenes escritos elaborados por perito por él designado, si no justifica cumplidamente que la defensa de su derecho no ha permitido demorar la interposición de aquélla hasta la obtención del dictamen.

4. En los juicios con contestación a la demanda por escrito, el demandado que no pueda aportar dictámenes escritos con aquella contestación a la demanda deberá justificar la imposibilidad de pedirlos y obtenerlos dentro del plazo para contestar.

Artículo 337. *Anuncio de dictámenes cuando no se puedan aportar con la demanda o con la contestación. Aportación posterior.*

1. Si no les fuese posible a las partes aportar dictámenes elaborados por peritos por ellas designados, junto con la demanda o contestación, expresarán en una u otra los dictámenes de que, en su caso, pretendan valerse, que habrán de aportar, para su traslado a la parte contraria, en cuanto dispongan de ellos, y en todo caso cinco días antes de iniciarse la audiencia previa al juicio ordinario o de la vista en el verbal.

2. Aportados los dictámenes conforme a lo dispuesto en el apartado anterior, las partes habrán de manifestar si desean que los peritos autores de los dictámenes comparezcan en el juicio regulado en los arts. 431 y siguientes de esta Ley o, en su caso, en la vista del juicio verbal, expresando si deberán exponer o explicar el dictamen o responder a preguntas, objeciones o propuestas de rectificación o intervenir de cualquier otra forma útil para entender y valorar el dictamen en relación con lo que sea objeto del pleito.

Artículo 338. *Aportación de dictámenes en función de actuaciones procesales posteriores a la demanda. Solicitud de intervención de los peritos en el juicio o vista.*

1. Lo dispuesto en el artículo anterior no será de aplicación a los dictámenes cuya necesidad o utilidad se ponga de manifiesto a causa de alegaciones del demandado en la contestación a la demanda o de las

alegaciones o pretensiones complementarias admitidas en la audiencia, a tenor del art. 426 de esta Ley.

2. Los dictámenes cuya necesidad o utilidad venga suscitada por la contestación a la demanda o por lo alegado y pretendido en la audiencia previa al juicio se aportarán por las partes, para su traslado a las contrarias, con al menos cinco días de antelación a la celebración del juicio o de la vista, en los juicios verbales con trámite de contestación escrita, manifestando las partes al Tribunal si consideran necesario que concurran a dichos juicio o vista los peritos autores de los dictámenes, con expresión de lo que se señala en el apartado 2 del art. 337.

El Tribunal podrá acordar también en este caso la presencia de los peritos en el juicio o vista en los términos señalados en el apartado 2 del artículo anterior.

Artículo 339. *Solicitud de designación de peritos por el Tribunal y resolución judicial sobre dicha solicitud. Designación de peritos por el Tribunal, sin instancia de parte.*

1. Si cualquiera de las partes fuese titular del derecho de asistencia jurídica gratuita, no tendrá que aportar con la demanda o la contestación el dictamen pericial, sino simplemente anunciarlo, a los efectos de que se proceda a la designación judicial de perito, conforme a lo que se establece en la Ley de Asistencia Jurídica Gratuita.

Si se tratara de juicios verbales sin trámite de contestación escrita, el demandado beneficiario de justicia gratuita deberá solicitar la designación judicial de perito al menos con diez días de antelación al que se hubiera señalado para la celebración del acto de la vista, a fin de que el perito designado pueda emitir su informe con anterioridad a dicho acto.

2. El demandante o el demandado, aunque no se hallen en el caso del apartado anterior, también podrán solicitar en sus respectivos escritos iniciales o el demandado con la antelación prevista en el párrafo segundo del apartado anterior de este artículo, que se proceda a la designación judicial de perito, si entienden conveniente o necesario para sus intereses la emisión de informe pericial. En tal caso, el Tribunal procederá a la designación, siempre que considere pertinente y útil el dictamen pericial solicitado. Dicho dictamen será a costa de quien lo haya pedido, sin perjuicio de lo que pudiere acordarse en materia de costas.

Salvo que se refiera a alegaciones o pretensiones no contenidas en la demanda, no se podrá solicitar, con posterioridad a la demanda o a la contestación o una vez transcurrido el plazo señalado en los apartados 1 y 2 de este artículo para la prueba pericial de los juicios verbales sin contestación escrita, informe pericial elaborado por perito designado judicialmente.

La designación judicial de perito deberá realizarse en el plazo de cinco días desde la presentación de la contestación a la demanda, con independencia de quien haya solicitado dicha designación, o en el plazo de dos días a contar desde la presentación de la solicitud en los supuestos contemplados en el párrafo segundo del apartado 1 y en el apartado 2 de este precepto. Cuando ambas partes la hubiesen pedido inicialmente, el Tribunal podrá designar, si aquéllas se muestran conformes, un único perito que emita el informe solicitado. En tal caso, el abono de los honorarios del perito corresponderá realizarlo a ambos litigantes por partes iguales, sin perjuicio de lo que pudiere acordarse en materia de costas.

3. En el juicio ordinario, si, a consecuencia de las alegaciones o pretensiones complementarias permitidas en la audiencia, las partes solicitasen, conforme previene el apartado cuarto del art. 427, la designación por el Tribunal de un perito que dictamine, lo acordará éste así, siempre que considere pertinente y útil el dictamen, y ambas partes se muestren conformes en el objeto de la pericia y en aceptar el dictamen del perito que el Tribunal nombre.

Lo mismo podrá hacer el Tribunal cuando se trate de juicio verbal y las partes solicitasen designación de perito, con los requisitos del párrafo anterior.

4. En los casos señalados en los dos apartados anteriores, si las partes que solicitasen la designación de un perito por el Tribunal estuviesen además de acuerdo en que el dictamen sea emitido por una determinada persona o entidad, así lo acordará el Tribunal. Si no hubiese acuerdo de las partes, el perito será designado por el procedimiento establecido en el art. 341.

5. El Tribunal podrá, de oficio, designar perito cuando la pericia sea pertinente en procesos sobre declaración o impugnación de la filiación, paternidad y maternidad, sobre la capacidad de las personas o en procesos matrimoniales.

6. El Tribunal no designará más que un perito titular por cada cuestión o conjunto de cuestiones que hayan de ser objeto de pericia y que no requieran, por la diversidad de su materia, el parecer de expertos distintos.

Artículo 340. *Condiciones de los peritos.*

1. Los peritos deberán poseer el título oficial que corresponda a la materia objeto del dictamen y a la naturaleza de éste. Si se tratare de materias que no estén comprendidas en títulos profesionales oficiales, habrán de ser nombrados entre personas entendidas en aquellas materias.

2. Podrá asimismo solicitarse dictamen de Academias e instituciones culturales y científicas que se ocupen del estudio de las materias co-

rrespondientes al objeto de la pericia. También podrán emitir dictamen sobre cuestiones específicas las personas jurídicas legalmente habilitadas para ello.

3. En los casos del apartado anterior, la institución a la que se encargue el dictamen expresará a la mayor brevedad qué persona o personas se encargarán directamente de prepararlo, a las que se exigirá el juramento o promesa previsto en el apartado segundo del art. 335.

Artículo 341. *Procedimiento para la designación judicial de perito.*

1. En el mes de enero de cada año se interesará de los distintos Colegios profesionales o, en su defecto, de entidades análogas, así como de las Academias e instituciones culturales y científicas a que se refiere el apartado segundo del artículo anterior el envío de una lista de colegiados o asociados dispuestos a actuar como peritos. La primera designación de cada lista se efectuará por sorteo realizado en presencia del Secretario Judicial, y a partir de ella se efectuarán las siguientes designaciones por orden correlativo.

2. Cuando haya de designarse perito a persona sin título oficial, práctica o entendida en la materia, previa citación de las partes, se realizará la designación por el procedimiento establecido en el apartado anterior, usándose para ello una lista de personas que cada año se solicitará de sindicatos, asociaciones y entidades apropiadas, y que deberá estar integrada por al menos cinco de aquellas personas. Si, por razón de la singularidad de la materia de dictamen, únicamente se dispusiera del nombre de una persona entendida o práctica, se recabará de las partes su consentimiento y solo si todas lo otorgan se designará perito a esa persona.

Artículo 342. *Llamamiento al perito designado, aceptación y nombramiento. Provisión de fondos.*

1. En el mismo día o siguiente día hábil a la designación, el Secretario judicial comunicará ésta al perito titular, requiriéndole para que en el plazo de dos días manifieste si acepta el cargo. En caso afirmativo, se efectuará el nombramiento y el perito hará, en la forma en que se disponga, la manifestación bajo juramento o promesa que ordena el apartado 2 del art. 335.

2. Si el perito designado adujere justa causa que le impidiere la aceptación, y el Secretario judicial la considerare suficiente, será sustituido por el siguiente de la lista, y así sucesivamente, hasta que se pudiere efectuar el nombramiento.

3. El perito designado podrá solicitar, en los tres días siguientes a su nombramiento, la provisión de fondos que considere necesaria, que será a cuenta de la liquidación final. El Secretario judicial, mediante decreto,

decidirá sobre la provisión solicitada y ordenará a la parte o partes que hubiesen propuesto la prueba pericial y no tuviesen derecho a la asistencia jurídica gratuita, que procedan a abonar la cantidad fijada en la Cuenta de Depósitos y Consignaciones del Tribunal, en el plazo de cinco días.

Transcurrido dicho plazo, si no se hubiere depositado la cantidad establecida, el perito quedará eximido de emitir el dictamen, sin que pueda procederse a una nueva designación.

Cuando el perito designado lo hubiese sido de común acuerdo, y uno de los litigantes no realizare la parte de la consignación que le correspondiere, el Secretario judicial ofrecerá al otro litigante la posibilidad de completar la cantidad que faltare, indicando en tal caso los puntos sobre los que deba pronunciarse el dictamen, o de recuperar la cantidad depositada, en cuyo caso se aplicará lo dispuesto en el párrafo anterior.

Artículo 343. *Tachas de los peritos. Tiempo y forma de las tachas.*

1. Sólo podrán ser objeto de recusación los peritos designados judicialmente.

En cambio, los peritos no recusables podrán ser objeto de tacha cuando concurra en ellos alguna de las siguientes circunstancias:

1.º Ser cónyuge o pariente por consanguinidad o afinidad, dentro del cuarto grado civil de una de las partes o de sus Abogados o Procuradores.

2.º Tener interés directo o indirecto en el asunto o en otro semejante.

3.º Estar o haber estado en situación de dependencia o de comunidad o contraposición de intereses con alguna de las partes o con sus Abogados o Procuradores.

4.º Amistad íntima o enemistad con cualquiera de las partes o sus Procuradores o Abogados.

5.º Cualquier otra circunstancia, debidamente acreditada, que les haga desmerecer en el concepto profesional.

2. Las tachas no podrán formularse después del juicio o de la vista, en los juicios verbales. Si se tratare de juicio ordinario, las tachas de los peritos autores de dictámenes aportados con demanda o contestación se propondrán en la audiencia previa al juicio.

Al formular tachas de peritos, se podrá proponer la prueba conducente a justificarlas, excepto la testifical.

Artículo 344. *Contradicción y valoración de la tacha. Sanción en caso de tacha temeraria o desleal.*

1. Cualquier parte interesada podrá dirigirse al Tribunal a fin de negar o contradecir la tacha, aportando los documentos que consideren pertinentes a tal efecto. Si la tacha menoscabara la consideración profesional o personal del perito, podrá éste solicitar del Tribunal que, al término del proceso, declare, mediante providencia, que la tacha carece de fundamento.

2. Sin más trámites, el Tribunal tendrá en cuenta la tacha y su eventual negación o contradicción en el momento de valorar la prueba, formulando, en su caso, mediante providencia, la declaración de falta de fundamento de la tacha prevista en el apartado anterior. Si apreciase temeridad o deslealtad procesal en la tacha, a causa de su motivación o del tiempo en que se formulara, podrá imponer a la parte responsable, con previa audiencia, una multa de 60 a 600 euros.

Artículo 345. *Operaciones periciales y posible intervención de las partes en ellas.*

1. Cuando la emisión del dictamen requiera algún reconocimiento de lugares, objetos o personas o la realización de operaciones análogas, las partes y sus defensores podrán presenciar uno y otras, si con ello no se impide o estorba la labor del perito y se puede garantizar el acierto e imparcialidad del dictamen.

2. Si alguna de las partes solicitare estar presente en las operaciones periciales del apartado anterior, el Tribunal decidirá lo que proceda y, en caso de admitir esa presencia, ordenará al perito que dé aviso directamente a las partes, con antelación de al menos cuarenta y ocho horas, del día, hora y lugar en que aquellas operaciones se llevarán a cabo.

Artículo 346. *Emisión y ratificación del dictamen por el perito que el Tribunal designe.*

El perito que el Tribunal designe emitirá por escrito su dictamen, que hará llegar al Tribunal en el plazo que se le haya señalado. De dicho dictamen se dará traslado por el Secretario judicial a las partes por si consideran necesario que el perito concurra al juicio o a la vista a los efectos de que aporte las aclaraciones o explicaciones que sean oportunas. El Tribunal podrá acordar, en todo caso, mediante providencia, que considera necesaria la presencia del perito en el juicio o la vista para comprender y valorar mejor el dictamen realizado.

Artículo 347. *Posible actuación de los peritos en el juicio o en la vista.*

1. Los peritos tendrán en el juicio o en la vista la intervención solicitada por las partes, que el Tribunal admita.

El Tribunal solo denegará las solicitudes de intervención que, por su finalidad y contenido, hayan de estimarse impertinentes o inútiles, o cuando existiera un deber de confidencialidad derivado de la intervención del perito en un procedimiento de mediación anterior entre las partes.

En especial, las partes y sus defensores podrán pedir:

1.º Exposición completa del dictamen, cuando esa exposición requiera la realización de otras operaciones, complementarias del escrito aportado, mediante el empleo de los documentos, materiales y otros elementos a que se refiere el apartado 2 del art. 336.

2.º Explicación del dictamen o de alguno o algunos de sus puntos, cuyo significado no se considerase suficientemente expresivo a los efectos de la prueba.

3.º Respuestas a preguntas y objeciones, sobre método, premisas, conclusiones y otros aspectos del dictamen.

4.º Respuestas a solicitudes de ampliación del dictamen a otros puntos conexos, por si pudiera llevarse a cabo en el mismo acto y a efectos, en cualquier caso, de conocer la opinión del perito sobre la posibilidad y utilidad de la ampliación, así como del plazo necesario para llevarla a cabo.

5.º Crítica del dictamen de que se trate por el perito de la parte contraria.

6.º Formulación de las tachas que pudieren afectar al perito.

2. El Tribunal podrá también formular preguntas a los peritos y requerir de ellos explicaciones sobre lo que sea objeto del dictamen aportado, pero sin poder acordar, de oficio, que se amplíe, salvo que se trate de peritos designados de oficio conforme a lo dispuesto en el apartado 5 del art. 339.

Artículo 348. *Valoración del dictamen pericial.*

El Tribunal valorará los dictámenes periciales según las reglas de la sana crítica.

Artículo 349. *Cotejo de letras.*

1. Se practicará por perito el cotejo de letras cuando la autenticidad de un documento privado se niegue o se ponga en duda por la parte a quien perjudique.

2. También podrá practicarse cotejo de letras cuando se niegue o discuta la autenticidad de cualquier documento público que carezca de matriz y de copias fehacientes según lo dispuesto en el art. 1221 del Código Civil, siempre que dicho documento no pueda ser reconocido

por el funcionario que lo hubiese expedido o por quien aparezca como fedatario interviniente.

3. El cotejo de letras se practicará por perito designado por el Tribunal conforme a lo dispuesto en los arts. 341 y 342 de esta Ley.

Artículo 350. *Documentos indubitados o cuerpo de escritura para el cotejo.*

1. La parte que solicite el cotejo de letras designará el documento o documentos indubitados con que deba hacerse.

2. Se considerarán documentos indubitados a los efectos de cotejar las letras:

1.º Los documentos que reconozcan como tales todas las partes a las que pueda afectar esta prueba pericial.

2.º Las escrituras públicas y los que consten en los archivos públicos relativos al Documento Nacional de Identidad.

3.º Los documentos privados cuya letra o firma haya sido reconocida en juicio por aquel a quien se atribuya la dudosa.

4.º El escrito impugnado, en la parte en que reconozca la letra como suya aquel a quien perjudique.

3. A falta de los documentos enumerados en el apartado anterior, la parte a la que se atribuya el documento impugnado o la firma que lo autorice podrá ser requerida, a instancia de la contraria, para que forme un cuerpo de escritura que le dictará el Tribunal o el Secretario Judicial.

Si el requerido se negase, el documento impugnado se considerará reconocido.

4. Si no hubiese documentos indubitados y fuese imposible el cotejo con un cuerpo de escritura por fallecimiento o ausencia de quien debiera formarlo, el Tribunal apreciará el valor del documento impugnado conforme a las reglas de la sana crítica.

Artículo 351. *Producción y valoración del dictamen sobre el cotejo de letras.*

1. El perito que lleve a cabo el cotejo de letras consignará por escrito las operaciones de comprobación y sus resultados.

2. Será de aplicación al dictamen pericial de cotejo de letras lo dispuesto en los arts. 346, 347 y 348 de esta Ley.

Artículo 352. *Otros dictámenes periciales instrumentales de pruebas distintas.*

Cuando sea necesario o conveniente para conocer el contenido o sentido de una prueba o para proceder a su más acertada valoración, podrán las partes aportar o proponer dictámenes periciales sobre otros medios de prueba admitidos por el Tribunal al amparo de lo previsto en los apartados 2 y 3 del art. 299.

(...)

SECCIÓN 7.ª

DEL INTERROGATORIO DE TESTIGOS

(...)

Artículo 370. *Examen del testigo sobre las preguntas admitidas. Testigo-perito.*

1. Una vez contestadas las preguntas generales, el testigo será examinado por la parte que le hubiera propuesto, y si hubiera sido propuesto por ambas partes, se comenzará por las preguntas que formule el demandante.

2. El testigo responderá por sí mismo, de palabra, sin valerse de ningún borrador de respuestas. Cuando la pregunta se refiera a cuentas, libros o documentos, se permitirá que los consulte antes de responder.

3. En cada una de sus respuestas, el testigo expresará la razón de ciencia de lo que diga.

4. Cuando el testigo posea conocimientos científicos, técnicos, artísticos o prácticos sobre la materia a que se refieran los hechos del interrogatorio, el Tribunal admitirá las manifestaciones que en virtud de dichos conocimientos agregue el testigo a sus respuestas sobre los hechos.

En cuanto a dichas manifestaciones, las partes podrán hacer notar al Tribunal la concurrencia de cualquiera de las circunstancias de tacha relacionadas en el art. 343 de esta Ley.

8. JURISPRUDENCIA

1) Sentencia de la AP Alicante, Sec. 9.ª, de 30-1-2012, n.º 34/2012, rec. 787/2010. Pte.: Valero Diez, José Manuel (LA LEY 53261/2012)

— Valor del informe médico.

«A ello cabe añadir los informes del punto de encuentro que revelan los graves estados de estrés emocional que sufre la menor en dichas ocasiones y que motivan que deba ser asistida incluso médicamente, así como el informe del departamento de orientación escolar de mayo de 2011, firmado por la tutora y el director pedagógico del colegio, que confirma la incidencia de esa situación de ansiedad en su rendimiento escolar. Así como el informe de la unidad de salud mental de la infancia y adolescencia del hospital Vega Baja de Orihuela, que certifica que la menor no presenta sintomatología alguna en la esfera sensoperceptiva, ni anímica, ni síntomas de ansiedad en la exploración psicopatológica, pero sí angustia que informa con buena capacidad de expresión emocional en torno a sentirse forzada y presionada a ver a su padre biológico.»

2) Sentencia de la AP Zaragoza, Sec. 2.ª, de 18-9-2012, rec. 284/2012. Pte.: Acín Garos, Francisco (LA LEY 143950/2012)

— Valoración de los informes médicos.

«Los distintos informes médicos aportados niegan en el padre anormalidades psiquiátricas o psicológicas que desmerezcan su aptitud para el ejercicio de la guarda y custodia de sus hijos. No existen en estos problemas sanitarios, ni, por tanto, despreocupación del Sr. Luis María en su atención —aclaraciones del Dr. Edemiro al certificado emitido en Medidas Provisionales, folios 399 y 400—, ni tampoco en la de las actividades de carácter formativo y extraescolares impulsadas por el Colegio.»

3) Sentencia de la AP Barcelona, Sec. 12.ª, de 26-7-2012, rec. 104/2012. Pte.: Ortuño Muñoz, José Pascual (LA LEY 122852/2012)

— Deber de los progenitores de facilitar a los hijos menores tratamiento profesional para normalizar los efectos de la ruptura matrimonial.

«No puede el orden jurídico entrar en éste ámbito de los derechos civiles y de los tratamientos médicos o psicológicos en personas adultas. No obstante sí es pertinente y apropiado imponer a ambos litigantes que faciliten a los menores el tratamiento psicológico para superar los trastornos que en su estabilidad han provocado las tensiones que han vivido, y con miras a la recuperación de una relación con el padre normalizada. El tratamiento que habrán de seguir los dos menores, y en el que la madre deberá colaborar, ha de ser realizado por un profesional de la American Association for Marriage and Family Service o institución similar, cuya intervención concertará la demandada, y del que requerirá un informe bimensual que se remitirá al Juzgado de Primera Instancia, en ejecución de esta sentencia.»

XI

DICTAMEN DE ESPECIALISTAS. PRUEBA PERICIAL PSICOSOCIAL

SUMARIO:

1. FUNCIÓN DE LOS ESPECIALISTAS

Es una de las pruebas más destacadas e importantes de derecho de familia y en un elevado número de supuestos el Juez sigue las recomendaciones contenidas en el informe psicosocial, no obstante, dicho informe no es vinculante para el Tribunal.

La función de estos especialistas (Psicólogo-Trabajador Social) es la de actuar e intervenir como peritos auxiliares del Juez, en la determinación de las medidas reguladoras tras las rupturas matrimoniales, y en especial las relativas a la atribución de la guarda y custodia de los hijos menores, al ejercicio de la patria potestad y al régimen de visitas y comunicaciones de los menores con el progenitor no custodio.

Su finalidad es poder valorar los conflictos familiares que se originan tras las crisis matrimoniales o de pareja desde una posición no jurídica y en consecuencia poder adoptar las medidas más adecuadas para los intereses de los hijos menores.

2. ADMISIÓN DEL INFORME PSICOSOCIAL

El art. 92 del Código Civil establece la posibilidad de recabar el dictamen de especialistas debidamente cualificados, con el fin de conocer los aspectos relativos a la idoneidad del modo de ejercicio de la patria potestad y del régimen de custodia de los menores pero también el objeto de esta prueba puede referirse a la forma en que han de tener lugar las comunicaciones de los menores con el progenitor no custodio, a la privación o recuperación, en su caso, de la patria potestad o a la suspensión de su ejercicio.

Esta prueba se puede acordar de oficio, a instancia de cualquiera de las partes o del Ministerio Fiscal y puede practicarse como prueba anticipada o dentro del proceso probatorio.

Los Abogados de las partes no tienen participación en la recogida de cuanta información sea precisa para la elaboración del informe toda vez que su presencia podría impedir o entorpecer la labor del Equipo Técnico.

3. INTERVENCIÓN DEL EQUIPO TÉCNICO EN EL ACTO DEL JUICIO

En el acto de la vista los letrados de las partes pueden formular preguntas concretas sobre la razón o conocimiento de los datos o circunstancias de las partes incorporadas al informe que resulten contradichos por otras pruebas obrantes en autos con objeto de poder efectuar una más ajustada valoración de las pruebas de resultado contradictorio.

Se puede interesar de los peritos respuestas sobre los métodos, conclusiones y otros aspectos utilizados en el informe, explicación o aclaración de algunos de sus puntos y sobre las razones psicológicas o sociales que han llevado al Equipo a una determinada conclusión.

No debe el letrado entrar en discusiones técnicas con el perito aunque discrepe de las conclusiones del informe.

Puede solicitarse ampliación del informe a otros puntos conexos, si dicha ampliación no pudiera efectuarse en el acto del juicio el Juez acordará lo que proceda.

4. VALORACION DE LA PRUEBA

Esta prueba será valorada por el Juez conforme a las reglas de la sana crítica; la resolución que se aparte de las recomendaciones contenidas en el informe psicosocial deberá contener los motivos de dicha decisión.

5. LEGISLACIÓN PROCESAL

— **LEC:** arts. 771.3, 777.4, 335 a 352 y 370.

Artículo 771. *Medidas provisionales previas a la demanda de nulidad, separación o divorcio. Solicitud, comparecencia y resolución.*

(...)

3. En el acto de la comparecencia a que se refiere el apartado anterior, si no hubiere acuerdo de los cónyuges sobre las medidas a adoptar o si dicho acuerdo, oído, en su caso, el Ministerio Fiscal, no fuera aprobado en todo o en parte por el Tribunal, se oirán las alegaciones de los concurrentes y se practicará la prueba que éstos propongan y que no sea inútil o impertinente, así como la que el Tribunal acuerde de oficio. Si alguna prueba no pudiera practicarse en la comparecencia, el Secretario judicial señalará fecha para su práctica, en unidad de acto, dentro de los diez días siguientes.

La falta de asistencia, sin causa justificada, de alguno de los cónyuges a la comparecencia podrá determinar que se consideren admitidos los hechos alegados por el cónyuge presente para fundamentar sus peticiones sobre medidas provisionales de carácter patrimonial.

(...)

Artículo 777. *Separación o divorcio solicitados de mutuo acuerdo o por uno de los cónyuges con el consentimiento del otro.*

(...)

4. Ratificada por ambos cónyuges la solicitud, si la documentación aportada fuera insuficiente, el Tribunal concederá mediante providencia a los solicitantes un plazo de diez días para que la completen. Durante

este plazo se practicará, en su caso, la prueba que los cónyuges hubieren propuesto y la demás que el Tribunal considere necesaria para acreditar la concurrencia de las circunstancias en cada caso exigidas por el Código Civil y para apreciar la procedencia de aprobar la propuesta de convenio regulador.

(...)

SECCIÓN 5.ª

DEL DICTAMEN DE PERITOS

Artículo 335. *Objeto y finalidad del dictamen de peritos. Juramento o promesa de actuar con objetividad.*

1. Cuando sean necesarios conocimientos científicos, artísticos, técnicos o prácticos para valorar hechos o circunstancias relevantes en el asunto o adquirir certeza sobre ellos, las partes podrán aportar al proceso el dictamen de peritos que posean los conocimientos correspondientes o solicitar, en los casos previstos en esta ley, que se emita dictamen por perito designado por el Tribunal.

2. Al emitir el dictamen, todo perito deberá manifestar, bajo juramento o promesa de decir verdad, que ha actuado y, en su caso, actuará con la mayor objetividad posible, tomando en consideración tanto lo que pueda favorecer como lo que sea susceptible de causar perjuicio a cualquiera de las partes, y que conoce las sanciones penales en las que podría incurrir si incumpliere su deber como perito.

3. Salvo acuerdo en contrario de las partes, no se podrá solicitar dictamen a un perito que hubiera intervenido en una mediación o arbitraje relacionados con el mismo asunto.

Artículo 336. *Aportación con la demanda y la contestación de dictámenes elaborados por peritos designados por las partes.*

1. Los dictámenes de que los litigantes dispongan, elaborados por peritos por ellos designados, y que estimen necesarios o convenientes para la defensa de sus derechos, habrán de aportarlos con la demanda o con la contestación, si ésta hubiere de realizarse en forma escrita, sin perjuicio de lo dispuesto en el art. 337 de la presente Ley.

2. Los dictámenes se formularán por escrito, acompañados, en su caso, de los demás documentos, instrumentos o materiales adecuados para exponer el parecer del perito sobre lo que haya sido objeto de la pericia. Si no fuese posible o conveniente aportar estos materiales e instrumentos, el escrito de dictamen contendrá sobre ellos las indicaciones

suficientes. Podrán, asimismo, acompañarse al dictamen los documentos que se estimen adecuados para su más acertada valoración.

3. Se entenderá que al demandante le es posible aportar con la demanda dictámenes escritos elaborados por perito por él designado, si no justifica cumplidamente que la defensa de su derecho no ha permitido demorar la interposición de aquélla hasta la obtención del dictamen.

4. En los juicios con contestación a la demanda por escrito, el demandado que no pueda aportar dictámenes escritos con aquella contestación a la demanda deberá justificar la imposibilidad de pedirlos y obtenerlos dentro del plazo para contestar.

Artículo 337. *Anuncio de dictámenes cuando no se puedan aportar con la demanda o con la contestación. Aportación posterior.*

1. Si no les fuese posible a las partes aportar dictámenes elaborados por peritos por ellas designados, junto con la demanda o contestación, expresarán en una u otra los dictámenes de que, en su caso, pretendan valerse, que habrán de aportar, para su traslado a la parte contraria, en cuanto dispongan de ellos, y en todo caso cinco días antes de iniciarse la audiencia previa al juicio ordinario o de la vista en el verbal.

2. Aportados los dictámenes conforme a lo dispuesto en el apartado anterior, las partes habrán de manifestar si desean que los peritos autores de los dictámenes comparezcan en el juicio regulado en los arts. 431 y siguientes de esta Ley o, en su caso, en la vista del juicio verbal, expresando si deberán exponer o explicar el dictamen o responder a preguntas, objeciones o propuestas de rectificación o intervenir de cualquier otra forma útil para entender y valorar el dictamen en relación con lo que sea objeto del pleito.

Artículo 338. *Aportación de dictámenes en función de actuaciones procesales posteriores a la demanda. Solicitud de intervención de los peritos en el juicio o vista.*

1. Lo dispuesto en el artículo anterior no será de aplicación a los dictámenes cuya necesidad o utilidad se ponga de manifiesto a causa de alegaciones del demandado en la contestación a la demanda o de las alegaciones o pretensiones complementarias admitidas en la audiencia, a tenor del art. 426 de esta Ley.

2. Los dictámenes cuya necesidad o utilidad venga suscitada por la contestación a la demanda o por lo alegado y pretendido en la audiencia previa al juicio se aportarán por las partes, para su traslado a las contrarias, con al menos cinco días de antelación a la celebración del juicio o de la vista, en los juicios verbales con trámite de contestación escrita, manifestando las partes al Tribunal si consideran necesario que concurran a

dichos juicio o vista los peritos autores de los dictámenes, con expresión de lo que se señala en el apartado 2 del art. 337.

El Tribunal podrá acordar también en este caso la presencia de los peritos en el juicio o vista en los términos señalados en el apartado 2 del artículo anterior.

Artículo 339. *Solicitud de designación de peritos por el Tribunal y resolución judicial sobre dicha solicitud. Designación de peritos por el Tribunal, sin instancia de parte.*

1. Si cualquiera de las partes fuese titular del derecho de asistencia jurídica gratuita, no tendrá que aportar con la demanda o la contestación el dictamen pericial, sino simplemente anunciarlo, a los efectos de que se proceda a la designación judicial de perito, conforme a lo que se establece en la Ley de Asistencia Jurídica Gratuita.

Si se tratara de juicios verbales sin trámite de contestación escrita, el demandado beneficiario de justicia gratuita deberá solicitar la designación judicial de perito al menos con diez días de antelación al que se hubiera señalado para la celebración del acto de la vista, a fin de que el perito designado pueda emitir su informe con anterioridad a dicho acto.

2. El demandante o el demandado, aunque no se hallen en el caso del apartado anterior, también podrán solicitar en sus respectivos escritos iniciales o el demandado con la antelación prevista en el párrafo segundo del apartado anterior de este artículo, que se proceda a la designación judicial de perito, si entienden conveniente o necesario para sus intereses la emisión de informe pericial. En tal caso, el Tribunal procederá a la designación, siempre que considere pertinente y útil el dictamen pericial solicitado. Dicho dictamen será a costa de quien lo haya pedido, sin perjuicio de lo que pudiere acordarse en materia de costas.

Salvo que se refiera a alegaciones o pretensiones no contenidas en la demanda, no se podrá solicitar, con posterioridad a la demanda o a la contestación o una vez transcurrido el plazo señalado en los apartados 1 y 2 de este artículo para la prueba pericial de los juicios verbales sin contestación escrita, informe pericial elaborado por perito designado judicialmente.

La designación judicial de perito deberá realizarse en el plazo de cinco días desde la presentación de la contestación a la demanda, con independencia de quien haya solicitado dicha designación, o en el plazo de dos días a contar desde la presentación de la solicitud en los supuestos contemplados en el párrafo segundo del apartado 1 y en el apartado 2 de este precepto. Cuando ambas partes la hubiesen pedido inicialmente, el Tribunal podrá designar, si aquéllas se muestran conformes, un único perito que emita el informe solicitado. En tal caso, el abono de los honorarios del perito corresponderá realizarlo a ambos litigantes por partes iguales, sin perjuicio de lo que pudiere acordarse en materia de costas.

3. En el juicio ordinario, si, a consecuencia de las alegaciones o pretensiones complementarias permitidas en la audiencia, las partes solicitasen, conforme previene el apartado cuarto del art. 427, la designación por el Tribunal de un perito que dictamine, lo acordará éste así, siempre que considere pertinente y útil el dictamen, y ambas partes se muestren conformes en el objeto de la pericia y en aceptar el dictamen del perito que el Tribunal nombre.

Lo mismo podrá hacer el Tribunal cuando se trate de juicio verbal y las partes solicitasen designación de perito, con los requisitos del párrafo anterior.

4. En los casos señalados en los dos apartados anteriores, si las partes que solicitasen la designación de un perito por el Tribunal estuviesen además de acuerdo en que el dictamen sea emitido por una determinada persona o entidad, así lo acordará el Tribunal. Si no hubiese acuerdo de las partes, el perito será designado por el procedimiento establecido en el art. 341.

5. El Tribunal podrá, de oficio, designar perito cuando la pericia sea pertinente en procesos sobre declaración o impugnación de la filiación, paternidad y maternidad, sobre la capacidad de las personas o en procesos matrimoniales.

6. El Tribunal no designará más que un perito titular por cada cuestión o conjunto de cuestiones que hayan de ser objeto de pericia y que no requieran, por la diversidad de su materia, el parecer de expertos distintos.

Artículo 340. *Condiciones de los peritos.*

1. Los peritos deberán poseer el título oficial que corresponda a la materia objeto del dictamen y a la naturaleza de éste. Si se tratare de materias que no estén comprendidas en títulos profesionales oficiales, habrán de ser nombrados entre personas entendidas en aquellas materias.

2. Podrá asimismo solicitarse dictamen de Academias e instituciones culturales y científicas que se ocupen del estudio de las materias correspondientes al objeto de la pericia. También podrán emitir dictamen sobre cuestiones específicas las personas jurídicas legalmente habilitadas para ello.

3. En los casos del apartado anterior, la institución a la que se encargue el dictamen expresará a la mayor brevedad qué persona o personas se encargarán directamente de prepararlo, a las que se exigirá el juramento o promesa previsto en el apartado segundo del art. 335.

Artículo 341. *Procedimiento para la designación judicial de perito.*

1. En el mes de enero de cada año se interesará de los distintos Colegios profesionales o, en su defecto, de entidades análogas, así como de las Academias e instituciones culturales y científicas a que se refiere el apartado segundo del artículo anterior el envío de una lista de colegiados o asociados dispuestos a actuar como peritos. La primera designación de cada lista se efectuará por sorteo realizado en presencia del Secretario Judicial, y a partir de ella se efectuarán las siguientes designaciones por orden correlativo.

2. Cuando haya de designarse perito a persona sin título oficial, práctica o entendida en la materia, previa citación de las partes, se realizará la designación por el procedimiento establecido en el apartado anterior, usándose para ello una lista de personas que cada año se solicitará de sindicatos, asociaciones y entidades apropiadas, y que deberá estar integrada por al menos cinco de aquellas personas. Si, por razón de la singularidad de la materia de dictamen, únicamente se dispusiera del nombre de una persona entendida o práctica, se recabará de las partes su consentimiento y solo si todas lo otorgan se designará perito a esa persona.

Artículo 342. *Llamamiento al perito designado, aceptación y nombramiento. Provisión de fondos.*

1. En el mismo día o siguiente día hábil a la designación, el Secretario judicial comunicará ésta al perito titular, requiriéndole para que en el plazo de dos días manifieste si acepta el cargo. En caso afirmativo, se efectuará el nombramiento y el perito hará, en la forma en que se disponga, la manifestación bajo juramento o promesa que ordena el apartado 2 del art. 335.

2. Si el perito designado adujere justa causa que le impidiere la aceptación, y el Secretario judicial la considerare suficiente, será sustituido por el siguiente de la lista, y así sucesivamente, hasta que se pudiere efectuar el nombramiento.

3. El perito designado podrá solicitar, en los tres días siguientes a su nombramiento, la provisión de fondos que considere necesaria, que será a cuenta de la liquidación final. El Secretario judicial, mediante decreto, decidirá sobre la provisión solicitada y ordenará a la parte o partes que hubiesen propuesto la prueba pericial y no tuviesen derecho a la asistencia jurídica gratuita, que procedan a abonar la cantidad fijada en la Cuenta de Depósitos y Consignaciones del Tribunal, en el plazo de cinco días.

Transcurrido dicho plazo, si no se hubiere depositado la cantidad establecida, el perito quedará eximido de emitir el dictamen, sin que pueda procederse a una nueva designación.

Cuando el perito designado lo hubiese sido de común acuerdo, y uno de los litigantes no realizare la parte de la consignación que le correspondiere, el Secretario judicial ofrecerá al otro litigante la posibilidad de completar la cantidad que faltare, indicando en tal caso los puntos sobre los que deba pronunciarse el dictamen, o de recuperar la cantidad depositada, en cuyo caso se aplicará lo dispuesto en el párrafo anterior.

Artículo 343. *Tachas de los peritos. Tiempo y forma de las tachas.*

1. Sólo podrán ser objeto de recusación los peritos designados judicialmente.

En cambio, los peritos no recusables podrán ser objeto de tacha cuando concurra en ellos alguna de las siguientes circunstancias:

1.º Ser cónyuge o pariente por consanguinidad o afinidad, dentro del cuarto grado civil de una de las partes o de sus Abogados o Procuradores.

2.º Tener interés directo o indirecto en el asunto o en otro semejante.

3.º Estar o haber estado en situación de dependencia o de comunidad o contraposición de intereses con alguna de las partes o con sus Abogados o Procuradores.

4.º Amistad íntima o enemistad con cualquiera de las partes o sus Procuradores o Abogados.

5.º Cualquier otra circunstancia, debidamente acreditada, que les haga desmerecer en el concepto profesional.

2. Las tachas no podrán formularse después del juicio o de la vista, en los juicios verbales. Si se tratare de juicio ordinario, las tachas de los peritos autores de dictámenes aportados con demanda o contestación se propondrán en la audiencia previa al juicio.

Al formular tachas de peritos, se podrá proponer la prueba conducente a justificarlas, excepto la testifical.

Artículo 344. *Contradicción y valoración de la tacha. Sanción en caso de tacha temeraria o desleal.*

1. Cualquier parte interesada podrá dirigirse al Tribunal a fin de negar o contradecir la tacha, aportando los documentos que consideren pertinentes a tal efecto. Si la tacha menoscabara la consideración profesional o personal del perito, podrá éste solicitar del Tribunal que, al término del proceso, declare, mediante providencia, que la tacha carece de fundamento.

2. Sin más trámites, el Tribunal tendrá en cuenta la tacha y su eventual negación o contradicción en el momento de valorar la prueba, formulando, en su caso, mediante providencia, la declaración de falta de fundamento de la tacha prevista en el apartado anterior. Si apreciase temeridad o deslealtad procesal en la tacha, a causa de su motivación o del tiempo en que se formulara, podrá imponer a la parte responsable, con previa audiencia, una multa de 60 a 600 euros.

Artículo 345. *Operaciones periciales y posible intervención de las partes en ellas.*

1. Cuando la emisión del dictamen requiera algún reconocimiento de lugares, objetos o personas o la realización de operaciones análogas, las partes y sus defensores podrán presenciar uno y otras, si con ello no se impide o estorba la labor del perito y se puede garantizar el acierto e imparcialidad del dictamen.

2. Si alguna de las partes solicitare estar presente en las operaciones periciales del apartado anterior, el Tribunal decidirá lo que proceda y, en caso de admitir esa presencia, ordenará al perito que dé aviso directamente a las partes, con antelación de al menos cuarenta y ocho horas, del día, hora y lugar en que aquellas operaciones se llevarán a cabo.

Artículo 346. *Emisión y ratificación del dictamen por el perito que el Tribunal designe.*

El perito que el Tribunal designe emitirá por escrito su dictamen, que hará llegar al Tribunal en el plazo que se le haya señalado. De dicho dictamen se dará traslado por el Secretario judicial a las partes por si consideran necesario que el perito concurra al juicio o a la vista a los efectos de que aporte las aclaraciones o explicaciones que sean oportunas. El Tribunal podrá acordar, en todo caso, mediante providencia, que considera necesaria la presencia del perito en el juicio o la vista para comprender y valorar mejor el dictamen realizado.

Artículo 347. *Posible actuación de los peritos en el juicio o en la vista.*

1. Los peritos tendrán en el juicio o en la vista la intervención solicitada por las partes, que el Tribunal admita.

El Tribunal solo denegará las solicitudes de intervención que, por su finalidad y contenido, hayan de estimarse impertinentes o inútiles, o cuando existiera un deber de confidencialidad derivado de la intervención del perito en un procedimiento de mediación anterior entre las partes.

En especial, las partes y sus defensores podrán pedir:

1.º Exposición completa del dictamen, cuando esa exposición requiera la realización de otras operaciones, complementarias del escrito aportado, mediante el empleo de los documentos, materiales y otros elementos a que se refiere el apartado 2 del art. 336.

2.º Explicación del dictamen o de alguno o algunos de sus puntos, cuyo significado no se considerase suficientemente expresivo a los efectos de la prueba.

3.º Respuestas a preguntas y objeciones, sobre método, premisas, conclusiones y otros aspectos del dictamen.

4.º Respuestas a solicitudes de ampliación del dictamen a otros puntos conexos, por si pudiera llevarse a cabo en el mismo acto y a efectos, en cualquier caso, de conocer la opinión del perito sobre la posibilidad y utilidad de la ampliación, así como del plazo necesario para llevarla a cabo.

5.º Crítica del dictamen de que se trate por el perito de la parte contraria.

6.º Formulación de las tachas que pudieren afectar al perito.

2. El Tribunal podrá también formular preguntas a los peritos y requerir de ellos explicaciones sobre lo que sea objeto del dictamen aportado, pero sin poder acordar, de oficio, que se amplíe, salvo que se trate de peritos designados de oficio conforme a lo dispuesto en el apartado 5 del art. 339.

Artículo 348. *Valoración del dictamen pericial.*

El Tribunal valorará los dictámenes periciales según las reglas de la sana crítica.

Artículo 349. *Cotejo de letras.*

1. Se practicará por perito el cotejo de letras cuando la autenticidad de un documento privado se niegue o se ponga en duda por la parte a quien perjudique.

2. También podrá practicarse cotejo de letras cuando se niegue o discuta la autenticidad de cualquier documento público que carezca de matriz y de copias fehacientes según lo dispuesto en el art. 1221 del Código Civil, siempre que dicho documento no pueda ser reconocido por el funcionario que lo hubiese expedido o por quien aparezca como fedatario interviniente.

3. El cotejo de letras se practicará por perito designado por el Tribunal conforme a lo dispuesto en los arts. 341 y 342 de esta Ley.

Artículo 350. *Documentos indubitados o cuerpo de escritura para el cotejo.*

1. La parte que solicite el cotejo de letras designará el documento o documentos indubitados con que deba hacerse.

2. Se considerarán documentos indubitados a los efectos de cotejar las letras:

1.º Los documentos que reconozcan como tales todas las partes a las que pueda afectar esta prueba pericial.

2.º Las escrituras públicas y los que consten en los archivos públicos relativos al Documento Nacional de Identidad.

3.º Los documentos privados cuya letra o firma haya sido reconocida en juicio por aquel a quien se atribuya la dudosa.

4.º El escrito impugnado, en la parte en que reconozca la letra como suya aquel a quien perjudique.

3. A falta de los documentos enumerados en el apartado anterior, la parte a la que se atribuya el documento impugnado o la firma que lo autorice podrá ser requerida, a instancia de la contraria, para que forme un cuerpo de escritura que le dictará el Tribunal o el Secretario Judicial.

Si el requerido se negase, el documento impugnado se considerará reconocido.

4. Si no hubiese documentos indubitados y fuese imposible el cotejo con un cuerpo de escritura por fallecimiento o ausencia de quien debiera formarlo, el Tribunal apreciará el valor del documento impugnado conforme a las reglas de la sana crítica.

Artículo 351. *Producción y valoración del dictamen sobre el cotejo de letras.*

1. El perito que lleve a cabo el cotejo de letras consignará por escrito las operaciones de comprobación y sus resultados.

2. Será de aplicación al dictamen pericial de cotejo de letras lo dispuesto en los arts. 346, 347 y 348 de esta Ley.

Artículo 352. *Otros dictámenes periciales instrumentales de pruebas distintas.*

Cuando sea necesario o conveniente para conocer el contenido o sentido de una prueba o para proceder a su más acertada valoración, podrán las partes aportar o proponer dictámenes periciales sobre otros medios de prueba admitidos por el Tribunal al amparo de lo previsto en los apartados 2 y 3 del art. 299.

(...)

Artículo 370. *Examen del testigo sobre las preguntas admitidas. Testigo-perito.*

1. Una vez contestadas las preguntas generales, el testigo será examinado por la parte que le hubiera propuesto, y si hubiera sido propuesto por ambas partes, se comenzará por las preguntas que formule el demandante.

2. El testigo responderá por sí mismo, de palabra, sin valerse de ningún borrador de respuestas. Cuando la pregunta se refiera a cuentas, libros o documentos, se permitirá que los consulte antes de responder.

3. En cada una de sus respuestas, el testigo expresará la razón de ciencia de lo que diga.

4. Cuando el testigo posea conocimientos científicos, técnicos, artísticos o prácticos sobre la materia a que se refieran los hechos del interrogatorio, el Tribunal admitirá las manifestaciones que en virtud de dichos conocimientos agregue el testigo a sus respuestas sobre los hechos.

En cuanto a dichas manifestaciones, las partes podrán hacer notar al Tribunal la concurrencia de cualquiera de las circunstancias de tacha relacionadas en el art. 343 de esta Ley.

— **CC:** art. 92.6 y 8.

Artículo 92.

(...)

6. En todo caso, antes de acordar el régimen de guarda y custodia, el Juez deberá recabar informe del Ministerio Fiscal, y oír a los menores que tengan suficiente juicio cuando se estime necesario de oficio o a petición del Fiscal, partes o miembros del Equipo Técnico Judicial, o del propio menor, valorar las alegaciones de las partes vertidas en la comparecencia y la prueba practicada en ella, y la relación que los padres mantengan entre sí y con sus hijos para determinar su idoneidad con el régimen de guarda.

(...)

8. Excepcionalmente, aun cuando no se den los supuestos del apartado cinco de este artículo, el Juez, a instancia de una de las partes, con informe *favorable*(**) del Ministerio Fiscal, podrá acordar la guarda y custodia compartida fundamentándola en que solo de esta forma se protege adecuadamente el interés superior del menor.

(...)

(**) El inciso «favorable» contenido en el apartado 8.º del artículo 92, según redacción dada por la Ley 15/2005, de 8 de julio, ha sido declarado inconstitucional y nulo por Sentencia TC (Pleno) de 17 de octubre de 2012. Ver sentencia 7) en el apartado de Jurisprudencia de este Capítulo (págs. 289 y 290)

6. JURISPRUDENCIA

1) Sentencia del TSJ Aragón, Sec. 1.ª, de 8-2-2012, rec 27/2011. Pte.: Martínez Lasierra, Ignacio (LA LEY 17247/2012)

— Valoración del informe psicosocial.

«En el caso de autos es claro que la petición del padre adolece de consistencia, al ponerse de relieve que éste carece no solo de la costumbre e iniciativa precisas para afrontar los cuidados básicos de sus hijas (control de tareas escolares, hábitos de higiene y alimentación, etc.), sino, y además, de la disponibilidad horaria necesaria por razones laborales para procurar esos cuidados.

El informe psicológico aconseja mantener en esas condiciones la custodia en la madre y esta es la solución que se revela más acertada para preservar el prioritario interés de las hijas, por encima de cualquier capricho o preferencia gratuita de los progenitores.»

2) Sentencia de la AP Valencia, Sec. 10.ª, S 14-2-2011, rec. 1157/2010. Pte.: Motta García-España, José Enrique de (LA LEY 44079/2011)

— Valor del informe psicosocial en medidas personales de menores.

La AP, desestimando el recurso de apelación del esposo y confirmando el resto de medidas adoptadas, en concreto la atribución de la custodia a la madre ya que, teniendo en cuenta el mayor interés de los menores, que hay que valorar no solo desde el punto de vista del confort material sino teniendo en cuenta el mejor desarrollo psico-afectivo, no hay ninguna razón para discrepar del criterio del juzgador de instancia dada la contundencia **del informe del gabinete** que aconseja el mantenimiento de la custodia materna.

3) Sentencia de AP Barcelona, Sec. 12.ª, S 26-7-2012, rec. 725/2011. Pte.: Jiménez de Parga Gaston, Juan Miguel (LA LEY 122850/2012)

— Valoración del informe psicosocial conforme a las reglas de la sana crítica.

> «La valoración del informe pericial conforme a las reglas de la sana critica, por parte de este Tribunal, a tenor de las prescripciones del art. 348 de la Ley de Enjuiciamiento Civil, conduce a que en interés de la menor, sea la madre quien siga ejerciendo las funciones derivadas de la guarda y custodia.»

4) Sentencia de la AP Madrid, Sec. 22.ª, de 28-6-2012, n.º 476/2012, rec. 1264/2011. Pte.: Hernández Hernández, Rosario (LA LEY 126503/2012)

— Valor del informe psicosocial en procesos matrimoniales con menores.

> «Como régimen de visitas para Doña ... se dispone que la madre podrá estar con el menor inicialmente dos fines de semana al mes, el sábado y el domingo, en el Punto de Encuentro del domicilio del menor en visitas de dos horas supervisadas por profesionales. El régimen de visitas se ampliará progresivamente **conforme a las pautas e indicaciones que establezca el Equipo de los Servicios Sociales de... en colaboración con el Equipo Psicosocial** adscrito a los Juzgados de ..., los cuales realizarán el seguimiento y el tratamiento del grupo familiar, dando las pautas necesarias para proteger al menor y conseguir la normalización de la situación familiar y el establecimiento de unas relaciones paterno-filiales positivas y sanas para ambos progenitores, informando trimestralmente a este Juzgado y cuando así lo exijan las circunstancias, así como en todo caso cuando sean requeridos por el Tribunal para ello en cualquier tiempo.»

5) STS, Sala 1.ª, de 10-12-2012, rec. 2560/2011. Pte.: Seijas Quintana, José Antonio (LA LEY 185317/2012)

— La valoración del informe de los servicios psicosociales se asimila a la de los peritos.

«La valoración de la prueba del informe de los servicios psicosociales debe ser asimilada a la de los peritos, aunque tenga una naturaleza no totalmente equiparada al informe pericial. La STS 660/2011, de 5 octubre, dijo que el Juez debe valorar los informes periciales de acuerdo con lo que dispone el art. 348 LEC. De este modo, solo cuando dicha valoración no respete "las reglas de la sana crítica", podrá impugnarse, pero no es aceptable la sustitución de la estimación efectuada por el Juez por la realizada por el recurrente.»

6) Sentencia del Juzgado de Primera Instancia n.º 9, Valencia, de 7-12-2012, Pte.: Pons-Fuster Olivera, Ana Vega (LA LEY 190820/2012)

— Valor dirimente del informe psicosocial en relación con los dictámenes privados presentados.

«El informe pericial del Gabinete —al que damos un valor dirimente en relación a los otros dos dictámenes privados, contradictorios e incompletos al no haber valorado a todos los miembros de la unidad familiar—, ciertamente recomienda mantener la custodia materna "al no apreciarse factores de tipo psicosocial que hagan aconsejable un cambio en la modalidad de custodia", pero examinado en su conjunto el dictamen, no encontramos a diferencia de otros muchos informes emitidos por el mismo servicio, razones de peso para no avanzar hacia un modelo de convivencia compartida.»

7) STC (Pleno) de 17 de octubre de 2012, núm. 185/2012, Pte: Roca Trías, Encarnación (LA LEY 153054/2012)

— Inconstitucionalidad del inciso «favorable» (informe del Ministerio Fiscal) contenido en el art. 92.8 CC. Se declara inconstitucional y nulo el inciso «favorable», primero, porque se trata de una previsión normativa contraria a lo dispuesto en el art. 117.3 CE, pues corresponde exclusivamente al Juez o Tribunal verificar si concurren los requisitos legales para aplicar el régimen excepcional y, en el caso de que así sea, valorar si, en el marco de la controversia existente entre los progenitores, debe o no adoptarse tal medida; y segundo, por vulnerar el derecho a la tutela judicial efectiva del art. 24.1 CE, pues el hecho de que el pronunciamiento judicial se haga depender del dictamen del Fiscal menoscaba de facto el derecho de la parte a obtener una resolución sobre el fondo.

> «Dado que en los anteriores fundamentos jurídicos hemos declarado el carácter inconstitucional del término "favorable" referido al dictamen del Ministerio Fiscal en el supuesto contemplado en el art. 92.8º CC, y a los efectos que ahora importan de obtener una resolución judicial sobre la guarda y custodia con idénticas garantías para los interesados y con igual libertad y discrecionalidad para el órgano judicial en todo los supuestos, el hecho de que el Ministerio Público emita uno u otro informe pierde ya su relevancia en relación con la posible vulneración del art. 14 CE. El motivo de que este Tribunal Constitucional realice tal afirmación no es otro que el de constatar que, en cualquier caso, la alegada vulneración procedería en definitiva, no de la regulación de situaciones distintas, que lo son, sino de la circunstancia de que el órgano judicial vea limitada, dependiendo de cada supuesto, su función jurisdiccional.
>
> A juicio de este Tribunal Constitucional, el régimen de custodia, sea o no compartida y exista o no acuerdo parental, debe adoptarse siempre, considerando cuál sea la situación más beneficiosa para el niño; y si bien se confiere a los progenitores la facultad de autorregular tal medida y el Ministerio Fiscal tiene el deber de velar por la protección de los menores en este tipo de procesos, sólo al órgano judicial le corresponde la facultad de resolver el conflicto que se le plantea, pues exclusivamente él tiene encomendada constitucionalmente la función jurisdiccional.»

XII

LA PRUEBA TESTIFICAL

SUMARIO:

1. ESQUEMA

1.º Una vez comparecido el testigo, el Juez le tomará juramento o promesa de decir verdad y le formulará las preguntas generales de la ley.

2.º Posteriormente dará la palabra al Abogado de la parte que lo haya propuesto o al Ministerio Fiscal si ha sido quien ha interesado la prueba testifical para que comience su interrogatorio. La forma y el modo del mismo son similares a lo que ya hemos indicado para la prueba de interrogatorio (página 221) y deberán ajustarse a lo que se reseña en el apartado «Forma de realizar las preguntas...», de este capítulo.

3.º A continuación el Juez concederá la palabra al Abogado contrario para que formule las preguntas que considere conveniente.

— Contra la denegación de las preguntas no cabe recurso alguno; tan solo formular protesta a efectos de la segunda instancia.

— Cuando el Abogado considere que se admite una pregunta que debió ser declarada impertinente o inútil, deberá impugnarla haciendo un breve fundamento de su impugnación.

— El Juez podrá interrogar al testigo en cualquier momento.

— El Abogado podrá poner en conocimiento del juzgado circunstancias relativas a las preguntas de las «generales de la ley» en caso de que dude de la imparcialidad del testigo, y el Tribunal podrá volver a interrogar al testigo acerca de los extremos puestos en evidencia por el Abogado.

2. ANÁLISIS

La prueba testifical debe recaer sobre una persona física ajena al proceso y que sea idónea. Tiene que haber sido «testigo directo o de referencia» de unos determinados hechos relevantes para la resolución de la controversia y, además, debe dar la «razón» de dicha percepción. Por tanto, no podrá declarar en calidad de testigo una persona que no haya presenciado, o conozca por referencia, algún hecho de importancia para el esclarecimiento del pleito. La diferencia entre el testigo directo y el de referencia es que el primero ha presenciado los hechos objeto de la controversia y el segundo lo conoce por terceras personas.

Así, las personas jurídicas no podrán ser admitidas como objeto de la prueba testifical, sino que cualquier declaración relevante que pudieran realizar se llevará a cabo por la vía de «informe», regulada en el art. 381 de la LEC.

3. IDONEIDAD DE LOS TESTIGOS

Hemos dicho anteriormente que el testigo deberá ser idóneo, y carecerá de dicha característica cuando:

1.º Se halle privado de razón o de sentido, de tal forma que le afecte a la apreciación de los hechos;

2.º Sea menor de 14 años; en este caso el Tribunal podrá valorar si carece o no del discernimiento necesario para declarar en conciencia.

El Abogado contrario al que pretende que en juicio declare una persona que no es «idónea» deberá denunciar ante el Tribunal tal circunstancia, que, por otro lado, también podrá ser apreciada de oficio. Esta denuncia llevará al Tribunal a comprobar la idoneidad del sujeto.

En caso de duda el testigo deberá declarar, sin perjuicio de la posterior valoración de su declaración.

Debe tenerse en cuenta que en los **procesos de Familia**, como ya indicábamos en el apartado correspondiente del Capítulo III, esta prueba se admite de forma muy restrictiva, toda vez que en estos procesos por la propia naturaleza de los mismos, las personas propuestas como testigos generalmente tienen relación de parentesco (padres, hermanos, hijos mayores de una de las partes...), o de amistad/enemistad con alguna de las partes, por tanto su intervención en el proceso suele ser temperamental y por ello su testimonio no goza de la objetividad ni de la imparcialidad suficiente para ser tenido en cuenta por el Tribunal; a ello se añade que a la vista de la legalidad vigente no es necesario entrar en el análisis de las causas de la ruptura matrimonial.

No obstante lo anterior hay supuestos en los que la prueba testifical es especialmente útil como sucede con el testimonio de los hijos mayores de edad (cuando no han sido demandados) en los litigios en que se reclamen alimentos en su nombre o se interese la extinción de los que vienen percibiendo, en estos procedimientos es práctica generalizada admitir su testimonio también puede ser una prueba útil en los procesos de División de Patrimonios en los que la declaración de algunos testigos puede ser relevante a los efectos de determinar el carácter privativo o ganancial de algún bien.

4. MOMENTO PARA LA PROPOSICIÓN DE LA PRUEBA TESTIFICAL

Las partes deberán realizar la designación de los testigos en distintos momentos, dependiendo del tipo de procedimiento; así:

— En el **juicio ordinario** debe realizarse en el acto de la audiencia previa (art. 429.5 LEC), sin perjuicio de que, dentro de los cinco días siguientes a la audiencia previa, puedan aportarse al juzgado aquellos datos relativos al testigo propuesto y de los que no se disponga en el momento de su proposición (art. 284, 2.º párrafo, LEC).

— En el **proceso matrimonial,** en el que existe demanda y contestación escrita, las partes pueden proponer la prueba testifical tanto en los respectivos escritos como en el acto del juicio. La parte a quien interese su práctica previamente lo habrá comunicado a los testigos que considere precisos, con la finalidad de que comparezcan y declaren el día del juicio, ello en aplicación de lo prevenido en el art. 440.1 LEC que establece: «los litigantes habrán de acudir al juicio con las pruebas de que intenten valerse».

No obstante lo anterior también puede solicitarse que la citación a los testigos se haga judicialmente, por ello en la citación a juicio se indicará a las partes que en el plazo de los tres días siguientes a la recepción de la misma, deberán presentar escrito indicando las personas que por no poder presentar ellas mismas, es necesario que sean citadas por el juzgado (art. 440.1 LEC).

Bien entendido que la proposición y admisión de esta prueba (como de cualquier otra) deberá ser propuesta y admitida en el acto de la vista, pues la citación a juicio por parte del juzgado en modo alguno implica la admisión por el Juez de la práctica de dicha prueba. Este es un error en el que se incurre a menudo: la creencia de que la mera citación a juicio de un testigo por parte del juzgado ya implica que la prueba se ha admitido.

El escrito en el que se solicita la *citación de los testigos* deberá contener todos los datos que faciliten dicha citación (nombre completo, domicilio, etc.) —*ex* art. 159 LEC—; a falta de conocimiento de algún extremo relevante para su localización, puede el Tribunal actuar de oficio conforme a las facultades que le confiere el art. 156 del mismo texto legal.

Ya hemos dicho que la admisión de esta prueba no se podrá realizar hasta el acto de la vista; en consecuencia, será en ese acto donde el Abogado deberá manifestar los motivos por los cuales la persona propuesta debe intervenir en el procedimiento y ser admitida en calidad de testigo. Ahora bien, si el Juez considera que la declaración de alguno de los testigos propuestos va a resultar inútil para el esclarecimiento de los hechos no acordará remitir la citación pudiendo luego en el acto del juicio fundamentar la inadmisión de dicha prueba. En ese caso se denegará no ya su admisión como prueba en la vista, sino la mera solicitud de citación a juicio.

5. NÚMERO DE TESTIGOS

Nuestra legislación procesal no limita el número de testigos que las partes pueden proponer por cada hecho controvertido; ahora bien, sí establece una limitación respecto de las costas (art. 241.1.4.º LEC): en cuanto excedan de tres por cada hecho controvertido, los gastos correrán a cargo de la parte proponente, quedando la otra parte fuera de la condena en costas. Además, el Tribunal se podrá manifestar *suficientemente ilustrado* cuando hayan declarado tres testigos sobre un mismo hecho y, por tanto, prescindir de la declaración del resto de testigos que fueran a deponer sobre los mismos extremos (art. 363 LEC).

6. JURAMENTO O PROMESA Y PREGUNTAS GENERALES DE LA LEY

A los testigos mayores de edad se les deberá tomar juramento o promesa de decir verdad; no así a los menores de edad penal, a los que no se les exigirá (art. 365 LEC). Deberán responder «sí juro» o «sí prometo»; la diferencia entre el juramento y la promesa estriba en que se jura por Dios y se promete por el honor de uno mismo... Además, el Tribunal deberá informar al testigo de las penas que nuestra legislación establece para el falso testimonio (arts. 458 y 460 CP).

El art. 367 de la LEC establece unas preguntas generales a todos los testigos y ello sin perjuicio de que las partes puedan reincidir en alguna de ellas para intentar demostrar la falta de imparcialidad del testigo, quien, en su caso, podrá ser objeto de tacha (art. 377 LEC)

El testigo, una vez propuesta y admitida su declaración, está obligado a declarar y su negativa, tanto a prestar declaración como a prestar juramento, conllevará la aplicación del art. 556 del CP, y en consecuencia, si persiste en su actitud, debería procederse contra él por un posible *delito de desobediencia grave a la autoridad*.

7. INCOMUNICACIÓN DE LOS TESTIGOS

El art. 366 de la LEC establece que los testigos deberán permanecer incomunicados hasta que no presten declaración. En ocasiones, por problemas de infraestructuras de los juzgados, hay claras dificultades de llevar a cabo lo ordenado en este precepto; por ese motivo el Juez deberá cuidar de dar cumplimiento a la norma e impedir la comunicación de los testigos que ya han declarado con los que aún no lo hubieran hecho, impidiendo, generalmente, que salgan de la sala hasta que no haya declarado el último testigo, y ello con la finalidad de evitar que les informen de lo que ha ocurrido en sala y puedan estos preparar su declaración.

8. FORMA DE REALIZAR LAS PREGUNTAS A LOS TESTIGOS

Una vez que el Juez ha tomado juramento y ha formulado las preguntas generales, dará la palabra al Abogado o, en su caso, al Ministerio Fiscal si es quien ha propuesto la testifical para que este inicie el interrogatorio. Las preguntas serán formuladas siempre por los Abogados o, en su caso, por el Ministerio Fiscal, no por las partes directamente; no obstante, si la intervención del Abogado no fuese preceptiva, las partes podrán interrogar directamente a los testigos (art. 306.2 LEC).

Es frecuente que las preguntas se formulen sin ajustarse a lo que nuestra Ley procesal establece. Por ese motivo debemos tener muy presente que las preguntas deberán formularse *oralmente* y adaptadas en todo momento a lo preceptuado por el art. 368 de nuestra legislación procesal. Ha desaparecido, con la última reforma, la anterior exigencia de que debían formularse «en sentido afirmativo» (circunstancia que sigue constando respecto del interrogatorio de parte, y que significa que su enunciación debe realizarse en forma afirmativa, no negativa, en la medida en que este último tipo de preguntas solían inducir a error).

Además, estas deberán conllevar una serie de características, que el propio precepto recoge, para que puedan ser admitidas por el Tribunal, a saber:

— claridad y precisión,

— se formularán de una en una,

— no podrán contener valoraciones o calificaciones subjetivas.

9. DECLARACIÓN DE IMPERTINENCIA O INUTILIDAD DE LA PREGUNTA

Así, deberán ser declaradas *impertinentes* (art. 368.2 LEC):

— las preguntas que contengan a su vez *varias* y en las que el testigo, contestando a la última, pueda incurrir en el error de responder también afirmativamente a las anteriores;

— las que no se formulen con la claridad y precisión adecuadas o las que contengan valoraciones o calificaciones;

— también deberán ser declaradas impertinentes por el Tribunal las preguntas que *no guarden relación con el objeto del proceso* y, además, deberán ser declaradas *inútiles* aquellas otras que no resulten adecuadas para el esclarecimiento de los hechos controvertidos.

En ningún caso el interrogatorio del testigo puede traspasar el límite de la intimidad personal ni familiar.

En consecuencia, el testigo no deberá responder a este tipo de preguntas y si lo hiciera no deberá constar la respuesta en el acta, debiendo tenerse por no formulada y el Juez no podrá valorarla en Sentencia.

De admitirse la prueba testifical en los **procesos matrimoniales**, también se declararán impertinentes todas aquellas preguntas que tengan por objeto indagar en la causa de la ruptura matrimonial.

10. IMPUGNACIÓN DE LA PREGUNTA ADMITIDA

Impugnación de la pregunta admitida por el Abogado a quien perjudica y, en su caso, protesta por la inadmisión de la que beneficia.

Nuestro legislador distingue en la actuación del Abogado la «inadmisión de la pregunta» de su «admisión», y así, una vez realizada la pregunta, será distinta la intervención del Abogado si esta ha sido o no admitida.

— **Inadmisión:** el Abogado a quien perjudique podrá formular «protesta» a efectos de la segunda instancia (art. 369.2 LEC).

Ante esta circunstancia, el Abogado que ha hecho la pregunta puede intentar una nueva formulación eliminando el vicio que ha provocado su inadmisión (art. 231 LEC) y si considera improcedente su inadmisión podrá formular protesta y, en su caso, volver a reiterar la pregunta en el escrito del recurso de apelación (art. 460.2.1.º LEC).

— **Admisión:** el Abogado de la parte contraria a la que se le haya formulado la pregunta, que considere que esta no reúne los requisitos de pertinencia y de utilidad que nuestra legislación exige, o bien considere que su formulación no permite una contestación espontánea y no viciada, *deberá impugnar la pregunta* antes de que sea contestada por el testigo, debiendo manifestar las razones de su impugnación. Y ello con alguna frase similar a: «Perdón Señoría, se están formulando tres preguntas en una» (por poner un ejemplo); el Juez resolverá de forma inmediata y si decide su inadmisión no será contestada (art. 369.1 LEC).

11. TESTIGO-PERITO

La figura del testigo-perito que señala el art. 370 de la LEC puede inducir a error e intentar por esta vía la declaración de un perito cuya pericial se haya inadmitido por cualquier circunstancia. El llamado testigo-perito debe revestir dos cualidades esenciales, a saber: debe haber presenciado los hechos (testigo presencial) o se los tiene que haber narrado una tercera persona (testigo de referencia) y, además, deberá tener la cualidad de perito en el sentido de poseer una cualificación profesional que le va a permitir responder a preguntas técnicas.

Puede ocurrir que por esta vía, y al amparo del art. 370.4 de la LEC, se pretenda la incorporación de un dictamen inadmitido, en claro fraude de ley procesal. Dicha pretensión deberá ser siempre rechazada por el Tribunal, que debe impedir que se cometan este tipo de abusos.

El testigo-perito en la antigua LEC tenía un conocimiento extraprocesal del caso, mientras que el perito poseía procesalmente tal condición al haber sido llamado al proceso. La nueva LEC, del año 2000, permite a las partes acompañar dictámenes de peritos designados por ellas mismas, por lo que ya no tiene sentido la clasificación que se hacía en la anterior ley.

Así, con la nueva ley, y a los efectos de determinar si nos hallamos ante la figura de un testigo, de un perito o de un perito-testigo, habrá que estar a la forma en que dicha persona se pone en relación con los hechos enjuiciados. Si lo hace de modo histórico, es decir que antes de iniciarse el proceso ya se encontraba en la misma situación, será considerado como testigo; pero si lo hace porque ha sido requerido para valorar un hecho concreto (generalmente técnico) sin que haya tenido conocimiento con anterioridad, deberá ser considerado perito. Será solo cuando reúna estas dos características, es decir, tener relación histórica con el proceso y poseer una cualificación técnica-profesional concreta y útil para el esclarecimiento de los hechos controvertidos cuando podrá ser calificado de «testigo-perito».

Y, por supuesto, la consecuencia de todo ello es que en modo alguno podrán revestir la condición de «testigo-perito» aquellos peritos autores de dictámenes que obren en las actuaciones y que hayan sido llamados al proceso en dicha calidad.

12. ORDEN DEL INTERROGATORIO

El orden en el que se dará el turno de palabra para proceder al interrogatorio será el siguiente:

1.º En primer lugar el testigo será interrogado por la parte que lo ha propuesto, y si ha sido propuesto por ambas partes iniciará el interrogatorio la parte demandante. Si fuera un testigo propuesto por varias partes de una misma posición procesal, lo habitual es que se haga por el orden en que ocupen sus asientos (para facilitar la tarea al Tribunal), sin perjuicio de que el Juez pueda preguntar a las partes si tienen preferencia por algún orden concreto, y si existe acuerdo entre ellas debe respetarlo.

2.º Una vez interrogado por la parte que lo han propuesto, pueden formular sus preguntas también la parte contraria y el Ministerio Fiscal si interviniere en el procedimiento, aunque no le hayan propuesto, no viéndose vinculado el Abogado de la contraparte ni el Ministerio Fiscal por las preguntas formuladas por su predecesor, por lo que estas podrán referirse a cualquier materia, siempre que sea considerada por el Tribunal como pertinente y útil.

También suele ser frecuente la «reiteración» de preguntas ya respondidas por el testigo de forma clara y contundente; por ese motivo y con la finalidad de agilizar la tramitación del juicio, deberá ser declarada impertinente toda pregunta repetitiva de una anterior ya contestada.

El Juez podrá participar en el interrogatorio en cualquier momento y su intervención no es complementaria de la de las partes (arts. 372.2 y 752.2 LEC); por tanto, el Tribunal podrá realizar cuantas preguntas estime conveniente para el esclarecimiento de los hechos controvertidos.

Las respuestas serán de palabra, sin valerse de ningún instrumento, a excepción de aquellos casos en que la pregunta verse sobre algún documento en el que se contengan datos que el testigo, por no poderlos retener en su memoria, precise su consulta. En principio, y siempre que sea posible, contestará en sentido afirmativo o negativo, añadiendo alguna explicación concreta en caso necesario.

El art. 371 de la LEC regula los casos en los que el testigo puede estar ***exento de declarar***. Ello tendrá lugar cuando esté obligado a mantener el secreto por su estado o profesión (Abogados, Procuradores, eclesiásticos, determinados funcionarios), y así lo deberá poner en conocimiento del Tribunal y el Juez resolverá mediante Providencia lo que proceda en Derecho; o bien cuando la materia sobre la que verse el interrogatorio se encuentre declarada reservada o secreta. Este último caso deberá ser acreditado ante el Tribunal, y si la parte no tiene acceso a poder presentar dicha acreditación, el Tribunal pedirá de oficio, mediante Providencia al órgano competente el documento oficial que acredite dicho carácter. Comprobado el fundamento de la alegación del carácter reservado o secreto, el Tribunal mandará unir el documento a los autos dejando constancia de las preguntas afectadas por el secreto oficial.

13. RENUNCIA DEL TESTIGO PROPUESTO

El art. 372.1 de la LEC condiciona el interrogatorio de los Abogados de las demás partes a que el testigo haya respondido a las preguntas del Abogado de la parte que lo propuso; por ese motivo, en caso de renuncia al testigo propuesto, si la otra parte o el Ministerio Fiscal no le propuso en tiempo y forma, no podrán formularle pregunta alguna. Por esa circunstancia, si la declaración del testigo es fundamental para la defensa de nuestros intereses debemos proponerlo como testigo aunque haya sido ya propuesto por el Abogado contrario y admitido por el Juez. De esta forma, aunque el otro Abogado renuncie a su interrogatorio, siempre nos quedará la posibilidad de que el Juez nos conceda la palabra a nosotros para que podamos interrogarle y ello a pesar de que la otra parte haya renunciado a su práctica.

14. CAREO ENTRE TESTIGOS

El art. 373 de la LEC permite acordar el careo de oficio entre testigos y entre estos y las partes, siempre y cuando exista una grave contradicción o cuando se pretenda descubrir a un falso testigo. Durante el careo no se va a ver modificada la cualidad de cada uno de los intervinientes, y por ello el testigo podrá incurrir en el delito de falso testimonio, circunstancia ajena a la parte.

Las partes también pueden, a la vista de las contradicciones, proponer al Tribunal que se acuerde un careo entre los que han ofrecido versiones contradictorias, ya sea entre testigos o entre estos y alguna de las personas en las que se ha practicado el interrogatorio de parte.

Si el Tribunal deniega dicha prueba, a tenor del art. 285.2 de la LEC, la resolución podrá ser recurrida en reposición, pues se trata de una «nueva prueba» propuesta e inadmitida, por lo que regirá la norma general de interposición de los recursos pertinentes.

La LEC no indica la forma de su práctica, por lo que, por analogía, se deberá acudir a los establecido al respecto en la LECr.

15. TACHA DE LOS TESTIGOS

El art. 378 LEC establece el *momento* de alegar la tacha: desde el momento que se admita la prueba, por tanto en el procedimiento matrimonial será en el acto del juicio toda vez que es en dicho momento procesal cuando en puridad se admite la prueba, no obstante hay juzgados que admiten la alegación de la tacha con anterioridad si se conoce la identidad del testigo propuesto aunque dicha prueba no se haya admitido, todo ello sin perjuicio de la obligación de los testigos de reconocer cualquier causa de tacha al ser interrogados conforme a lo dispuesto en el art. 367 LEC. En caso contrario, en el momento en que tengamos conocimiento del motivo de la tacha.

La *forma* de alegar la tacha será, en general, siempre oral en el procedimiento matrimonial, aunque de admitirse la alegación anticipada de la tacha nada impide hacerlo por escrito dado que el procedimiento matrimonial goza de parte de la naturaleza del procedimiento ordinario, de ser posible elegir, será preferida la forma escrita, para mayor ilustración tanto de la parte contraria como del Tribunal. En su caso, de dicho escrito se dará traslado a la parte contraria para que conozca el fundamento de la tacha y pueda proponer prueba conducente a la defensa de su derecho.

Como hemos reseñado, si el contrario se opone a la tacha, se deberá *proponer prueba,* que será admitida y practicada, en su caso, en ese mismo momento. La aceptación de la tacha puede ser expresa o tácita (si la parte que ha propuesto al testigo no se opone en el plazo de los tres días desde que se le notifica la formulación de la tacha).

El art. 377 de la LEC establece unos casos concretos en los que podrá tacharse al testigo: ser o haber sido cónyuge o pariente por consanguineidad o afinidad dentro del cuarto grado civil de la parte que lo haya presentado o de su Abogado o Procurador, o hallarse relacionado con ellos por vínculo de adopción, tutela o análogo, o mantener con estas mismas personas una relación laboral o de amistad; tener interés directo o indirecto; haber sido condenado por falso testimonio (circunstancia esta última con la que rara vez nos encontraremos).

También la parte proponente del testigo podrá tachar a éste si conoce con posterioridad alguna de las circunstancias relacionadas anteriormente.

La tacha alegada, en su caso, deberá ser analizada a la vista de lo manifestado por el testigo y del resultado del resto de pruebas practicadas —podrán proponerse todas excepto la testifical (art. 379.1 LEC)—, debiendo distinguir la tacha de testigos de su inhabilidad para declarar, ya natural —art. 1246 del Código Civil (CC)— o legal (art. 1247 CC), pues son circunstancias distintas que pueden concurrir en un testigo.

La tacha debe actuar como advertencia a la hora de valorar el «vicio» que puedan contener las manifestaciones realizadas por el testigo y la influencia que dicha tacha pueda tener en su imparcialidad. Así, es en la Sentencia donde el Juez debe valorar la tacha alegada, sin que deba realizar ninguna manifestación en el acto del juicio.

El citado art. 379 LEC establece en su apartado 2 la posibilidad de que, formulada la tacha, las demás partes no se opusieren a ella dentro del tercer día de su formulación, en cuyo caso se entenderá que reconocen el fundamento de la tacha. Si se oponen, deberán alegar lo que a su derecho convenga, pudiendo aportar en ese momento, en su caso, la documental que consideren conveniente.

16. INTERROGATORIO DE LOS DETECTIVES PRIVADOS

El art. 380 LEC regula el interrogatorio acerca de los hechos que constan en los informes. Aunque no lo mencione expresamente, toda la doctrina coincide en que se refiere a los informes elaborados por los profesionales de la investigación privada —circunstancia que deberán acreditar mediante su habilitación profesional— (art. 265.1.5.º LEC).

Estos informes se presentaran con la demanda o con la contestación aunque es posible presentarlos en el acto del juicio si concurre alguna de las circunstancias previstas en el art. 270 LEC.

Así, en caso de que los hechos contenidos en dichos informes fueran negados de contrario podrá proponerse como *testifical la corroboración* de los mismos por sus autores; de este modo el testigo reconocerá su firma y ratificará el contenido del informe y además quedará a disposición de las partes y del Tribunal para responder a cuantas preguntas pertinentes y útiles le formulen, bien entendido que las preguntas solo podrán girar en torno al contenido del informe. El informe carecerá de valor probatorio si la parte a quien perjudiquen los hechos no los reconoce y no comparece el autor del mismo al juicio a efectos de ratificar su contenido y ser interrogado como testigo.

Por tanto la vigente LEC da cobertura legal al informe de detectives que adquiere especial importancia en algunos procesos de Familia, así puede ser muy útil para acreditar determinados hechos como por ejemplo que una de las partes realiza actividad laboral en régimen de economía sumergida o que vive maritalmente con otra a efectos de no fijar o extinguir la pensión compensatoria o que no vive en el domicilio familiar no obstante tener atribuido el uso.

17. VALOR PROBATORIO DE LA PRUEBA TESTIFICAL

Esta prueba se encuentra bastante desprestigiada, y en los procesos matrimoniales muy relegada ya que apenas se aplica por los Tribunales el precepto que regula la sanción penal en caso de *falso testimonio*. Un buen sistema para descubrir al «testigo falso» es adelantar los acontecimientos a unas horas antes de acontecer los hechos controvertidos, ya que generalmente al «testigo» se le prepara para que manifieste lo que pudo haber presenciado de interés para resolver la controversia, pero no se tiene la precaución de advertirle sobre acontecimientos anteriores.

En ocasiones se pretende que un *acta notarial* en la que un testigo ha realizado determinadas manifestaciones tenga el valor de «declaración testifical», pero no es así; estas carecen de cualquier valor probatorio a los efectos de ser clasificadas como «prueba testifical», ya que una de las características principales de esta clase de prueba es el sometimiento a la contradicción de las partes y la inmediación de la que dispone el Juez para valorar las declaraciones del testigo en toda su extensión. En todo caso, se podrán intentar hacer valer como documental, aunque la mayoría de la jurisprudencia las rechaza como tales al no ser, *stricto sensu,* sino declaraciones de terceros que constan por escrito y que nuestra legislación procesal ha previsto que se realicen mediante la declaración testifical en presencia judicial.

El art. 376 de la LEC atribuye al Juez la libertad en la valoración de la prueba y la aplicación de las reglas de la sana crítica. Dicha circunstancia en modo alguno equivale a que el Juez pueda ser arbitrario en su apreciación, cuestión que podría ser objeto de recurso de apelación y, en su caso, de casación. Así pues, aplicando los criterios generales a la prueba testifical, podemos decir que la apreciación de la prueba de testigos es discrecional por el juzgador y, por tanto, difícilmente impugnable en casación, a no ser que la arbitrariedad haya sido muy evidente (art. 265.1.5.º LEC).

18. LEGISLACIÓN PROCESAL

— **LEC:** arts. 360 a 381.

SECCIÓN 7.ª

DEL INTERROGATORIO DE TESTIGOS

Artículo 360. *Contenido de la prueba.*

Las partes podrán solicitar que declaren como testigos las personas que tengan noticia de hechos controvertidos relativos a lo que sea objeto del juicio.

Artículo 361. *Idoneidad para ser testigos.*

Podrán ser testigos todas las personas, salvo las que se hallen permanentemente privadas de razón o del uso de sentidos respecto de hechos sobre los que únicamente quepa tener conocimiento por dichos sentidos.

Los menores de catorce años podrán declarar como testigos si, a juicio del Tribunal, poseen el discernimiento necesario para conocer y para declarar verazmente.

Artículo 362. *Designación de los testigos.*

Al proponer la prueba de testigos, se expresará su identidad, con indicación, en cuanto sea posible, del nombre y apellidos de cada uno, su profesión y su domicilio o residencia.

También podrá hacerse la designación del testigo expresando el cargo que ostentare o cualesquiera otras circunstancias de identificación, así como el lugar en que pueda ser citado.

Artículo 363. *Limitación del número de testigos.*

Las partes podrán proponer cuantos testigos estimen conveniente, pero los gastos de los que excedan de tres por cada hecho discutido serán en todo caso de cuenta de la parte que los haya presentado.

Cuando el Tribunal hubiere escuchado el testimonio de al menos tres testigos con relación a un hecho discutido, podrá obviar las declaraciones testificales que faltaren, referentes a ese mismo hecho, si considerare que con las emitidas ya ha quedado suficientemente ilustrado.

Artículo 364. *Declaración domiciliaria del testigo.*

1. Si por enfermedad u otro motivo de los referidos en el párrafo segundo del apartado 4 del art. 169, el Tribunal considerare que algún testigo no puede comparecer en la sede de aquél, podrá tomársele declaración en su domicilio bien directamente, bien a través de auxilio judicial, según que dicho domicilio se halle o no en la demarcación del Tribunal.

A la declaración podrán asistir las partes y sus Abogados, y, si no pudieren comparecer, se les autorizará a que presenten interrogatorio escrito previo con las preguntas que desean formular al testigo interrogado.

2. Cuando, atendidas las circunstancias, el Tribunal considere prudente no permitir a las partes y a sus Abogados que concurran a la declaración domiciliaria, se dará a las partes vista de las respuestas obtenidas para que puedan solicitar, dentro del tercer día, que se formulen al testigo nuevas preguntas complementarias o que se le pidan las aclaraciones oportunas, conforme a lo prevenido en el art. 372.

Artículo 365. *Juramento o promesa de los testigos.*

1. Antes de declarar, cada testigo prestará juramento o promesa de decir verdad, con la conminación de las penas establecidas para el delito de falso testimonio en causa civil, de las que le instruirá el Tribunal si manifestare ignorarlas.

2. Cuando se trate de testigos menores de edad penal, no se les exigirá juramento ni promesa de decir verdad.

Artículo 366. *Modo de declarar los testigos.*

1. Los testigos declararán separada y sucesivamente, por el orden en que vinieran consignados en las propuestas, salvo que el Tribunal encuentre motivo para alterarlo.

2. Los testigos no se comunicarán entre sí ni podrán unos asistir a las declaraciones de otros.

A este fin, se adoptarán las medidas que sean necesarias.

Artículo 367. *Preguntas generales al testigo.*

1. El Tribunal preguntará inicialmente a cada testigo, en todo caso:

1.º Por su nombre, apellidos, edad, estado, profesión y domicilio.

2.º Si ha sido o es cónyuge, pariente por consanguinidad o afinidad, y en qué grado, de alguno de los litigantes, sus Abogados o Procuradores o se halla ligado a éstos por vínculos de adopción, tutela o análogos.

3.º Si es o ha sido dependiente o está o ha estado al servicio de la parte que lo haya propuesto o de su Procurador o Abogado o ha tenido o tiene con ellos alguna relación susceptible de provocar intereses comunes o contrapuestos.

4.º Si tiene interés directo o indirecto en el asunto o en otro semejante.

5.º Si es amigo íntimo o enemigo de alguno de los litigantes o de sus Procuradores o Abogados.

6.º Si ha sido condenado alguna vez por falso testimonio.

2. En vista de las respuestas del testigo a las preguntas del apartado anterior, las partes podrán manifestar al Tribunal la existencia de circunstancias relativas a su imparcialidad.

El Tribunal podrá interrogar al testigo sobre esas circunstancias y hará que preguntas y respuestas se consignen en acta para la debida valoración de las declaraciones al dictar sentencia.

Artículo 368. *Contenido y admisibilidad de las preguntas que se formulen.*

1. Las preguntas que se planteen al testigo deberán formularse oralmente y con la debida claridad y precisión. No habrán de incluir valoraciones ni calificaciones, y si éstas se incorporaran, se tendrán por no realizadas.

2. El Tribunal decidirá sobre las preguntas planteadas en el mismo acto del interrogatorio, admitiendo las que puedan resultar conducentes a la averiguación de hechos y circunstancias controvertidos, que guarden relación con el objeto del juicio.

Se inadmitirán las preguntas que no se refieran a los conocimientos propios de un testigo según el art. 360.

3. Si pese a haber sido inadmitida, se respondiese una pregunta, la respuesta no constará en acta.

Artículo 369. *Impugnación de la admisión de las preguntas y protesta contra su inadmisión.*

1. En el acto mismo del interrogatorio, las partes distintas de quien haya formulado la pregunta podrán impugnar su admisión y hacer notar las valoraciones y calificaciones que estimen improcedentes y que, a su juicio, debieran tenerse por no realizadas.

2. La parte que se muestre disconforme con la inadmisión de preguntas, podrá manifestarlo así y pedir que conste en acta su protesta.

Artículo 370. *Examen del testigo sobre las preguntas admitidas. Testigo-perito.*

1. Una vez contestadas las preguntas generales, el testigo será examinado por la parte que le hubiera propuesto, y si hubiera sido propuesto por ambas partes, se comenzará por las preguntas que formule el demandante.

2. El testigo responderá por sí mismo, de palabra, sin valerse de ningún borrador de respuestas. Cuando la pregunta se refiera a cuentas, libros o documentos, se permitirá que los consulte antes de responder.

3. En cada una de sus respuestas, el testigo expresará la razón de ciencia de lo que diga.

4. Cuando el testigo posea conocimientos científicos, técnicos, artísticos o prácticos sobre la materia a que se refieran los hechos del interrogatorio, el Tribunal admitirá las manifestaciones que en virtud de dichos conocimientos agregue el testigo a sus respuestas sobre los hechos.

En cuanto a dichas manifestaciones, las partes podrán hacer notar al Tribunal la concurrencia de cualquiera de las circunstancias de tacha relacionadas en el art. 343 de esta Ley.

Artículo 371. *Testigos con deber de guardar secreto.*

1. Cuando, por su estado o profesión, el testigo tenga el deber de guardar secreto respecto de hechos por los que se le interrogue, lo manifestará razonadamente y el Tribunal, considerando el fundamento de la negativa a declarar, resolverá, mediante providencia, lo que proceda en Derecho. Si el testigo quedare liberado de responder, se hará constar así en el acta.

2. Si se alegare por el testigo que los hechos por los que se le pregunta pertenecen a materia legalmente declarada o clasificada como de carácter reservado o secreto, el Tribunal, en los casos en que lo considere necesario para la satisfacción de los intereses de la administración de

justicia, pedirá de oficio, mediante providencia, al órgano competente el documento oficial que acredite dicho carácter.

El Tribunal, comprobado el fundamento de la alegación del carácter reservado o secreto, mandará unir el documento a los autos, dejando constancia de las preguntas afectadas por el secreto oficial.

Artículo 372. *Intervención de las partes en el interrogatorio y ampliación de éste.*

1. Una vez respondidas las preguntas formuladas por el Abogado de la parte que propuso la prueba testifical, podrán los Abogados de cualquiera de las demás partes plantear al testigo nuevas preguntas que reputen conducentes para determinar los hechos. El Tribunal deberá repeler las preguntas que sean impertinentes o inútiles.

En caso de inadmisión de estas preguntas, será de aplicación lo dispuesto en el apartado 2 del art. 369 sobre disconformidad con la inadmisión.

2. Con la finalidad de obtener aclaraciones y adiciones, también podrá el Tribunal interrogar al testigo.

Artículo 373. *Careo entre testigos y entre éstos y las partes.*

1. Cuando los testigos incurran en graves contradicciones, el Tribunal, de oficio o a instancia de parte, podrá acordar que se sometan a un careo.

2. También podrá acordarse que, en razón de las respectivas declaraciones, se celebre careo entre las partes y alguno o algunos testigos.

3. Las actuaciones a que se refiere este artículo habrán de solicitarse al término del interrogatorio y, en este caso, se advertirá al testigo que no se ausente para que dichas actuaciones puedan practicarse a continuación.

Artículo 374. *Modo de consignar las declaraciones testificales.*

Las declaraciones testificales prestadas en vista o juicio se documentarán conforme a lo dispuesto en el apartado 2 del art. 146.

Artículo 375. *Indemnizaciones a los testigos.*

1. Los testigos que atendiendo a la citación realizada comparezcan ante el Tribunal tendrán derecho a obtener de la parte que les propuso una indemnización por los gastos y perjuicios que su comparecencia les haya originado, sin perjuicio de lo que pudiere acordarse en materia de costas. Si varias partes propusieran a un mismo testigo, el importe de la indemnización se prorrateará entre ellas.

2. El importe de la indemnización lo fijará el Secretario judicial mediante decreto, que tendrá en cuenta los datos y circunstancias que se hubiesen aportado. Dicho decreto se dictará una vez finalizado el juicio o la vista.

Si la parte o partes que hayan de indemnizar no lo hiciesen en el plazo de diez días desde la firmeza de la resolución mencionada en el párrafo anterior, el testigo podrá acudir directamente al procedimiento de apremio.

Artículo 376. *Valoración de las declaraciones de testigos.*

Los Tribunales valorarán la fuerza probatoria de las declaraciones de los testigos conforme a las reglas de la sana crítica, tomando en consideración la razón de ciencia que hubieren dado, las circunstancias que en ellos concurran y, en su caso, las tachas formuladas y los resultados de la prueba que sobre éstas se hubiere practicado.

Artículo 377. *Tachas de los testigos.*

1. Con independencia de lo dispuesto en el apartado 2 del art. 367, cada parte podrá tachar los testigos propuestos por la contraria en quienes concurran algunas de las causas siguientes:

1.º Ser o haber sido cónyuge o pariente por consanguinidad o afinidad dentro del cuarto grado civil de la parte que lo haya presentado o de su Abogado o Procurador o hallarse relacionado con ellos por vínculo de adopción, tutela o análogo.

2.º Ser el testigo, al prestar declaración, dependiente del que lo hubiere propuesto o de su Procurador o Abogado o estar a su servicio o hallarse ligado con alguno de ellos por cualquier relación de sociedad o intereses.

3.º Tener interés directo o indirecto en el asunto de que se trate.

4.º Ser amigo íntimo o enemigo de una de las partes o de su Abogado o Procurador.

5.º Haber sido el testigo condenado por falso testimonio.

2. La parte proponente del testigo podrá también tachar a éste si con posterioridad a la proposición llegare a su conocimiento la existencia de alguna de las causas de tacha establecidas en el apartado anterior.

Artículo 378. *Tiempo de las tachas.*

Las tachas se habrán de formular desde el momento en que se admita la prueba testifical hasta que comience el juicio o la vista, sin perjuicio de la obligación que tienen los testigos de reconocer cualquier causa de tacha al ser interrogados conforme a lo dispuesto en el art. 367 de esta Ley, en cuyo caso se podrá actuar conforme a lo que señala el apartado 2 de dicho artículo.

Artículo 379. *Prueba y oposición sobre las tachas.*

1. Con la alegación de las tachas, se podrá proponer la prueba conducente a justificarlas, excepto la testifical.

2. Si formulada tacha de un testigo, las demás partes no se opusieren a ella dentro del tercer día siguiente a su formulación, se entenderá que reconocen el fundamento de la tacha. Si se opusieren, alegarán lo que les parezca conveniente, pudiendo aportar documentos.

3. Para la apreciación sobre la tacha y la valoración de la declaración testifical, se estará a lo dispuesto en el apartado 2 del art. 344 y en el art. 376.

Artículo 380. *Interrogatorio acerca de los hechos que consten en informes escritos.*

1. Si, conforme al número 4.º del apartado 1 del art. 265, o en otro momento ulterior, al amparo del apartado tercero del mismo precepto, se hubiesen aportado a los autos informes sobre hechos y éstos no hubiesen sido reconocidos como ciertos por todas las partes a quienes pudieren perjudicar, se interrogará como testigos a los autores de los informes, en la forma prevenida en esta Ley, con las siguientes reglas especiales:

1.ª No procederá la tacha del testigo por razón de interés en el asunto, cuando el informe hubiese sido elaborado por encargo de una de las partes.

2.ª El autor del informe, una vez acreditada su habilitación profesional, habrá de reconocerlo y ratificarse en su contenido, antes de que se le formulen las preguntas pertinentes.

3.ª El interrogatorio se limitará a los hechos consignados en los informes.

2. Si los informes contuvieren también valoraciones fundadas en conocimientos científicos, artísticos, técnicos o prácticos de sus autores, se estará a lo dispuesto en el apartado 4 del art. 370, sobre el testigo-perito.

Artículo 381. *Respuestas escritas a cargo de personas jurídicas y entidades públicas.*

1. Cuando, sobre hechos relevantes para el proceso, sea pertinente que informen personas jurídicas y entidades públicas en cuanto tales,

por referirse esos hechos a su actividad, sin que quepa o sea necesario individualizar en personas físicas determinadas el conocimiento de lo que para el proceso interese, la parte a quien convenga esta prueba podrá proponer que la persona jurídica o entidad, a requerimiento del Tribunal, responda por escrito sobre los hechos en los diez días anteriores al juicio o a la vista.

2. En la proposición de prueba a que se refiere el apartado anterior se expresarán con precisión los extremos sobre los que ha de versar la declaración o informe escrito. Las demás partes podrán alegar lo que consideren conveniente y, en concreto, si desean que se adicionen otros extremos a la petición de declaración escrita o se rectifiquen o complementen los que hubiere expresado el proponente de la prueba.

El Tribunal, oídas las partes, en su caso, resolverá sobre la pertinencia y utilidad de la propuesta, determinando precisamente, en su caso, los términos de la cuestión o cuestiones que hayan de ser objeto de la declaración de la persona jurídica o entidad y requiriéndola para que la preste y remita al Tribunal en el tiempo establecido, bajo apercibimiento de multa de 150 a 600 euros y de proceder, contra quien resultare personalmente responsable de la omisión, por desobediencia a la autoridad. La práctica de esta prueba no suspenderá el curso del procedimiento, salvo que el Juez lo estime necesario para impedir la indefensión de una o las dos partes.

Recibidas las respuestas escritas, el Secretario judicial dará traslado de ellas a las partes, a los efectos previstos en el apartado siguiente.

3. A la vista de las respuestas escritas, o de la negativa u omisión de éstas, el Tribunal podrá disponer, de oficio o a instancia de cualquiera de las partes, mediante providencia, que sea citada al juicio o vista, la persona o personas físicas cuyo testimonio pueda resultar pertinente y útil para aclarar o completar, si fuere oscura o incompleta, la declaración de la persona jurídica o entidad. También podrá admitir, a instancia de parte, cualquier prueba pertinente y útil para contradecir tal declaración.

4. Lo dispuesto en los apartados anteriores no será de aplicación a las entidades públicas cuando, tratándose de conocer hechos de las características establecidas en el apartado 1, pudieran obtenerse de aquéllas certificaciones o testimonios, susceptibles de aportarse como prueba documental.

5. A las declaraciones reguladas en los apartados anteriores se aplicarán, en cuanto sea posible, las demás normas de la presente sección.

19. JURISPRUDENCIA

1) Sentencia de la AP Las Palmas, Sec. 4.ª, de 30-9-2010, n.º 466/2010, rec. 39/2010. Pte.: Hernández Gómez, M.ª Isabel (LA LEY 315550/2010)

— Valoración de la prueba testifical.

No ha habido error en la valoración de la prueba, del Juez *a quo,* que ha valorado la testifical según las reglas de la sana crítica y no ha quedado acreditado que la transferencia bancaria efectuada a favor de la demandada haya sido un préstamo verbal hecho por el actor. Lo ganado en el juego, en tanto se mantiene la unión es común y cada uno de los convivientes tiene derecho a la mitad de esos ingresos procedentes del juego.

2) Sentencia de AP Barcelona, Sec. 12.ª, de 26-6-2012, rec. 834/2011. Pte.: Ortuño Muñoz, José Pascual (LA LEY 112531/2012)

— Valoración de la prueba testifical junto con otros medios de prueba.

«De los medios de prueba practicados se desprende, por el contrario, que los dos progenitores han tenido una dedicación similar hacia el menor y que la madre, pese a solicitar para sí y para el hijo el uso de la vivienda adquirida en común y con un crédito hipotecario cercano a los 200.000

euros (que han de sufragar por mitad), no utiliza habitualmente dicho domicilio como se deriva del contraste entre los niveles de suministros de gas y electricidad de la vivienda. Tal circunstancia se desprende de los documentos que aportó el recurrente, y del extraño resultado de la prueba testifical propuesta por el mismo de la cuidadora y de su madre, que fueron dispensadas de declarar por la magistrada de primera instancia por su cercana relación las partes, pese a que su práctica había aportado una información esencial, que es la convivencia del niño con la cuidadora.»

3) Sentencia de AP Santa Cruz de Tenerife, Sec. 1.ª, de 19-11-2010, rec. 249/2010. Pte.: Fernández del Viso Blanco, Modesto Valentín Adolfo (LA LEY 311515/2010)

— Valor probatorio de la prueba testifical junto con otros medios probatorios.

La AP estima el recurso de apelación interpuesto por el esposo divorciado demandante, contra la sentencia de instancia, que estimó en parte la demanda de formación de inventario, revoca parcialmente la misma, y en su virtud, incluye en el pasivo la cantidad abonada con carácter privativo por el recurrente a la constructora, que ejecutó una obra en el solar de la sociedad de gananciales. Del documento privado y testifical del representante legal de la constructora, se desprende que se compensó la cantidad debida con cantidades a su vez debidas a la empresa del padre del actor, lo que se produjo fue el pago por un tercero por cuenta ajena. Por lo que se tiene por acreditado el origen privativo de los medios empleados y se tiene por destruida la presunción general de ganancialidad.

4) Sentencia de la AP Pontevedra, Sec. 6.ª, de 5-3-2012, rec. 4262/2010. Pte.: Míguez Tabares, Eugenio Francisco (LA LEY 22190/2012)

— Inadmisión de la prueba testifical

Tampoco se produce la indefensión alegada por el recurrente por no admitirse la prueba testifical propuesta en la vista ya que la inadmisión de una prueba en primera instancia no implica indefensión para la parte que la ha propuesto ni conlleva la nulidad de actuaciones.

5) Sentencia de la AP Ourense, Sec. 1.ª, de 4-2-2011, rec. 479/2010. Pte.: Domínguez-Viguera Fernández, Ángela Irene (LA LEY 12504/2011)

— Valoración de la prueba de detectives

La Sala no accede a la petición de supresión de la pensión compensatoria que el actor ejercita con carácter principal ya que comparte la valoración de la prueba efectuada por el Juez *a quo*, especialmente el informe del detective privado y los testimonios de los vecinos, que demuestran que la demandada mantiene una relación de noviazgo con otra persona pero no de convivencia *more uxorio* que permitiría la extinción de la pensión.

6) Sentencia de la AP Madrid, Sec. 22.ª, de 5-10-2012, rec. 1359/2011. Pte.: Hernández Hernández, Rosario (LA LEY 179786/2012)

— Valor probatorio de la prueba de detectives. Extinción pensión compensatoria.

> «Como en ocasiones anteriores ha venido a manifestar esta Audiencia Provincial, sentencias de 10 de mayo de 2011 y 15 de junio de 2.010, entre otras muchas, al contrario de lo que ocurre de esgrimirse como causa extintiva la celebración de nuevo matrimonio del *ex* consorte beneficiario del derecho, la demostración, en los términos exigidos en el art. 217 de la L.E.Civil, de la convivencia marital resulta ardua en la mayor parte de las ocasiones, ante la postura del beneficiario de querer conservar el recurso económico, negando, en consecuencia, el status convivencial alegado de contrario. Por ello, a salvo de aquellos supuestos en que tal situación se encuentre inscrita en los Registros llevados por algunos Ayuntamientos, quien postula el cese de la citada obligación ha de acudir a pruebas indirectas, en especial la de presunciones que regula el art. 386 de la Ley de Enjuiciamiento Civil.

Cobra, a tal fin, una especial trascendencia, junto con otros posibles medios de prueba, el informe de detectives, expresamente contemplado en el art. 265-5.º LEC, apoyado, si fuere necesario o conveniente, por la declaración, como testigo, del autor del mismo.»

7) Sentencia de la AP Alicante, Sec. 4.ª, de 24-3-2011, n.º 102/2011, rec. 652/2010. Pte.: Sancho Mayo, Paloma (LA LEY 139074/2011)

— Valor probatorio de la prueba de detectives.

Se ha extinguido la pensión compensatoria a favor de la demandada, toda vez que ha quedado acreditado que reside con tercera persona en la misma vivienda, con carácter permanente, estable y habitual, análoga a la marital.

«La prueba de la existencia de convivencia es difícil de acreditar por pertenecer a la esfera íntima de las personas, la cual no resulta fácil, especialmente cuando de la existencia de esta convivencia depende la extinción de un derecho; es por ello que no cabe sino atender a las pruebas indirectas, mediante su influencia en actos externos. En el caso de autos existen diversos informes realizados por Detectives Privados, que ponen de manifiesto el hecho que la demandada reside con el Sr. ... de forma continuada en la misma vivienda, lo que unido a otro hechos igualmente relevantes como son los recogidos en las actas levantadas en el Punto de Encuentro donde se realizan las visitas tuteladas del menor con su padre, las cuales hace referencia a "pareja de la madre", así como la propia declaración en el acta de modificación de medidas (CD unido al folio 94) de la psicóloga que hace una clara referencia a la pareja de la madre, lo que unido a la falta de otras pruebas por la demandada que desvirtúen de forma clara y expresa la convivencia citada, se presume que existe una relación con carácter permanente, estable y habitual, análoga a la marital.»

XIII

EL RECONOCIMIENTO JUDICIAL

SUMARIO:

1. RECONOCIMIENTO JUDICIAL
2. PROPOSICIÓN DE LA PRUEBA
3. PRÁCTICA DE LA PRUEBA
4. PERICIAL Y RECONOCIMIENTO JUDICIAL
5. TESTIFICAL Y RECONOCIMIENTO JUDICIAL
6. LEGISLACIÓN PROCESAL
7. JURISPRUDENCIA

1. RECONOCIMIENTO JUDICIAL

El reconocimiento judicial tiene por objeto que el Tribunal examine personalmente lugares, cosas materiales o personas cuando dicha percepción sea necesaria para la correcta apreciación de los hechos controvertidos (art. 353 LEC). Para ello el Tribunal debe desplazarse hasta el lugar, circunstancia que tiene un elevado coste pues implica, entre otras cuestiones, la inversión de más tiempo que si la diligencia se practicara en el juzgado; por ese motivo esta prueba solo deberá acordarse cuando sea imposible acreditar el hecho pretendido por otros medios (testigos, acta notarial, etc.).

En los **procedimientos matrimoniales** y en general en los de **Familia** es poco frecuente su práctica toda vez que cuando sea preciso o conveniente conocer las circunstancias o condiciones de la vivienda, centro o lugar donde reside o ha de residir un menor o un incapaz el reconocimiento se realiza generalmente a través del Equipo Técnico adscrito al Tribunal.

Es una prueba que en la práctica se presenta como supletoria y complementaria del resto de pruebas practicadas y que, en muchas ocasiones, se practica como diligencia final (art. 435.1.2.º LEC), es decir, cuando el resto de las pruebas practicadas se han mostrado insuficientes.

No obstante daremos unas ideas sobre la regulación que contiene la LEC de dicho medio probatorio.

2. PROPOSICIÓN DE LA PRUEBA

Esta prueba se deberá proponer con el resto de las pruebas que hemos examinado en el acto del juicio. El art. 353.2 LEC supedita su adopción a la solicitud de parte, sin que sea posible acordarla de oficio, si bien permite al Tribunal que una vez propuesta y admitida este fije su amplitud pudiendo, por tanto, ampliar el objeto de la misma. Asimismo, la parte contraria podrá, a su vez, proponer otros extremos que le interesen. El Juez, al finalizar la proposición de dicha prueba, deberá concretar su objeto, extensión y límites del reconocimiento.

A la hora de su proposición deberemos tener en cuenta la necesidad, en ocasiones, de que al Juez y a las partes les acompañen personas técnicas al objeto de que puedan realizar *in situ* las manifestaciones que consideren convenientes o que el Tribunal les solicite; es decir, que deba practicarse con la ayuda de algún perito. Si esto ocurre, al tiempo de ser propuesta, se hará constar que deberá practicarse con la ayuda de una persona especializada, sin perjuicio que, atendiendo a la naturaleza de los procesos matrimoniales, también pueda acordarse de oficio siempre el Juez estime preciso la presencia de un técnico en el reconocimiento.

3. PRÁCTICA DE LA PRUEBA

La forma en que se practica el reconocimiento judicial dependerá de la concreta circunstancia a examinar (lugares, objetos, personas) y será decidida por el Tribunal ajustando su práctica a cada caso concreto.

Para documentarlo, el Secretario judicial extenderá acta escrita —lo más detallada posible— de la actuación, en la que deberá plasmar todas las observaciones que le realicen y que estime oportunas (art. 358 LEC). Además, el art. 359 de la LEC impone la obligación de reproducir el acto siempre que sea posible, que sería lo más aconsejable.

El reconocimiento de personas previsto en el art. 355 LEC se practicará a través de un interrogatorio realizado por el Tribunal, que se adaptará a las circunstancias de cada caso concreto. En dicho interrogatorio, que podrá practicarse, si las circunstancias lo aconsejaren, a puerta cerrada o fuera de la sede del Tribunal, podrán intervenir las partes siempre que el Tribunal no lo considere perturbador para el buen fin de la diligencia.

En su práctica en todo caso, se garantizará el respeto a la dignidad e intimidad de la persona.

Dentro de esta modalidad de reconocimiento de personas se suele incluir la exploración de menores si bien diferenciado por un conjunto de especialidades como se indicará en el apartado correspondiente y al que nos remitimos expresamente.

4. PERICIAL Y RECONOCIMIENTO JUDICIAL

El art. 356 de la LEC permite realizar la prueba de forma conjunta con la pericial; es decir, proceder a la práctica del reconocimiento judicial con la asistencia de un perito, y así se deberá haber propuesto en el momento procesal oportuno. El Juez deberá acordar siempre su práctica cuando sea necesario valorar determinadas circunstancias técnicas que requieran la intervención de un experto (perito), que deberá cumplir con los requisitos que para la prueba pericial establece nuestra legislación procesal y que son examinados en el capítulo correspondiente (página 245).

La práctica simultánea de ambas pruebas, que podrá acordarse de oficio, no desvirtúa ninguna de ellas. Siguen siendo dos pruebas distintas que se van a practicar en un solo acto. Debe tenerse en cuenta que solo será posible acudir a esta modalidad cuando se haya solicitado un perito judicial, no así cuando se haya aportado un informe pericial de parte, pues, en ese caso, la prueba pericial ya se encuentra aportada al proceso con anterioridad a la fase de proposición de prueba.

5. TESTIFICAL Y RECONOCIMIENTO JUDICIAL

El art. 357 de la LEC regula la práctica de forma conjunta la prueba de reconocimiento judicial y el examen de testigos, que tendrá lugar cuando el testigo pueda obtener un mayor grado de conocimiento, teniendo a la vista el objeto a reconocer.

En este caso se trata de dos pruebas distintas que se van a practicar en un mismo acto, es decir, de forma simultánea, aunque sin que pueda quedar desvirtuada ninguna de ellas. El Juez no podrá acordarlo de oficio y será necesaria su solicitud a instancia de parte, que deberá exponer las razones de la necesidad de practicar ambas pruebas en un mismo acto. Una vez propuesta la prueba, el Juez valorará los razonamientos que alegue la parte y acordará o, en su caso, denegará la práctica conjunta propuesta.

6. LEGISLACIÓN PROCESAL

— **LEC:** arts. 353 a 359

SECCIÓN 6.ª

DEL RECONOCIMIENTO JUDICIAL

Artículo 353. *Objeto y finalidad del reconocimiento judicial e iniciativa para acordarlo.*

1. El reconocimiento judicial se acordará cuando para el esclarecimiento y apreciación de los hechos sea necesario o conveniente que el Tribunal examine por sí mismo algún lugar, objeto o persona.

2. Sin perjuicio de la amplitud que el Tribunal estime que ha de tener el reconocimiento judicial, la parte que lo solicite habrá de expresar los extremos principales a que quiere que éste se refiera e indicará si pretende concurrir al acto con alguna persona técnica o práctica en la materia.

La otra parte podrá, antes de la realización del reconocimiento judicial, proponer otros extremos que le interesen y asimismo deberá manifestar si asistirá con persona de las indicadas en el párrafo anterior.

3. Acordada por el Tribunal la práctica del reconocimiento judicial, el Secretario señalará con cinco días de antelación, por lo menos, el día y hora en que haya de practicarse el mismo.

Artículo 354. *Realización del reconocimiento judicial e intervención de las partes y de personas entendidas.*

1. El Tribunal podrá acordar cualesquiera medidas que sean necesarias para lograr la efectividad del reconocimiento, incluida la de ordenar la entrada en el lugar que deba reconocerse o en que se halle el objeto o la persona que se deba reconocer.

2. Las partes, sus Procuradores y Abogados podrán concurrir al reconocimiento judicial y hacer al Tribunal, de palabra, las observaciones que estimen oportunas.

3. Si, de oficio o a instancia de parte, el Tribunal considerase conveniente oír las observaciones o declaraciones de las personas indicadas en el apartado 2 del artículo anterior, les recibirá previamente juramento o promesa de decir verdad.

Artículo 355. *Reconocimiento de personas.*

1. El reconocimiento judicial de una persona se practicará a través de un interrogatorio realizado por el Tribunal, que se adaptará a las necesidades de cada caso concreto. En dicho interrogatorio, que podrá practicarse, si las circunstancias lo aconsejaren, a puerta cerrada o fuera de la sede del Tribunal, podrán intervenir las partes siempre que el Tribunal no lo considere perturbador para el buen fin de la diligencia.

2. En todo caso, en la práctica del reconocimiento judicial se garantizará el respeto a la dignidad e intimidad de la persona.

Artículo 356. *Concurrencia del reconocimiento judicial y el pericial.*

1. Cuando el Tribunal lo considere conveniente, podrá disponer, mediante providencia, que se practiquen en un solo acto el reconocimiento judicial y el pericial, sobre el mismo lugar, objeto o persona, siguiéndose el procedimiento establecido en esta Sección.

2. Las partes podrán solicitar también la práctica conjunta de ambos reconocimientos y el Tribunal la ordenará si la estima procedente.

Artículo 357. *Concurrencia del reconocimiento judicial y la prueba por testigos.*

1. A instancia de parte y a su costa, el Tribunal podrá determinar mediante providencia que los testigos sean examinados acto continuo del reconocimiento judicial, cuando la vista del lugar o de las cosas o personas pueda contribuir a la claridad de su testimonio.

2. También se podrá practicar, a petición de parte, el interrogatorio de la contraria cuando se den las mismas circunstancias señaladas en el apartado anterior.

Artículo 358. *Acta del reconocimiento judicial.*

1. Del reconocimiento judicial practicado se levantará por el Secretario Judicial acta detallada, consignándose en ella con claridad las percepciones y apreciaciones del Tribunal, así como las observaciones hechas por las partes y por las personas a que se refiere el art. 354.

2. También se recogerá en acta el resultado de las demás actuaciones de prueba que se hubieran practicado en el mismo acto del reconocimiento judicial, según lo dispuesto en los arts. 356 y 357.

Artículo 359. *Empleo de medios técnicos de constancia del reconocimiento judicial.*

Se utilizarán medios de grabación de imagen y sonido u otros instrumentos semejantes para dejar constancia de lo que sea objeto de reconocimiento judicial y de las manifestaciones de quienes intervengan en él, pero no se omitirá la confección del acta y se consignará en ella cuanto sea necesario para la identificación de las grabaciones, reproducciones o exámenes llevados a cabo, que habrán de conservarse por el Secretario judicial de modo que no sufran alteraciones.

Cuando sea posible la copia, con garantías de autenticidad, de lo grabado o reproducido por los antedichos medios o instrumentos, la parte a quien interese, a su costa, podrá pedirla y obtenerla del Tribunal.

7. JURISPRUDENCIA

1) Sentencia de la AP de Álava, Sec. 1.ª, de 17-9-2010, rec. 98/2010. Pte.: Rodríguez Achutegui, Edmundo (LA LEY 204939/2010)

— Valoración del reconocimiento judicial sin intervención de las partes.

«El reconocimiento judicial se ha llevado a cabo y así se hace constar en la sentencia, que tiene en cuenta los datos obtenidos de modo privado por el Juez en el lugar de los hechos. Se vulnera así la exigencia de contradicción que caracteriza la práctica de la prueba, proclamado en el art. 289 LEC, se omite la citación de las partes a la misma que genéricamente dispone el art. 291 LEC y en particular para el reconocimiento judicial 354.2 LEC, se impide participar a las partes en su práctica y ni siquiera se documenta.

Se contradice, por lo tanto, el principio de igualdad de armas que desde el Tribunal Constitucional considera integra el derecho a la tutela judicial efectiva que garantiza el art. 24 de la Constitución [STC 72/1982 (LA LEY 7398-JF/0000), de 7 de julio, 93/1984 (LA LEY 9232-JF/0000), de 16 de octubre o 191/1987, de 1 de diciembre (LA LEY 921-TC/1988)]. Como indica la STC 226/1988 (LA LEY 1121-TC/1989), de 28 de diciembre, el órgano jurisdiccional "¿debe observar escrupulosamente el principio de contradicción y el principio de igualdad de las partes en el proceso o de igualdad de las armas en él, como también se la ha llamado?". Todo ello conduce, en aplicación del art. 225-3.º LEC, a que no podrá tenerse en cuenta para alcanzar la convicción judicial el conocimiento privado que la Juez de instancia adquirió al visitar el lugar.»

2) Sentencia del TSJ Galicia, Sec. 1.ª, de 18-6-2012 rec. 54/2011. Pte.: Reigosa González, Juan José (LA LEY 104700/2012)

— Validez de la práctica del reconocimiento judicial.

«En definitiva el acto, con asistencia de la Juez y Secretaria, se practicó a presencia de las partes y peritos intervinientes y fue documentado extensamente (folios 307 a 310) recogiendo las manifestaciones que realizaron tanto los peritos como las propias partes. Así el letrado del actor, hoy recurrente, formuló indicaciones respecto a los mojones controvertidos (folio 308), como también lo hizo el letrado de la demandada (F 308 Vto.), exponiendo también sus opiniones a lo largo de la diligencia los peritos intervinientes, todo lo que lógicamente fue observado y apreciado por la Juzgadora y documentado por la Secretaria. Es cierto que en el acta no se recogen manifestaciones directa y expresas de la propia Juez, pero ello no se opone a que apreciara in situ todo lo realizado, siendo significativo que en el escrito de conclusiones del demandante, hoy recurrente, se haga mención a una intervención de la Jueza cuando preguntó a los peritos qué solución tenía el tema de las aguas, sin que en dicho escrito denunciara el recurrente ninguna irregularidad en la práctica del reconocimiento en cuya acta tampoco consta una queja o protesta por su parte. Por ello no puede apreciarse la existencia de nulidad que causara indefensión, teniendo en cuenta la exigencia de previa denuncia en la instancia que establece el art. 469.2 en los casos de infracción procesal.»

3) Sentencia de la AP Madrid, Sec. 25.ª, de 11-3-2011, rec. 705/2010. Pte.: Delgado Rodríguez, Fernando (LA LEY 26985/2011)

— Valoración conjunta de la prueba de reconocimiento judicial con los demás medios probatorios.

«En el presente caso la Sala debe compartir la apreciación probatoria realizada por el juzgador de primer grado frente a la interesada crítica a que la somete la parte recurrente. Nótese que sobre haberse practicado la diligencia de reconocimiento judicial, siendo asistido el Juez por testigo-perito, en los términos acordados por el órgano jurisdiccional, según consta en las Actas del juicio verbal de 28 de enero y 11 de febrero de 2010 (folios 114 a 118 de autos) y de no puede desconocerse que el órgano de primer grado asienta sus razonamientos y después de haber obtenido las conclusiones que sienta en la sentencia merced a una apreciación conjunta de las pruebas practicadas, entre las que se encuentra dicho reconocimiento judicial practicado con asistencia de testigo-perito. Y de acuerdo con una reiterada doctrina jurisprudencial no es admisible desarticular y aislar medios de prueba concretos y acogerse la apelante únicamente a lo que pueda favorecerle, invadiendo así facultades propias del órgano sentenciador, cuyo criterio ha de prevalecer como más objetivo y desinteresado, a salvo que se acredite la falta de lógica, y ello aún cuando existan dudas sobre ella: SSTS, Sala Primera, de 30 de marzo de 1981; 7 de junio de 1982; 29 de marzo de 1986; 8 de noviembre de 1986; 14 de noviembre de 1986; 14 de julio de 1987; 11 de abril de 1988; 26 de septiembre de 1988; 13 de marzo de 1991; 15 de julio de 1992; 20 de noviembre de 2000, entre otras. En consecuencia, se impone el perecimiento del recurso interpuesto y la confirmación de la sentencia recurrida.»

XIV

LA EXPLORACIÓN DE MENORES

SUMARIO.

1. FUNCIÓN
2. MODO DE PRACTICARSE
3. DOCUMENTACIÓN DE SU PRÁCTICA
4. LEGISLACIÓN PROCESAL
5. JURISPRUDENCIA

1. FUNCIÓN

En orden a averiguar cual es en realidad el interés de los menores, uno de los medios que la Ley prevé de forma expresa es la audiencia de éstos. La exploración judicial más que ser considerada como una prueba hay que entenderla como un medio de información para el Juez, toda vez que en situaciones de crisis matrimoniales o de pareja los hijos son los destinatarios de las medidas adoptadas en relación con su cuidado y educación, ello justifica que sean oídos si tienen suficiente juicio.

Es una prueba especialmente importante en los procesos matrimoniales y tiene como finalidad que las opiniones que el menor vierta ante el Juez, contrastadas con las restantes pruebas practicadas y, en su caso, con el dictamen de los especialistas, le sirvan para reforzar su convicción sobre las medidas a adoptar en relación con los mismos (guarda y custodia, patria potestad, visitas).

Por ello esta prueba no tiene ninguna incidencia respecto de la acción principal de separación, divorcio o nulidad.

2. MODO DE PRACTICARSE

Puede solicitarse de oficio, a instancia de parte o del Ministerio Fiscal.

El art. 770 LEC, señala que en las exploraciones judiciales se garantizará por el Juez que el menor sea oído en condiciones idóneas para la salvaguarda de sus intereses, sin interferencia de otras personas y pudiendo recabarse el auxilio de especialistas cuando sea necesario.

El derecho de audiencia del menor previsto en el art. 9.3 de la Ley Orgánica 1/1996, de 15 de enero, de Protección Jurídica del Menor, no es un derecho absoluto sino que habrá de ser valorada su conveniencia por el Juez, teniendo en cuenta la madurez del menor o la importancia o necesidad de su práctica al entender que la opinión del menor pueda tener incidencia en la decisión del proceso y siempre que el hecho de expresarla no le provoque ningún perjuicio.

Su práctica puede realizarse en día distinto al de la vista principal al objeto de preservar al menor de la tensión del proceso y a ser posible en horas que le permitan regresar a su actividad cotidiana.

La exploración del menor suele practicarse exclusivamente a presencia del Juez y del Fiscal y en su caso del Secretario, pudiendo intervenir el Equipo Técnico Judicial solo cuando así lo acuerde el Juez con la única finalidad de auxiliarle en la interpretación de sus manifestaciones ya que el objetivo es proteger el interés del menor, pero en ningún supuesto pueden estar presentes los progenitores ni los Abogados ni Procuradores, ello podría situar a los menores en un conflicto de lealtades y les privaría de expresar sus opiniones con libertad.

Al inicio de la exploración el Juez debe presentarse y mandar un mensaje claro al menor: la decisión la adoptará el propio Juez, transmitiendo al explorado la seguridad de que él no es el responsable de la nueva situación en la que va a desarrollarse la organización familiar.

Asimismo el Juez debe informar al menor de cómo va a tratar la información que le proporcione.

No es conveniente que la exploración se lleve a cabo en la sala de audiencia ni que el Juez ni el Fiscal usen la toga porque ello puede impresionar al menor.

A efectos de que los menores no intervengan judicialmente más que lo necesario, frecuentemente los juzgados sustituyen la exploración por la declaración que éstos efectúan ante el Equipo Técnico.

En este sentido se ha pronunciado la Sentencia del Tribunal Constitucional 163/2009, de 29 de julio de 2009, que deniega el amparo en un supuesto en el que no fue explorado el menor porque ya había sido oído por el Equipo Técnico.

3. DOCUMENTACIÓN DE SU PRÁCTICA

Unos sostienen que debe extenderse acta de la misma e incorporarse al proceso, de forma abierta de tal modo que las partes tengan conocimiento íntegro de su contenido; otros que solo debe dejarse constancia de que se ha practicado con independencia de lo que directamente se haya apreciado a fin de preservar la intimidad del menor; una tercera vía es levantar acta de lo manifestado e incorporarla a las actuaciones en sobre cerrado sin que puedan tener acceso a su contenido las partes pero sí los Magistrados en Segunda Instancia, lo que evitaría en muchos casos que haya de practicarse de nuevo la exploración en dicha instancia.

4. LEGISLACIÓN PROCESAL

— **LEC:** arts. 138.2, 754 y 770.4.

Artículo 138. *Publicidad de las actuaciones orales.*

(...)

2. Las actuaciones a que se refiere el apartado anterior podrán, no obstante, celebrarse a puerta cerrada cuando ello sea necesario para la protección del orden público o de la seguridad nacional en una sociedad democrática, o cuando los intereses de los menores o la protección de la vida privada de las partes y de otros derechos y libertades lo exijan o, en fin, en la medida en la que el Tribunal lo considere estrictamente necesario, cuando por la concurrencia de circunstancias especiales la publicidad pudiera perjudicar a los intereses de la justicia.

(...)

Artículo 754. *Exclusión de la publicidad.*

En los procesos a que se refiere este Título podrán decidir los Tribunales, mediante providencia, de oficio o a instancia de parte, que los actos y vistas se celebren a puerta cerrada y que las actuaciones sean reservadas, siempre que las circunstancias lo aconsejen y aunque no se esté en ninguno de los casos del apartado 2 del art. 138 de la presente Ley.

Artículo 770. *Procedimiento.*

Las demandas de separación y divorcio, salvo las previstas en el art. 777, las de nulidad del matrimonio y las demás que se formulen al amparo del título IV del libro I del Código Civil, se sustanciarán por los trámites del juicio verbal, conforme a lo establecido en el capítulo I de este título, y con sujeción, además, a las siguientes reglas:

(...)

4.ª

Las pruebas que no puedan practicarse en el acto de la vista se practicarán dentro del plazo que el Tribunal señale, que no podrá exceder de treinta días.

Durante este plazo, el Tribunal podrá acordar de oficio las pruebas que estime necesarias para comprobar la concurrencia de las circunstancias en cada caso exigidas por el Código Civil para decretar la nulidad, separación o divorcio, así como las que se refieran a hechos de los que dependan los pronunciamientos sobre medidas que afecten a los hijos menores o incapacitados, de acuerdo con la legislación civil aplicable. Si el procedimiento fuere contencioso y se estime necesario de oficio o a petición del fiscal, partes o miembros del equipo técnico judicial o del propio menor, se oirá a los hijos menores o incapacitados si tuviesen suficiente juicio y, en todo caso, a los mayores de doce años.

En las exploraciones de menores en los procedimientos civiles se garantizará por el Juez que el menor pueda ser oído en condiciones idóneas para la salvaguarda de sus intereses, sin interferencias de otras personas y, recabando excepcionalmente el auxilio de especialistas cuando ello sea necesario.

— Ley Orgánica 1/1996, de 15 de enero, de Protección Jurídica del Menor: art. 9.

Artículo 9. *Derecho a ser oido.*

1. El menor tiene derecho a ser oído, tanto en el ámbito familiar como en cualquier procedimiento administrativo o judicial en que esté directamente implicado y que conduzca a una decisión que afecte a su esfera personal, familiar o social.

En los procedimientos judiciales, las comparecencias del menor se realizarán de forma adecuada a su situación y al desarrollo evolutivo de éste, cuidando de preservar su intimidad.

2. Se garantizará que el menor pueda ejercitar este derecho por sí mismo o a través de la persona que designe para que le represente, cuando tenga suficiente juicio.

No obstante, cuando ello no sea posible o no convenga al interés del menor, podrá conocerse su opinión por medio de sus representantes legales, siempre que no sean parte interesada ni tengan intereses contrapuestos a los del menor, o a través de otras personas que por su profesión o relación de especial confianza con él puedan transmitirla objetivamente.

3. Cuando el menor solicite ser oído directamente o por medio de persona que le represente, la denegación de la audiencia será motivada y comunicada al Ministerio Fiscal y a aquéllos.

— **CC:** art. 92.2.

Artículo 92.

(...)

2. El Juez, cuando deba adoptar cualquier medida sobre la custodia, el cuidado y la educación de los hijos menores, velará por el cumplimiento de su derecho a ser oídos.

5. JURISPRUDENCIA

1) Sentencia de la AP Alicante, Sec. 9.ª, de 30-1-2012, rec. 787/2010. Pte.: Valero Diez, José Manuel (LA LEY 53261/2012)

— Valoración de la exploración junto con otros medios probatorios.

«A ello cabe añadir los informes del punto de encuentro que revelan los graves estados de estrés emocional que sufre la menor en dichas ocasiones y que motivan que deba ser asistida incluso médicamente, así como el informe del departamento de orientación escolar de mayo de 2011, firmado por la tutora y el director pedagógico del colegio, que confirma la incidencia de esa situación de ansiedad en su rendimiento escolar. Así como el informe de la unidad de salud mental de la infancia y adolescencia del hospital Vega Baja de Orihuela, que certifica que la menor no presenta sintomatología alguna en la esfera sensoperceptiva, ni anímica, ni síntomas de ansiedad en la exploración psicopatológica, pero sí angustia que informa con buena capacidad de expresión emocional en torno a sentirse forzada y presionada a ver a su padre biológico.»

2) STS Sala 1.ª, de 25-10-2012, n.º 633/2012, rec. 912/2011. Pte.: Seijas Quintana, José Antonio (LA LEY 158041/2012)

— Valoración de la prueba de exploración.

«Es cierto que la opinión de los niños debe ser tenida en cuenta, y que el art. 92 del Código Civil, en relación con el art. 9 de la Ley Orgánica

1/1996, de 15 de enero, de Protección Jurídica del Menor, no indica ningún criterio para determinar y delimitar el interés del menor en el régimen de custodia, salvo el que resulta de la unión entre los hermanos, como tampoco el carácter o no de prueba del derecho a ser oído, ni el grado de confidencialidad que debe presidir la exploración de los menores. Esta Sala ha utilizado algunos criterios tales como la práctica anterior de los progenitores en sus relaciones con el menor y sus aptitudes personales; los deseos manifestados por los menores competentes; el número de hijos; el cumplimiento por parte de los progenitores de sus deberes en relación con los hijos y el respeto mutuo en sus relaciones personales; el resultado de los informes exigidos legalmente, y, en definitiva, cualquier otro que permita a los menores una vida adecuada en una convivencia que forzosamente deberá ser más compleja que la que se lleva a cabo cuando los progenitores conviven (SSTS 10 y 11 de marzo de 2010; 7 de julio 2011).

Todos ellos se han tenido en cuenta para resolver sobre lo que aquí interesa y es evidente que la valoración conjunta de este informe y la exploración realizada en ambas instancias antes de pronunciarse generó la duda de si lo expresado por los menores responde a una voluntad real de cambiar de progenitor custodio, abandonando a su madre, y no a la manipulación por parte de su padre derivada del propio conflicto matrimonial en el que no solo están en juego derechos de las partes sino los intereses de los niños directamente afectados por la resolución que se dicte.»

3) Sentencia de la AP Pontevedra, Sec. 6.ª, de 19-11-2012, rec. 578/2012. Pte.: Míguez Tabares, Eugenio Francisco (LA LEY 219734/2012)

— Valoración conjunta de la exploración judicial con los restantes medios probatorios.

«El examen de los distintos informes psicológicos y de las declaraciones prestadas en la vista por los profesionales intervinientes, así como lo reflejado en las actas de exploración de los menores, nos lleva a considerar acreditado que ambos litigantes han coadyuvado a las situaciones y vivencias sufridas por los hijos tras la cesación de la convivencia matrimonial, ya que ambos, de forma consciente o no, han transmitido a sus hijos los reproches que mantenían contra el otro progenitor al que hacían responsable de las malas relaciones existentes. Los hijos deberían haber permanecido al margen de los problemas o disputas que mantuviesen los litigantes, cosa que desafortunadamente no ha sucedido.»

4) Sentencia de la AP Zaragoza, Sec. 2.ª, de 18-9-2012, rec. 284/2012. Pte.: Acín Garos, Francisco (LA LEY 143950/2012)

— Valoración conjunta de la exploración judicial con los restantes medios probatorios

«Según se advirtió en la exploración practicada en medidas provisionales y según resulta de los informes de la Psicóloga y Trabajadora Social, a los que la Sala estará por su independencia y objetividad, los menores verbalizan su deseo de continuar viviendo con su madre, muestran satisfacción con su actual distribución del tiempo entre sus progenitores, una firme oposición a la solicitud paterna de guarda y custodia compartida y manifiestan que con su madre se entienden mejor y que la convivencia con ella les resulta más satisfactoria, aceptando sin problemas las normas y pautas que existen en el domicilio materno.»

5) Sentencia de la AP Murcia, Sec. 5.ª, de 23-1-2013, rec. 515/2012. Pte.: Nicolás Manzanares, José Manuel (LA LEY 5828/2013)

— Modo de practicarse la exploración.

«La sentencia del Tribunal Constitucional 17/2006 (LA LEY 360/2006), de 30 de enero, es muy clara al expresar que "los arts. 138.2 y 754 LEC permiten, en efecto, celebrar las audiencias de menores a puerta cerrada y de manera reservada, esto es, sin asistencia de las partes (sin perjuicio de que la comparecencia del menor pueda realizarse de otro modo, cuidando siempre de preservar la intimidad del menor, como señala el art. 9.1, párrafo segundo, de la Ley Orgánica de protección jurídica del menor, pero tal exclusión de publicidad no puede entenderse referida al Ministerio Fiscal, que interviene preceptivamente en el proceso (art. 749.2 LEC) de forma imparcial (arts. 124.2 CE y 2.1 del Estatuto orgánico del Ministerio Fiscal), como defensor de la legalidad y de los derechos de los menores afectados, velando por la primacía del interés superior de éstos (art. 2 de la Ley Orgánica de protección jurídica del menor)".»

6) Sentencia del TSJ Aragón, Sec. 1.ª, de 4-1-2013, rec. 35/2012. Pte.: Samanes Ara, Carmen (LA LEY 20830/2013)

— Valoración conjunta de la exploración judicial y del informe psicosocial.

«En la exploración judicial, los menores... manifiestan que se encuentran bien en su actual situación, si bien se percibe en ellos una cierta preocupación por el resultado del conflicto judicial, lo que hace que de manera inconsciente se involucren excesivamente en la conflictividad de sus progenitores, ello podría perjudicar su adecuado desarrollo psicoemocional. (...). En el presente supuesto, el informe social se decanta por la custodia individual y la opinión de los menores, con juicio y madurez suficientes, es favorable a mantener la relación con sus progenitores tal como se viene regulando en la actualidad, sin cambios, todo ello unido al amplio régimen de visitas, permite concluir que en el presente supuesto la custodia individual a favor de la madre es más beneficiosa para los menores que la compartida...»

7) Sentencia de la AP Huesca, Sec. 1.ª, de 30-11-2012, rec. 330/2012. Pte.: García Castillo, José Tomás (LA LEY 199107/2012)

— Valor probatorio de la exploración judicial.

«Por otra parte, y en cuanto a las ya citadas pruebas de exploración, cuyo resultado es especialmente considerado en la resolución ahora apelada, nada cabe reprochar a dicha valoración, sin que apreciemos motivos para sostener, como se sugiere en el recurso, que el menor cuya custodia aún es objeto de debate pudo haber estado influenciado en el momento en que fue explorado por la Sra. Juez, y que por ello sus declaraciones deberían valorarse con ciertas reservas, criterio que, repetimos, no tenemos por qué compartir.»

XV

DE LA PRUEBA TECNOLÓGICA: MEDIOS DE REPRODUCCIÓN E INSTRUMENTOS

SUMARIO:

1. PRUEBA TECNOLÓGICA

El art. 382 de la LEC permite a las partes proponer como medio de prueba la reproducción de palabras, imágenes y sonidos, y regula la forma de su aportación. El art. 299.2 de la LEC establece que además de los medios de reproducción de la palabra, el sonido y la imagen, también se admitirán como medios de prueba los instrumentos que permiten archivar y conocer o reproducir palabras, datos, cifras y operaciones matemáticas llevadas a cabo con fines contables o de otra clase, relevantes para el proceso y el art. 265.1.2.º LEC, del mismo texto legal, dispone que dichos medios e instrumentos se acompañarán a la demanda o contestación si en ellos se fundaran las pretensiones de tutela formuladas por las partes.

Si analizamos los artículos comprendidos entre el 382 y el 384 de la LEC, observamos que estos medios no son propiamente de prueba «documental», sino que gozan de autonomía propia. Por ese motivo la mayoría de la doctrina se inclina, cuando hace referencia a este medio de prueba, en denominarlo «prueba tecnológica».

Para facilitar, tanto al juzgado como al resto de partes, el estudio de esta prueba deberíamos aportar, en caso de que estuviera en soporte magnético (sonido o imagen) una transcripción por escrito, pues el art. 382.1 de la LEC nos lo permite, aunque también el artículo siguiente faculta al juzgado para poder pedir dicha transcripción.

2. EXTEMPORANEIDAD DE SU APORTACIÓN

A tenor de las normas procesales generales aplicables a los documentos, si en la reproducción de la imagen o sonido se funda de forma esencial la demanda o la contestación, el Juez podría denegar su admisión como prueba al actor en la vista del juicio verbal por considerar que su aportación en ese momento es extemporánea y, en consecuencia, debió aportarse con anterioridad, pues parece que la doctrina mayoritaria interpreta que el art. 265.1.2.º LEC, anteriormente citado, tiene carácter *preclusivo* y, en consecuencia, cierra la posibilidad de aportación de dicha prueba a un momento posterior. Por ese motivo recomendamos que, en caso de duda, se aporte con la demanda o con la contestación salvo que su aportación en distinto momento procesal se deba a hechos nuevos al amparo del art. 752 LEC.

3. APORTACIÓN POR LA PARTE

La parte deberá aportar copia del soporte magnético donde se encuentre la prueba a proponer; por consiguiente, si no obra en su poder deberá solicitar, por sus propios medios, la copia del archivo donde se encuentre. El párrafo 2.º del art. 265.2 de la LEC impide que se hagamos uso del juzgado como si se tratara de nuestra gestoría particular solicitando de aquel que libre oficio a algún organismo al que podamos acudir por nuestros propios medios o bien dejar citado el archivo para aportarlo en un momento posterior. Debemos tener muy claro que si el medio o instrumento se encuentra en archivo, protocolo, expediente o registro del que se puedan expedir y obtener copias, deberá aportarlo la parte en el momento procesal oportuno, sin que sea correcto citar el archivo para aportarlo en momento posterior ni solicitar al juzgado que intervenga en su obtención.

4. REPRODUCCIÓN DEL MEDIO ANTE EL TRIBUNAL

En el acto del juicio o de la vista deberá procederse a la reproducción del medio ante el Tribunal; así se deduce del art. 382.1 de la LEC. En consecuencia, la práctica de esta prueba se realizará visualizando o escuchando el contenido del soporte magnético que se aporta, y no podrá el Juez decidir si se reproduce o no, ya que, una vez admitida la prueba, no existe otra forma de llevarla a su práctica que no sea su reproducción en el acto del juicio.

Aunque la mayoría de juzgados suelen tener medios en los que poder reproducir cualquier tipo de documento en cualquier soporte, debe advertirse al Secretario del juzgado que se va a solicitar la práctica de una prueba en la que será necesario un aparato reproductor concreto, pues es posible que en el momento de necesitarlo no se encuentre preparado, teniendo que suspenderse el juicio por este motivo.

5. MEDIOS MATERIALES

Algunos de los medios materiales para articular esta prueba constan en el listado que se ofrece a continuación, sin perjuicio de que puedan existir otros, pues la ley no nos ofrece un *numerus clausus* de los mismos, y los métodos y soportes en la actualidad están en experimentando un vertiginoso avance:

1.º ***Compact Disk:*** CD-ROM, CD-R y CD-RW.

2.º Disquete.

3.º Digital Video Disk (DVD).

4.º ***Bases de datos:*** archivos, documentos de texto, imágenes y voz y vídeo codificados en forma digital.

5.º Programas de ordenador.

6.º ***Vídeo:*** soporte que contiene las imágenes y sonidos obtenidos por una cámara grabadora.

7.º ***Casete:*** la cinta que contiene sonido.

8.º ***Fax:*** lo más frecuente es que se aporte como prueba documental al contenerse en folios de papel.

9.º ***Archivos informáticos:*** sinónimo de fichero de cualquier tipo.

10.º ***Datos contenidos en un teléfono móvil***: es frecuente aportar un acta notarial en la que el notario ha hecho constar que en el teléfono móvil que le aporta una persona constan mensajes de voz o de texto procedentes de un concreto número de teléfono.

11.º ***Correo electrónico.***

6. PRUEBA INADECUADA

Se observa, con relativa frecuencia, el intento de aportar como prueba documental a un concreto procedimiento un CD en el que consta la declaración de una persona en otro juicio distinto, aunque ambos puedan guardar cierta relación, lo cierto es que son procedimientos diferentes. Pues bien, esas declaraciones de testigos y partes en otro proceso, en modo alguno pueden considerarse vinculantes en un proceso distinto a aquel en el que se practicaron; por tanto, dicha prueba debería ser siempre inadmitida por su inutilidad.

Debe tenerse en cuenta que, de admitirse, se estaría conculcando el principio de contradicción que rige en nuestro proceso civil, y solo tendría sentido si esa prueba no se puede volver a practicar (por ejemplo, por el fallecimiento o incapacidad del declarante). Lo correcto, en estos casos, será que la parte solicite de nuevo la práctica de dicha prueba, como testifical o interrogatorio, en su caso.

7. SISTEMA DE GRABACIÓN DE IMAGEN Y SONIDO DE LAS VISTAS. FALLOS DE SISTEMA. SUPUESTOS DE NULIDAD

El sistema de grabación y reproducción de imagen y sonido prevista en el art. 147 de la ley traslada de forma virtual al órgano judicial de segunda instancia el juicio celebrado en el Juzgado. En este sentido va a dotar al órgano de segunda instancia de la inmediación de la que, en principio, carece el Tribunal de apelación.

Pero qué ocurre cuando este sistema tecnológico tiene algún fallo en su elaboración y no ha sido posible grabar el juicio o bien, una vez grabado, se ha borrado sin que sea posible su reproducción. El problema que dicha circunstancia puede acarrear es evidente ya que, en puridad, se debería repetir el juicio lo que implica un considerable retraso (a la vista de la distancia entre la fecha de interposición de la demanda y la de señalamiento de juicio, generalmente) además de la eliminación del efecto sorpresa y de la consiguiente estrategia procesal que cada una de las partes ha puesto en evidencia durante la celebración de la vista.

La jurisprudencia menor da distinta solución según el caso concreto y así algunas Audiencias declaran la nulidad de actuaciones dada la situación de indefensión que se produce al no poderse valorar la prueba en instancia superior, todo ello en base a los arts. 209.3 LEC, sobre forma y contenido de las sentencias y 218.2 LEC sobre motivación de las mismas, todo ello puesto en relación con los arts. 147 y concordantes del mismo texto legal; otras mantienen el juicio celebrado siempre que los defectos en la imagen o audición no impidan apreciar el desarrollo del mismo, y finalmente hay Audiencias que decretan la nulidad no de todo el juicio sino de aquellas partes del mismo que no pueden reproducirse de otro modo dejando a salvo la prueba documental y todo aquello que de una u otra forma se pueda reproducir.

8. LEGISLACIÓN PROCESAL

— **LEC**: arts. 382 a 384

SECCIÓN 8.ª

DE LA REPRODUCCIÓN DE LA PALABRA, EL SONIDO Y LA IMAGEN Y DE LOS INSTRUMENTOS QUE PERMITEN ARCHIVAR Y CONOCER DATOS RELEVANTES PARA EL PROCESO

Artículo 382. *Instrumentos de filmación, grabación y semejantes. Valor probatorio.*

1. Las partes podrán proponer como medio de prueba la reproducción ante el Tribunal de palabras, imágenes y sonidos captados mediante instrumentos de filmación, grabación y otros semejantes. Al proponer esta prueba, la parte podrá acompañar en su caso, transcripción escrita de las palabras contenidas en el soporte de que se trate y que resulten relevantes para el caso.

2. La parte que proponga este medio de prueba podrá aportar los dictámenes y medios de prueba instrumentales que considere convenientes. También las otras partes podrán aportar dictámenes y medios de prueba cuando cuestionen la autenticidad y exactitud de lo reproducido.

3. El Tribunal valorará las reproducciones a que se refiere el apartado 1 de este artículo según las reglas de la sana crítica.

Artículo 383. *Acta de la reproducción y custodia de los correspondientes materiales.*

1. De los actos que se realicen en aplicación del artículo anterior se levantará la oportuna acta, donde se consignará cuanto sea necesario para la identificación de las filmaciones, grabaciones y reproducciones llevadas a cabo, así como, en su caso, las justificaciones y dictámenes aportados o las pruebas practicadas.

El Tribunal podrá acordar mediante providencia que se realice una transcripción literal de las palabras y voces filmadas o grabadas, siempre que sea de relevancia para el caso, la cual se unirá al acta.

2. El material que contenga la palabra, la imagen o el sonido reproducidos habrá de conservarse por el Secretario judicial, con referencia a los autos del juicio, de modo que no sufra alteraciones.

Artículo 384. *De los instrumentos que permitan archivar, conocer o reproducir datos relevantes para el proceso.*

1. Los instrumentos que permitan archivar, conocer o reproducir palabras, datos, cifras y operaciones matemáticas llevadas a cabo con fines contables o de otra clase, que, por ser relevantes para el proceso, hayan sido admitidos como prueba, serán examinados por el Tribunal por los medios que la parte proponente aporte o que el Tribunal disponga utilizar y de modo que las demás partes del proceso puedan, con idéntico conocimiento que el Tribunal, alegar y proponer lo que a su derecho convenga.

2. Será de aplicación a los instrumentos previstos en el apartado anterior lo dispuesto en el apartado 2 del art. 382. La documentación en autos se hará del modo más apropiado a la naturaleza del instrumento, bajo la fe del Secretario judicial, que, en su caso, adoptará también las medidas de custodia que resulten necesarias.

3. El Tribunal valorará los instrumentos a que se refiere el apartado primero de este artículo conforme a las reglas de sana crítica aplicables a aquellos según su naturaleza.

9. JURISPRUDENCIA

1) Sentencia de la AP Madrid, Sec. 25.ª, de 11-5-2012, rec. 502/2011. Pte.: Delgado Rodríguez, Fernando (LA LEY 65408/2012)

— Valor probatorio de las grabaciones.

«Respecto de las conversaciones gravadas por la demandante no pueden considerarse como ilegalmente obtenidas, desde el momento en el que penalmente los hechos no tiene relevancia alguna al haberse declarado por el TS. que la grabación y posterior divulgación de una conversación por uno de los contertulios no atenta a la intimidad de las personas, en consecuencia no hay ilicitud, y civilmente tampoco atenta al derecho al honor o intimidad personal tal acción; ahora bien, el hecho de que no sea ilícita la conducta de la demandada, no implica que tal conversación pueda, ni deba producir plenos efectos probatorios de lo allí declarado, máxime cuando precisamente se ha practicado la prueba testifical de dicho contertulio; en tal sentido hay que considerar que la tal grabación no puede producir el efecto pretendido por la demandada, al manifestar que su contenido no es fiel reflejo de lo hablado con la demandada puesto que no recoge toda la conversación y que la misma fue realizada con engaño; evidentemente, no ya es que dicha prueba sea ilegal, sino que desde el momento en el que uno de los interlocutores niega la veracidad de la conversación, por lo menos en su globalidad, hay que llegar a la conclusión de que tal medio probatorio no puede producir el efecto pretendido y no es demostrativo, por si solo de la tesis adora; en definitiva, es preferible la prueba testifical practicada con todas las garantías procesales, a una prueba que aunque no se puede tachar de ilegal, lo que no puede negarse es que se haya obtenido clandestinamente. En consecuencia, la sentencia recurrida debe ser ajustada a dicha doctrina, considerando meramente indiciario el resultado de tales grabaciones, pudiendo prescindirse de su contenido, salvo en cuanto haya sido ratificado, o al menos no sea desmentido, mediante otros medios probatorios.»

2) Sentencia de la AP Las Palmas, Sec. 5.ª, de 19-5-2009, n.º 230/2009, rec. 608/2005. Pte.: Herrera Puentes, Pedro Joaquín (LA LEY 115934/2009)

— Validez del juicio por inexistencia de quebranto procedimental.

«La parte apelante interesa la nulidad de actuaciones por entender que los soportes utilizados para la reproducción de la imagen y el sonido son defectuosos e impiden apreciar con la nitidez necesaria el desarrollo del juicio. Dicho esto, este Tribunal difiere de tal conclusión, pues analizados los citados soportes, (dos en concreto), entiende que el desarrollo del juicio se puede seguir íntegramente, al menos, en todo lo esencial. Cierto es que a las partes, a los testigos y al perito se les escucha más y mejor que a la Juez y a los letrados y que existe un continuo y molesto zumbido, pero estos detalles no impiden escuchar las observaciones que hace la Juez, las preguntas de los letrados, las contestaciones que dan las partes, testigos y perito, ni las conclusiones que al final se hace, por lo que no se aprecia quebranto procedimental alguno que justifique la nulidad pretendida.»

3) Sentencia de la AP Las Palmas, Sec. 4.ª, de 12-6-2012, n.º 252/2012, rec. 209/2011. Pte.: Galcerán Solsona, Emma (LA LEY 132143/2012)

— Validez de la vista celebrada por inexistencia de indefensión.

Se solicita la nulidad de actuaciones con retroacción al momento inmediato anterior a la celebración de la vista del juicio, pues no fue posible su grabación por problemas técnicos en el apartado de reproducción y grabación del sonido y de la imagen.

«A tal efecto hemos advertido que no cabe una solución única e indiferenciada para estos supuestos, y habrá que estar al contenido del recurso de apelación... "Porque si no se pretende una revisión de la prueba, o la pretendida puede solventarse en atención a la demás documentación del proceso, aquella deficiencia técnica será irrelevante al no impedir al órgano jurisdiccional *ad quem* cumplir la función revisora que le atribuye la Ley procesal. Pero si lo pretendido incide sobre el contenido de la prueba vertida en el juicio, sobre todo el interrogatorio y testificales (la pericial normalmente estará documentada), aquella falta de soporte, sobre todo de audio, hace imposible la función del Tribunal *ad quem*, en términos tales que se causa indefensión a la parte recurrente solo soslayable mediante la repetición del juicio".

En el caso de autos, se afirma en el recurso que procede la nulidad al basarse la sentencia exclusivamente en los testimonios, que son parcialmente contemplados, aludiendo unas líneas antes a las declaraciones de las partes y testigos, impidiéndose a la Sala realizar su labor de revisión de la sentencia.

A este respecto, debe indicarse que la sentencia no se basa exclusivamente en los testimonios, sino en la abundante documental en valoración conjunta con el resto de la prueba practicada, interrogatorios y testificales. En segundo lugar, no justifica la parte las razones por las que considera que los testimonios fueron parcialmente contemplados, más allá de la mera cita de estas tres últimas palabras, carentes de todo tipo de concreta fundamentación al respecto, ni tampoco se justifica en concreto la supuesta imposibilidad de resolver esta apelación y la supuesta indefensión de la parte, distinta de la mera cita abstracta o genérica; no obstante lo cual, tras el examen del recurso y de la totalidad de las actuaciones.

En consecuencia, procede declarar no haber lugar a la solicitud de nulidad de actuaciones con retroacción al momento inmediato anterior a la vista del juicio, debiendo entrarse en el análisis de las restantes cuestiones planteadas.»

4) STS Sala 1.ª, de 26-7-2012, rec. 2020/2009. Pte.: Orduña Moreno, Francisco Javier (LA LEY 152354/2012)

— Conservación del proceso. Documentación de la vista por el acta del Secretario.

La doctrina jurisprudencial consagra el principio de conservación del proceso, pues la vista pudo documentarse por el acta del secretario, que fue de suficiente extensión y asumida por las partes:

«Por lo general, se destaca la naturaleza estrictamente procesal que presenta la cuestión de la posible nulidad de actuaciones por defecto de grabación, requiriéndose para su desarrollo que el motivo sobre el que se funda el recurso precise mínimamente en qué consiste la indefensión material de los recurrentes en función de datos concretos no recogidos en el acto que documentó el juicio. En parecido sentido, en la Sentencia de 20 de febrero de 2012, n.º 54, 2010, se declara que no toda irregularidad procesal causa por si misma la nulidad de actuaciones, sino aquella que haya supuesto una efectiva indefensión material, y por lo tanto, transcendente de cara a la resolución del pleito, así como la carga de la parte recurrente de precisar en que ha consistido la indefensión material provocada por esa circunstancia.

2. De lo expuesto cabe concluir que *la doctrina jurisprudencial de esta Sala, en lo relativo a los efectos de un eventual defecto de grabación, consagra el principio de conservación del proceso judicial en la medida en que la vista pueda documentarse por medio del acta realizada por el Secretario, y no se produzca una concreta indefensión material de las partes que resulte transcendente para resolución del conflicto planteado; principio que tiene su fundamento tanto en la valoración de la nulidad de actuaciones como una medida de carácter excepcional, así como de su debida calificación e interpretación restrictiva.*

3. La aplicación de esta doctrina al presente caso debe comportar la desestimación de los motivos planteados, por las siguientes razones:

A) La Sentencia de Apelación, si bien constata los defectos de grabación, no obstante, declara cumplimentado el requisito de la preceptiva y necesaria documentación de la vista a tenor de la valoración del acta del Secretario Judicial, considerándola como de suficiente extensión y detalle .

B) Dicha acta fue asumida por las partes procesales, suscribiéndola sin formular o concretar ningún tipo de indefensión material.»

5) STS, Sala 1.ª, de 10-11-2011, n.º 774/2011, rec. 1544/2009. Pte.: Xiol Ríos, Juan Antonio (LA LEY 277376/2011)

— La defectuosa grabación de las vistas por sí misma no provoca la nulidad de lo actuado.

«A) La infracción de las normas legales que rigen los actos y garantías del proceso solo puede constituir motivo de un recurso extraordinario por infracción procesal cuando la infracción determine la nulidad conforme a la ley o hubiera producido indefensión, según impone el art. 469.1.3.º LEC (SSTS de 30 de septiembre de 2009, RC n.º 846 / 2004, 13 de enero de 2010, RC n.º 2668/2004).

No toda irregularidad procesal causa por sí misma la nulidad de actuaciones, ya que, como declara la STC 217/1998 (LA LEY 10638/1998), el dato esencial es que tal irregularidad procesal haya supuesto una efectiva indefensión material, y por lo tanto, trascendente de cara a la resolución del pleito (SSTC 205/1991 (LA LEY 1811-TC/1992), 139/1994 (LA LEY 8365/1994) y 164/1996 (LA LEY 10657/1996), 198/1997 (LA LEY 11568/1997), 100/1998 (LA LEY 7326/1998) y 218/1998 (LA LEY 10639/1998), SSTS de 22 de marzo de 2011, RIPC n.º 75/2009, 28 de junio de 2011, RIPC n.º 2156/2007, STS de 14 de diciembre de 2007, RC n.º 4824/2000, 22 de abril de 2010, RIPC n.º 76/2009). Por esta razón la parte debe justificar que la infracción denunciada ha llevado consigo una indefensión material (SSTS de 14 de julio de 2010, RIPC n.º 1914/2006, 25 de febrero de 2011, RIP n.º 1234/2006).

Según ha declarado esta Sala, con motivo de la resolución de un recurso en el que se planteó la existencia de defectos de audición de la grabación del acto del juicio, es carga de la parte recurrente precisar en qué consiste la indefensión material provocada por esa circunstancia, en función de datos concretos no recogidos en el acta que documentó el juicio, dado que según el art. 187.2 LEC el acta realizada por el secretario judicial puede suplir excepcionalmente el registro de la vista en soporte apto para la grabación y reproducción del sonido y de la imagen (STS de 12 de septiembre de 20011, RC n.º 2101/2008). La defectuosa grabación de las vistas por sí misma no provoca la nulidad de lo actuado, así lo ha declarado esta Sala en la STS de 22 de diciembre de 2009, RCIP n.º 1591/2005, en la que se analizaron las distintas soluciones de las Audiencias Provinciales a este problema y se denegó la nulidad de actuaciones razonando que se trata de una medida excepcional y de interpretación restrictiva que requiere, para que pueda ser acordada, una efectiva indefensión.»